SESENTA MILLAS
DE FRONTERA

SESENTA MILLAS DE FRONTERA

Un agente estadounidense lucha contra las
drogas en la frontera con México

TERRY KIRKPATRICK

BERKLEY BOOKS, NEW YORK

THE BERKLEY PUBLISHING GROUP
Published by the Penguin Group
Penguin Group (USA) Inc.
375 Hudson Street, New York, New York 10014, USA
Penguin Group (Canada), 90 Eglinton Avenue East, Suite 700, Toronto, Ontario M4P 2Y3, Canada
(a division of Pearson Penguin Canada Inc.) • Penguin Books Ltd., 80 Strand, London WC2R 0RL,
England • Penguin Ireland, 25 St. Stephen's Green, Dublin 2, Ireland (a division of Penguin
Books Ltd.) • Penguin Group (Australia), 707 Collins Street, Melbourne, Victoria 3008, Australia
(a division of Pearson Australia Group Pty. Ltd.) • Penguin Books India Pvt. Ltd., 11 Community
Centre, Panchsheel Park, New Delhi—110 017, India • Penguin Group (NZ), 67 Apollo Drive,
Rosedale, Auckland 0632, New Zealand (a division of Pearson New Zealand Ltd.) • Penguin Books, (South
Africa) Rosebank Office Park, 181 Jan Smuts Avenue, Parktown North 2193, South Africa • Penguin China,
B7 Jiaming Center, 27 East Third Ring Road North, Chaoyang District, Beijing 100020, China

Penguin Books Ltd., Registered Offices: 80 Strand, London WC2R 0RL, England

This book is an original publication of The Berkley Publishing Group.

Copyright © 2012 by Terry Kirkpatrick.
Cover photos: Shutterstock. Cover design by Gerry Todd.
Interior text design by Laura K. Corless.

PUBLISHING HISTORY
Berkley Español trade paperback edition / January 2013

Library of Congress Cataloging-in-Publication Data

Kirkpatrick, Terry.
[Sixty miles of border. Spanish]
Sesenta millas de frontera : un agente estadounidense lucha contra
las drogas en la frontera con México / Terry Kirkpatrick.
p.   cm.
Translation of: Sixty miles of border : an American lawman battles
drugs on the Mexican border / Terry Kirkpatrick.
Includes bibliographical references and index.
ISBN 978-0-451-41740-4 (alk. Paper)
1. Kirkpatrick, Terry.   2. U.S. Customs Service. Office of Investigations.   3. Drug control—
Mexican-American Border Region.   4. Drug traffic—Mexican-American Border Region.
5. Marijuana—Mexican-American Border Region.   I. Title.
HV5831.M46K5718 2013
363.45092—dc23
[B]
2012037785

(SPAN)
363.45
KIR
427-0065

Penguin is committed to publishing works of quality and integrity.
In that spirit, we are proud to offer this book to our readers;
however, the story, the experiences, and the words are the author's alone.

ALWAYS LEARNING   PEARSON

Estas son las historias reales de las investigaciones y operaciones federales realizadas por agentes antinarcóticos en Arizona, Texas y México. La frontera entre Arizona y México es muy vulnerable, y cualquiera puede cruzarla sin ningún problema. Este libro tiene por objeto arrojar un poco de luz sobre la vida de los agentes antinarcóticos, sus experiencias en la frontera y el efecto que estas tienen en sus vidas cotidianas. No tiene la intención de glorificar a los agentes ni de hacerlos ver de manera diferente a lo que son: personas arriesgadas y dedicadas que representan a la autoridad.

Cientos de agentes especiales que llegaron a trabajar en la frontera tardaron menos de seis meses en pedir un traslado. Los pocos que permanecieron trabajando allí se hicieron llamar a sí mismos "Las Ratas de la Frontera". Como miembro acérrimo de este grupo, mi esperanza es que te pongas en nuestro lugar y que veas la frontera a través de nuestros ojos.

Entre la cordura y la locura hay solo un paso, y en este trabajo aprendimos a reírnos de nosotros mismos y de los demás, a fin de conservar la razón. Sin importar cuán terrible fuera un caso determinado, siempre tratábamos de aprender alguna lección positiva como un medio psicológico para no perder la cordura. Como soy un verdadero irlandés y me gustan las buenas historias, muchas veces transmití y enseñé a los nuevos agentes mi versión de los hechos. Ese es mi objetivo en este libro.

Cada día, a lo largo de la frontera suroeste, los agentes enfrentan peligros y frustraciones inimaginables. Los eventos, personajes e incidentes de este libro son reales. Son relatos sobre los dedicados agentes especiales de aduanas de Estados Unidos que han trabajado en la frontera suroeste de Arizona y Texas, así como de los notorios narcotraficantes que controlaban y siguen controlando el norte de México. Los nombres de algunos agentes especiales y de los informantes confidenciales han sido cambiados para proteger su identidad. Los nombres de los narcotraficantes son reales, y algunos de ellos todavía siguen aterrorizando a México.

UNA ANTIGUA PROFESIÓN

EL contrabando ha estado presente en Arizona desde el siglo XIX. Caballos, ganado, personas, licores, aves, serpientes y narcóticos han cruzado la frontera desde la época que se remonta a la construcción del primer ferrocarril. Los vaqueros fumaban opio en la época de Wyatt Earp y Doc Holiday. Cuando se prohibió el opio, los chinos comenzaron a entrarlo de contrabando a los Estados Unidos.

Durante los años 40 y 50, la mafia de Chicago se refugió en Nogales, Sonora. Las fotos de Bugsy Malone, Pretty Boy Floyd, John Dillinger y de otros mafiosos podían verse en las paredes del restaurante La Caverna de esa ciudad.

Los músicos mexicanos escriben canciones celebrando las hazañas de los narcotraficantes, retratándolos como Robin Hoods modernos. Hoy en día, el gobierno mexicano está sumergido en una batalla perdida con los narcotraficantes, tratando de retomar el control de la Nación Narco. Los cárteles realizan acciones increíblemente violentas y despiadadas, y han dejado una estela de muerte en las ciudades fronterizas de México. Es solo cuestión de tiempo para que esta oleada de violencia se extienda a los Estados Unidos. Algunos sostienen que ya está aquí, debido al asesinato de rancheros locales y de un agente de la Patrulla Fronteriza.

La mayoría de las pintorescas ciudades fronterizas de México tienen una plaza central, que es el lugar tradicional donde los residentes se reúnen, socializan y escuchan grupos musicales los fines de semana. La plaza es el corazón de la ciudad. El "jefe de plaza" es el narcotraficante que controla la ciudad fronteriza. Los cárteles le suministran drogas, que él reparte a los narcotraficantes locales para su distribución. El jefe de plaza soborna al alcalde, a la policía federal y local y a los líderes empresariales a cambio de favores políticos y de no terminar en la cárcel. Los jefes de los cárteles tienen inmensas fortunas, y aparecen en la lista Forbes 500 como algunos de los hombres más ricos del mundo. Tienen los mejores recursos: armas de fuego, vehículos blindados, comunicaciones encriptadas y aeronaves.

Los agentes especiales de la Oficina de Investigaciones del Servicio de Aduanas de Estados Unidos tienen a su cargo la difícil tarea de prevenir, disuadir y detener a cualquier persona que pase contrabando a través de la frontera. Las investigaciones, confiscaciones y arrestos rara vez son publicados. Eso es lo último que deseamos los agentes, pues la discreción nos permite hacer nuestro trabajo con mayor eficacia.

PRESA O CAZADOR

ERA una noche de verano calurosa y sin luna, más oscura que de costumbre, ideal para el contrabando de drogas. Un antiguo veterano de Vietnam me dijo una vez que entre el cazador y la presa no hay mucha diferencia. Por alguna razón, recordé sus palabras mientras recorríamos el desierto de Sonora aquella noche completamente oscura. El aire era muy caliente y podía oír el latido de mi corazón. Mis sentidos estaban alerta: era sin duda una noche propicia para el contrabando y nos habíamos preparado para afrontar esta situación.

Yo lideraba el camino, que conducía a una colina a lo largo de la frontera internacional, y mi compañero Tom iba 5 yardas atrás de mí. Nos movimos lentamente en cuclillas, buscando el lugar con la mejor cobertura y vista a esa ruta, la cual era muy utilizada por los narcotraficantes. Di un paso hacia adelante con cautela y luego permanecí completamente inmóvil. Tom estaba a mi lado. Fue un momento extraño y sentía todo mi cuerpo bajo una gran tensión. Los pelos de la nuca me parecían más bien agujas. Algo había llamado mi atención, un ligero tintineo metálico, como el del cerrojo de una pistola automática. No era el sonido producido por alguien que estuviera cargando un arma, sino el movimiento casi imperceptible de alguien que comprobaba si su arma estaba cargada. Mis sentidos se aguzaron y supe que algo andaba mal. Me volví hacia mi compañero y le susurré en voz baja "Agáchate". Tom era un poco testarudo y vaciló. Me lanzó una mirada como si le hubiera dicho "¿Por qué? ¿Qué diablos pasa?". Puse mi mano sobre su hombro y le susurré en un tono que denotaba mi preocupación "Agáchate ahora mismo". Nos acostamos en el suelo.

Sopesé nuestra situación casi sin respirar: no teníamos un lugar dónde escondernos; estábamos tendidos en la pendiente de una colina, con la valla fronteriza a unos 30 pies por encima de nosotros. Abajo había unas cuantas casas de adobe, viejas y destartaladas, y más allá, algunos autos estacionados, muy lejos de nosotros.

Levanté la cabeza, tratando de percibir algo, y vi un resplandor. El destello de una pistola iluminó las pequeñas casas y el ruido de los disparos fue ensordecedor, como si se tratara de un cañón. Comprendí de inmediato que era la explosión inconfundible de una pistola semiautomática calibre 45, igual al arma que llevaba conmigo. El olor de la pólvora y el humo invadieron el aire nocturno y mis pulmones. Me sentí paralizado. Tres, cuatro, cinco disparos pasaron zumbando por encima de nosotros. Escuché el silbido de las balas y los impactos en una pared de adobe y en uno de los autos estacionados, produciendo casi una explosión. Tom y yo estábamos completamente inmóviles. Habíamos sacado nuestras armas cuando nos tendimos en el suelo, pero no nos atrevíamos a mirar hacia el lugar desde donde nos atacaban. Yo sabía que tenía que hacer algo y disparé dos balazos hacia donde había visto el primer fogonazo, y luego todo quedó en silencio. El incidente ocurrió en cuestión de minutos, pero era como si el tiempo se hubiera detenido.

La génesis de este incidente había comenzado dos días atrás. Me encontraba redactando informes con los pies apoyados en mi escritorio. Lo hacía en papel legal y la secretaria de la oficina después los pasaba a máquina. La Oficina del Fiscal de Estados Unidos nos presionaba constantemente para que nuestros informes sobre arrestos y decomisos llegaran a su sede en un plazo de tres días. Yo había arrestado a dos personas por narcotráfico esa semana y no había redactado los informes. Además, tenía pendiente otro de la semana anterior, y sabía que estaba muy atrasado. En aquellos días antes de las computadoras, si un agente corregía un informe escrito a máquina, la secretaria tenía que volver a comenzar de cero y su cólera era semejante a la de los supervisores.

Mi supervisor me estaba presionando, pero no solo a mí. Era finales de septiembre y la temporada de cosecha de marihuana estaba en todo su furor en México. Toda nuestra oficina estaba sobrecargada de trabajo.

Me llamo Terry Kirkpatrick, soy agente especial del Servicio de Aduanas de Estados Unidos en la Oficina de Investigaciones en Nogales, Arizona. Las ciudades hermanas de Nogales, Arizona y Nogales, Sonora, están en la frontera internacional. Sus casuchas y viviendas precarias llegan hasta la misma valla fronteriza. Toda la zona está cercada por colinas y cañones escarpados a ambos lados de la frontera. El contrabando de drogas y el cruce ilegal de inmigrantes están a la orden del día en estos cañones oscuros. Los narcotraficantes y los "coyotes" son crueles y hacen cualquier cosa para pasar drogas y personas a los Estados Unidos.

Muchas veces vivimos entre las sombras. Los ciudadanos rara vez oyen hablar del trabajo que hacen los agentes especiales de aduanas; solo cuando es desmantelada una importante organización ilegal, algo que a veces puede tardar varios años. Los agentes de aduanas pocas veces son mencionados en la prensa, y las principales operaciones encubiertas con la colaboración de fuentes confidenciales se mantienen en un secreto absoluto. Las operaciones duran a veces varios años, y mientras escribo este libro se realizan operaciones en Nogales, en todo Estados Unidos y a nivel internacional, que probablemente nunca se harán públicas.

Era la temporada de cosecha de marihuana en México y todos en la oficina estábamos trabajando seis o siete días a la semana. Yo dormía en la oficina la mayor parte del tiempo. Éramos 23 agentes, 19 se habían divorciado al menos una vez y otros iban por su segundo o tercer matrimonio. Como verás, este trabajo no es muy propicio para la vida matrimonial. Los veteranos decían: "Si el gobierno quisiera que tuvieras una esposa, te habría dado una".

ANNA, la secretaria de la oficina, marcó mi extensión telefónica y me dijo: "Patricio, alguien quiere hablar contigo". *Patricio* era el seudónimo que daba a todos mis informantes. "Está en la línea. ¿Quieres que hable con otro agente?" Ella sabía que yo estaba ocupado con los informes. Anna tenía una voz suave y sexy que podía distraerte. Lo pensé dos veces y acepté la llamada.

La persona decía llamarse José; tenía un acento fuerte y áspero, y dijo que necesitaba hablar conmigo en persona. Su voz era poco menos que espeluznante. Acepté reunirme con él, sabiendo que me retrasaría en los informes. Le dije que nos viéramos a eso de las 4 p.m. en el estacionamiento de la Iglesia del Sagrado Corazón.

Yo utilizaba ese lugar con frecuencia para encontrarme con informantes potenciales. El estacionamiento de la iglesia era amplio y estaba rodeado de árboles. Además, estaba situado por encima de la avenida Grand, la vía principal de Nogales. Siempre estacionaba en la esquina suroeste para tener una vista amplia desde allá arriba. Había una pared inclinada que lo separaba de la vía y nadie podría acercarse a mi auto, excepto por el frente del mismo; así que me sentía muy seguro allí. Los narcotraficantes no le disparaban a nadie en los terrenos de la Iglesia Católica; recibirían una maldición si lo hacían, o al menos eso esperaba yo.

A veces me gustaba ir acompañado, en caso de que la persona no hablara un buen inglés, ya que mi español era limitado al comienzo de mi carrera. Yo podía sostener conversaciones básicas en español, pero me perdía si alguien hablaba con mucha rapidez. Hacia las cuatro de la tarde, vi a un mexicano subir las escaleras hacia el estacionamiento de la iglesia y pensé que era José. Durante nuestra breve conversación telefónica, me había dicho en pocas palabras que tenía información sobre la calle Short, la principal zona de operaciones de tráfico de drogas en Nogales. Me dijo que vendría a pie y que llevaría una chamarra azul y una gorra blanca de béisbol.

YO había llegado unos diez minutos antes y estaba pensando en lo que iba a decirle pues tenía una gran cantidad de fuentes que me proporcionaban información con frecuencia. Mis compañeros me respetaban por reclutar buenos informantes. Le había dicho a José que iría en un Ford blanco y marrón; era mi vehículo asignado por el gobierno, un Ford LTD 1978. Había decomisado ese auto en Tucson por llevar un cargamento de marihuana.

José era un mexicano de edad madura. Bajé la ventanilla del auto y le dije que se subiera. Era un hombre curtido y pensé que era un peón o un obrero; sus botas estaban raspadas y desgastadas. Parecía un poco nervioso pero fue directo al grano y no perdió tiempo en darme información. Dijo que alguien le había dado mi nombre, pero no me dio más detalles, lo cual era muy habitual en los informantes. Me contó que había oído hablar de un depósito clandestino en la frontera, en una casa en el callejón sin salida de la calle Short, y me hizo una descripción del lugar. Era una especie de cobertizo o de garaje y creía que la droga que había allí pertenecía al tristemente célebre José Luis Somoza, un narcotraficante conocido como "El Quemado".

El Quemado era joven, malo y de aspecto desagradable; se había quemado gran parte de la cara y el brazo cuando tenía unos trece años. Según decían varias fuentes, un contrabandista sorprendió a El Quemado en su depósito clandestino y decidió darle una buena lección. El narcotraficante, que era cruel y despiadado, golpeó a El Quemado, lanzándolo al suelo, y luego lo roció con combustible líquido y le prendió fuego. El joven sufrió graves quemaduras en los brazos y en un lado de la cara. Así, según la tradición mexicana, recibió el apodo de El Quemado.

Este individuo se crió en el barrio Buenos Aires de Nogales, Sonora, justo al este del principal Puerto de Entrada (PDE) a los Estados Unidos y al sur de la calle Short. Esta área tiene la reputación de ser la más peligrosa de Nogales, Sonora. La policía rara vez patrullaba allí, y si lo hacía, era porque estaba trabajando para los traficantes. Buenos Aires comenzó como un barrio marginal, donde los ocupantes ilegales construyeron casuchas de cartón, y un solo camino conducía a la zona. La mayoría de los residentes cruzan la frontera a través de una escalera que está en el lado mexicano.

Durante varios años no hubo agua corriente, ni alcantarillado o electricidad en el barrio y, luego, las precarias viviendas de cartón fueron reemplazadas lentamente por pequeñas casas de adobe. La zona está llena de basura y las aguas negras circulan por las calles y por el lado estadounidense de la frontera. En verano, el olor de la basura es tan sofocante como el de un vertedero, y en invierno, los habitantes queman leña, basura, neumáticos o cualquier cosa en los patios para mantenerse calientes.

Son los residentes olvidados de Nogales, Sonora, que no tienen empleo y se ven obligados a valerse por sí mismos. Las chicas se venden en las esquinas y los chicos esperan una oportunidad para pasar marihuana por la frontera o convertirse en ladrones.

Con frecuencia, el lugar donde vivimos influye en nuestro carácter. El Quemado fue una de esas personas, y apenas a los dieciséis años, se vengó del tipo que lo había desfigurado. Le tendió una emboscada en un depósito clandestino, matándolo a él y a otra persona con un arma de fuego. Se llevó aproximadamente 1.500 libras de marihuana, le pagó al proveedor y comenzó su carrera en el narcotráfico.

A continuación, reclutó a otros chicos de su edad y su grupo creció, hasta controlar a Buenos Aires, que de bueno no tiene nada. Según lo que dicen varios informantes, se cree que El Quemado tenía unos veintidós años cuando me encontré con él por primera vez. Una cosa es cierta: la sola mención de su nombre aterrorizaba a todos los habitantes de la zona.

El Quemado había adquirido una reputación tenebrosa luego de asesinar a sospechosos de ser "dedos", la palabra del argot mexicano para referirse a los soplones. Mató a uno de ellos prendiéndole fuego y dejó sus restos chamuscados en un agujero de la valla fronteriza. El Departamento de Bomberos de Nogales respondió a una llamada sobre un incendio forestal y descubrió el cadáver calcinado. Escuché la llamada por radio del Departamento de Policía de Nogales y me dirigí hacia allá. Recuerdo claramente los restos negros y carbonizados de un cuerpo en posición fetal con los brazos a la altura del pecho, como suplicando misericordia. Tenía un brazo levantado, con los dedos cerrados en un puño calcinado por el fuego. El cuerpo había quedado irreconocible.

En otra ocasión, El Quemado y sus hombres llevaron a un sospechoso de ser soplón al desierto. El Quemado les ordenó a todos sus secuaces que fueran hasta allí para presenciar lo que les ocurría a los soplones. Amarró un brazo y una pierna del hombre a un camión, y las otras dos extremidades a una camioneta. Los vehículos desmembraron lentamente al hombre mientras El Quemado lo interrogaba, arrancándole los brazos y las piernas del torso.

El Quemado era lugarteniente de Jaime Figueroa Soto, un reconocido narcotraficante que contrabandeaba grandes cantidades de droga de Sonora, México, a Arizona. Tenía alrededor de cuarenta años y era muy conocido en Magdalena, Sonora. Se decía que había matado a tres narcotraficantes por distribuir marihuana en donde él operaba.

Yo había reclutado a varios informantes que vivían en esa zona. El principal objetivo de mi investigación era El Quemado, y estaba completamente decidido a arrestarlo. También sabía que la DEA estaba investigando a Figueroa Soto, quien vivía entre Phoenix, Arizona, y Magdalena, Sonora.

José había llamado mi atención tras mencionar a El Quemado. Traté de reclutarlo formalmente, pero me dijo que no quería nada a cambio de su información. No quería dinero ni convertirse tampoco en un informante oficial. Solo quería informarme de la droga que había en un garaje, y que había oído decir que los narcotraficantes iban a transportar más droga a través de la frontera alrededor de las 10 p.m. del día siguiente. Estudié el rostro de José y concluí que era una persona seria; sin embargo, no sabía muy bien por qué me estaba facilitando esta información. Habló con rapidez y me dio toda la información que tenía. Traté de hacerle más preguntas. ¿Cómo se había enterado? ¿Trabajaba para El Quemado? José se mostró evasivo. Dijo que tenía que cruzar la frontera y se alejó rápidamente por el sur hacia el Puerto de Entrada de la avenida Grand.

Pensé en sus razones; no quería dinero. Aunque aduanas pagaba bien a nuestras fuentes cuando hacíamos una confiscación con base en su información, José no quería nada a cambio. Su familia no tenía necesidad de una BCC o "tarjeta de cruce fronterizo"; para un mexicano, una BCC es mucho mejor que recibir dinero. Tuve una corazonada, tal como nos sucede a los agentes, pero luego me olvidé del asunto y me fui a almorzar. El sexto sentido es un verdadero enigma, aunque varias veces se ha hecho presente en mi vida; en esta ocasión simplemente lo ignoré hasta que sucedió algo, cuando ya era demasiado tarde.

"¡Qué demonios!", pensé, mientras conducía de regreso a la oficina. Mis compañeros estaban conversando, y me referí a la información que me había dado José sobre el depósito clandestino; pregunté si alguien quería patrullar la zona, y varias veces me respondieron con sarcasmo: "Vete a la mierda". A nadie le gustaba trabajar allá, especialmente cerca de la valla fronteriza. Todos se rieron cuando les dije: "Tengo una gran idea. Es muy simple: vamos caminando, nos escondemos, vemos si las 'mulas' tratan de cruzar con drogas, y luego las seguimos hasta el garaje".

La calle Short era mi lugar de operaciones favorito; conocía el sendero paralelo a la valla fronteriza y había recorrido la zona en numerosas ocasiones. La mejor manera de llegar hasta allí sin ser detectado era a pie. Esta vez quería llegar antes de que los narcotraficantes cruzaran, y si veía que iban a una casa o a un garaje, podía obtener una orden de allanamiento y confiscar la droga.

Una vez más, mi plan brillante fue recibido con más insultos, pues los agentes odiaban permanecer al acecho y estar tan cerca de la frontera. La mayoría estaba muy ocupada con sus propias investigaciones y fuentes, y tenía que terminar sus informes. Finalmente, Tom se ofreció a ir conmigo; le gustaba acampar y estar en el desierto o en sitios alejados. Este oficial de la Patrulla de Aduanas era tan capaz como cualquier agente, y mucho mejor que la mayoría. Yo había trabajado con él en varias ocasiones y hacíamos un buen equipo. Había perdido el brazo derecho en un accidente en California durante su infancia, y lo llamaban "El Zurdo", un apodo típico que usa la policía, que expresa respeto.

Yo había sido un ávido cazador durante mi juventud en Illinois, y ahora cazaba narcotraficantes. Ambas cosas requerían de habilidades similares, como explorar el área donde vive la presa, aprender sus costumbres, acecharla y esperar la oportunidad para atacarla.

Al día siguiente por la noche, Tom llevaba un uniforme militar camuflado; yo tenía una camisa negra de manga larga y unos Levi's. Todos los agentes de la oficina cargaban varios tipos de ropa en sus vehículos; pantalones y camisas negras Ninja, trajes militares de camuflaje, chamarras de asalto, ropa impermeable y chalecos a prueba de balas. Cada agente tenía también un juego completo de ropa a la cual llamábamos "bolsa didi". El término provenía de los veteranos de Vietnam y era la abreviatura de "didi mau", una frase vietnamita que significa ponerse en movimiento.

Recorríamos grandes distancias vigilando cargamentos de drogas desde Arizona a California.

Estacionamos en la parte inferior de la colina que conducía a la calle Short. Otros agentes —René, Joe y Ricardo— esperarían en sus vehículos en el centro de la ciudad por si necesitábamos ayuda. Ninguno de nosotros le prestó mucha importancia a la operación, pues era lo que hacíamos todos los días. Tom y yo tomamos lo que necesitábamos y nos dirigimos hacia el camino oscuro con un gran sigilo.

Era una noche cálida a finales de septiembre y los monzones ya habían terminado, pero el clima era bochornoso y húmedo. La camisa de manga larga que llevaba me protegía de los escorpiones y otros insectos espeluznantes que abundan en horas de la noche; más me valía estar preparado si iba a estar en medio de la maleza. No había luna, todo era de un negro azabache, y la colina del lado mexicano de la frontera era más alta y proyectaba una sombra oscura sobre el lado estadounidense. Esto hizo que subiéramos con lentitud, pero yo prefería hacerlo en las tinieblas que a la luz de la luna.

El área de la calle Short era peligrosa en aquel entonces, y lo sigue siendo en la actualidad. Los narcotraficantes tienen una vista muy amplia desde el lado mexicano y ven a las personas que circulan por la zona desde los techos de sus casas; básicamente ellos controlan los barrios a ambos lados de la frontera. Tom y yo permanecimos en la oscuridad, avanzando poco a poco por la ladera rocosa. Los árboles desaparecieron más allá de unas pocas casas destartaladas, diseminadas alrededor de la colina. Tom y yo manteníamos absoluto silencio.

Por alguna razón, mis sentidos siempre están más alerta durante la noche. El oído, la vista y el olfato simplemente se me agudizan. Muchas veces, Tom y los otros agentes me decían que mis sentidos eran más agudos que los de los animales salvajes.

Rara vez utilizaba lentes de visión nocturna, y Tom bromeaba diciendo que mi visión era mejor que la de un búho. Trepamos la colina avanzando de a 20 yardas; me detenía para echarle un vistazo a la zona y estaba atento al menor indicio de actividad, tal como siempre lo hacía. Quedé paralizado poco antes de llegar a la cima, a unos 30 pies de la valla fronteriza. Allí estaba otra vez ese maldito sexto sentido, o mi ángel de la guarda, susurrándome al oído que me detuviera de inmediato. Había escuchado algo en algún lugar de mi mente. No estaba seguro, pero me pareció oír el sonido del cerrojo de una pistola automática; fue un sonido muy débil, como si alguien hubiera revisado si el cargador tenía balas.

A continuación, sentí que se me erizaban los pelos de la nuca. Algo andaba mal. Le susurré a Tom que se echara al suelo pero no me obedeció. Le hice un gesto con la mano, lo agarré del hombro y le dije: "¡Al suelo!". Tom y yo nos acostamos boca abajo contra la tierra y las rocas. No teníamos un lugar dónde escondernos; nos encontrábamos en la pendiente de una colina. La valla fronteriza estaba apenas a unos 30 pies por encima de nosotros, y abajo solo había unas pocas casas y algunos autos estacionados muy lejos de nosotros. Lo único que tenía delante de mí era una roca del tamaño de un balón de fútbol. Sentí un hormigueo en todo el cuerpo. Una gran descarga de adrenalina me envolvió como una explosión.

Y entonces, todo sucedió en un instante, el destello y el ruido de disparos provenientes del lado mexicano. Yo conocía muy bien el sonido de una pistola automática calibre 45, pues mi arma de dotación era una Colt 45. El olor de la pólvora invadió el aire nocturno. Allí, inmóvil, sentí cómo cinco balas silbaron por encima de nosotros. Escuché que golpeaban una pared de adobe. Escuchamos el sonido metálico de las balas luego de impactar uno de los autos estacionados, como si se tratara de una explosión. Tom y yo estábamos paralizados, pegados a la ladera polvorienta como reptiles en la arena. Habíamos sacado nuestras armas pero no teníamos un objetivo. Yo sabía que tenía que hacer algo y disparé dos veces en la oscuridad hacia el lugar donde había visto el primer destello. Y entonces, todo permaneció en silencio.

El muy cabrón nos había atrapado. Estábamos boca abajo y en silencio en aquel terreno descubierto y no me atrevía a levantar la cabeza. El sonido de las balas atravesando el metal del auto me había impactado. Me aseguré de que Tom estuviera bien.

—¿Le diste? —me preguntó.

—No, no sé dónde está —le respondí.

Tom ya estaba diciendo por su radio: "Nos han disparado, nos han disparado". El humo de la pólvora era semejante a la niebla flotando en el aire. Un millón de cosas pasaron por mi mente, pero solo recuerdo haber pensado que debía haberme puesto mi chaleco a prueba de balas. No lo había hecho porque hacía muchísimo calor.

Alcé ligeramente la cabeza para ver de dónde provenían los tiros. Luego vi al hombre bajo la sombra de una casa de dos pisos en el lado mexicano, a unas 20 yardas al sur de la valla fronteriza. Su silueta se perfiló súbitamente al encender un cigarrillo. Era como si sostuviera deliberadamente el cerillo para decir "Aquí estoy".

"Hijo de puta, ese pendejo realmente se tomó todo el tiempo para encender su cigarrillo. Quería que lo viéramos", dije para mis adentros. Me pregunté si acaso se trataba de El Quemado, o si era José quien nos había disparado. El hombre le dio dos caladas al cigarrillo, su silueta se iluminó brevemente, y luego desapareció entre las sombras de las casas. Pocos segundos después, escuchamos la respuesta de la unidad de caballería y todas las agencias de la ley llegaron con las sirenas encendidas. Tomaron posiciones a lo largo de la calle Short, iluminando la frontera con las luces de sus vehículos.

Había por lo menos seis unidades en la zona. Tom dijo "Código 4" por radio; que quiere decir que la situación está bajo control. En ese momento, comencé a pensar que José me había tendido una trampa. ¿Acaso ese hijo de la chingada trabajaba para El Quemado? Sentí mucha rabia y emociones encontradas, por no hablar de la descarga de adrenalina. Estaba enojado con el imbécil que había tratado de matarnos, y con José, pero sobre todo, enojado conmigo mismo, pues debí haber visto al hombre antes de que se nos adelantara.

Tom y yo nos sentamos, nos miramos un momento y nos dimos cuenta de lo cerca que habíamos estado de morir.

—¿Qué diablos te hizo echarte al suelo? —me preguntó Tom.

—Escuché a alguien tanteando un arma; era un sonido semejante al del cerrojo de una pistola —dije.

Tom sonrió.

La ráfaga de rabia y adrenalina disminuyó rápidamente, Tom y yo comenzamos a reírnos de la situación, nos dimos la acostumbrada palmadita en la espalda y nos pusimos de pie para largarnos de allí. Miré a mi alrededor. Los funcionarios de la ley estaban por toda el área; por lo menos seis agentes especiales de aduanas, armados con rifles y escopetas, se habían bajado de sus vehículos y se dirigían al lado mexicano de la frontera. Los agentes de la policía de Nogales trataban de ponerse en contacto con las autoridades mexicanas. Entonces, René llamó mi atención.

Había corrido 20 pies hacia la frontera completamente solo y se encontraba en medio de un área despejada, alumbrado por un poste de la luz y por las luces de los vehículos, resplandeciendo como un letrero de neón en medio de la oscuridad. En aquel lugar tan peligroso, su conducta temeraria equivalía prácticamente a un suicidio.

René era el genio de la oficina en asuntos tecnológicos. Era un gran mecánico, un experto en la más reciente tecnología, y no había nada que no supiera arreglar. Era un gran lector, y una especie de erudito. Era unos nueve meses menor que yo, le decían "Señor Seguridad", y era extremadamente cuidadoso. Pensaba en todas las situaciones posibles y con mucha frecuencia nos sacaba de problemas.

A pesar de todas sus habilidades, René necesitaba asesoría en materia de vestuario. Ese día había ido a la oficina con ropa nueva. Cuando nos habló de que había ido de compras, Ricardo aprovechó la oportunidad para burlarse de él poniéndose una mano en la cadera como si fuera un homosexual y simulando ser René mientras le decía a un vendedor de una tienda: "Necesito ropa; quiero lo que tiene el maniquí, así que quítale la ropa y dámela". Ricardo nos había hecho reír a carcajadas. En realidad, la ropa de René nos tenía sin cuidado, pero Ricardo lo había retratado como un gay mexicano de un modo realmente divertido. Lo había hecho tan bien que empezamos a hacerle bromas y a preguntarle por qué sabía tanto de los homosexuales.

René se sentía orgulloso de su ropa nueva y hasta le había preguntado en broma a nuestra secretaria si le gustaba.

Pero ahora se encontraba desprotegido en medio de un tiroteo, con su camisa clara color durazno y sus pantalones marrones, que brillaban bajo el reflejo de las luces. Era todo un espectáculo, y no pudimos dejar de reírnos mientras bajábamos la colina para encontrarnos con las unidades. Joe vio a René y le gritó: "¡Fuera de ahí! Estás resplandeciendo en la maldita oscuridad". René pareció asustado mientras miraba a su alrededor y regresaba corriendo a su vehículo. Comprendió súbitamente que había sido un blanco muy fácil.

Haber visto a nuestro compañero de trabajo en esa situación fue muchísimo más divertido que el tiroteo y nos ayudó a relajarnos un poco. René se rió de sí mismo y nosotros nos reímos cuando Ricardo lo imitó de nuevo. Mientras tanto, René trató de explicarnos que había corrido porque su misión era rescatarnos a Tom y a mí.

Terminaba cada una de sus frases, diciendo: "Oh, mierda, por poco me matan. ¿En qué estaría pensando?".

Después de un tiroteo hay que hacer una gran cantidad de papeleo. Yo escribía informes justificando mis acciones: ¿Por qué disparaste? ¿Tenías un objetivo? ¿Por qué no usaste un chaleco a prueba de balas? A continuación, los agentes más antiguos me hacían preguntas durante varios días y añadían sus opiniones e interpretaciones de los acontecimientos. Los agentes y policías de todas las agencias de la ley viven para hacerte la vida imposible a la menor oportunidad. En realidad, esto es una especie de entrenamiento, pues cuando tus compañeros se ensañan contigo, rara vez vuelves a cometer el mismo error.

Al comienzo de mi carrera, todos los días aprendía de mis errores. Mi lema era "aprender haciendo". Una vez, un agente veterano me dijo que el día en que uno se comporta como un sabelotodo ese es el día en que te matan.

EL CONDADO DE SANTA CRUZ

EL Condado de Santa Cruz se encuentra en la parte central de Arizona y comparte aproximadamente 60 millas de frontera con el estado mexicano de Sonora. Es el condado más pequeño de Arizona. Las principales actividades económicas son el contrabando y el comercio agrícola. Nogales, Arizona y Nogales, Sonora, son conocidas como las "Ciudades Hermanas", pues comparten el mismo nombre; están situadas en un cañón, y las colinas y montañas se extienden en todas las direcciones. El nombre de Nogales se debe a que alguna vez los árboles del mismo nombre cubrieron todo el cañón. Los mexicanos le pidieron a Estados Unidos que construyera una valla para impedir la entrada de vaqueros ruidosos estadounidenses a la ciudad mexicana.

Los habitantes de la costa este tienden a creer que Arizona es un desierto plano, seco y arenoso, donde las malas hierbas cubren la arena estéril. Geográficamente, la mayor parte del Condado de

Santa Cruz está conformado por parajes salvajes y forma parte del Bosque Nacional de Coronado. Las montañas y los valles atraen a pintores y fotógrafos de todo el mundo, pues sus hermosos atardeceres y vistas panorámicas, que cubren las montañas con colores románticos, son una fuente de inspiración para muchos artistas.

El condado tiene ocho cadenas montañosas que se superponen de tal forma que parecen una sola. Las Ciudades Hermanas están a 4.000 pies sobre el nivel del mar. Al este se encuentran las montañas de la Patagonia, de San Cayetano y de Santa Rita, con 26 millas de extensión, y el pico más alto es el Monte Wrightson, con 9.450 pies de altura. Al oeste se encuentran unas montañas pequeñas, que se extienden de 6 a12 millas en todas las direcciones. Son las montañas de Pajarito, que se conectan con la Sierra La Esmeralda en México, con las montañas de Atascosa, cuyo pico más alto tiene alrededor de 6.500 pies de altura, y con las montañas de Tumacacori.

La vegetación de estas montañas y cañones es muy diversa; hay varias especies de pinos y abetos, y árboles de mezquite, robles y álamos en el fondo de los cañones. Varios arroyos riegan la zona, así como el río Santa Cruz, que crece durante la temporada de monzones, y dos lagos que se encuentran en las montañas. Los arroyos sustentan una abundante vida silvestre conformada por ardillas, mapaches, venados, cerdos jabalíes, osos negros y pumas. Las montañas albergan una gran cantidad de minas antiguas y abandonadas y de cuevas utilizadas por los primeros buscadores de oro.

Este territorio fronterizo también les proporciona refugio y escondite a los narcotraficantes. Es un terreno no apto para automóviles, y las fuerzas del orden utilizan vehículos todo terreno y unidades de caballos para patrullar la zona, ya que la alta tecnología de nada sirve para controlar el tráfico de drogas.

Nogales, Sonora, es una zona muy utilizada por los narcotraficantes; la autopista Interestatal 15 va desde la frontera hasta la Ciudad de México y pasa por las principales ciudades de Sonora: Nogales, Imuris, Magdalena, Santa Ana, Hermosillo, Guaymas y Ciudad Obregón. Luego atraviesa Los Mochis, Culiacán, Mazatlán y Sinaloa, hasta llegar a la Ciudad de México. Esta autopista es controlada por los traficantes, así como por la policía y el Ejército Mexicano.

En Nogales, Arizona, muchas familias se han dedicado al contrabando durante tres generaciones, y conocen el terreno y los caminos. El corredor fronterizo es valioso porque proporciona un fácil acceso a los Estados Unidos. Hasta hace poco no había vallas en muchos lugares de la frontera. La autopista Interestatal 19 de Estados Unidos, que va de Nogales a Tucson, es un tramo recto de 60 millas desde el cual se llega en cuarenta y cinco minutos al gran corredor este-oeste de la Interestatal 10. Una vez en la I-10, las cargas de estupefacientes tienen un tránsito casi libre a todas las ciudades de Estados Unidos.

Nogales, Arizona, tiene una población de 40.000 habitantes aproximadamente, mientras que la de Nogales, Sonora, es de más de 350.000. Quienes visitan la frontera casi nunca ven los barrios marginales de las colinas, donde mexicanos, nicaragüenses, hondureños y personas de otros países de América Latina viven en viviendas precarias de 8 pies cuadrados, con piso de tierra, construidas con tablas, madera contrachapada y cajas de cartón. Sus habitantes queman basura para calentarse, no tienen perspectivas

de empleo y son una fuente de trabajo inagotable para los narcotraficantes, quienes los utilizan para pasar drogas a los Estados
Unidos.

Las Ciudades Hermanas fueron consideradas una vez como
pintorescos y apacibles pueblos fronterizos que los turistas estadounidenses visitaban los fines de semana para comprar curiosidades mexicanas y comer en excelentes restaurantes como La
Roca, El Cid, La Caverna y otros. Las tiendas de curiosidades de
Nogales, Sonora, que una vez estuvieron atestadas, actualmente
se encuentran desiertas, y en las calles no se ve un solo turista
estadounidense.

Ambas ciudades parecen haber sido diseñadas para el contrabando, y si los cárteles decidieran construir ciudades a lo largo de
la frontera para dicha actividad, Nogales sería el modelo a seguir.
Además de los cañones y montañas circundantes, el Puerto de
Entrada a los Estados Unidos es igualmente activo para el contrabando de drogas en una milla a la redonda.

Directamente debajo de las calles de la ciudad se encuentra
una intrincada red subterránea de sistemas de drenaje. La tubería
principal tiene 20 pies de ancho por doce de alto, y pasa por debajo de las avenidas Grand y Morley hacia el lado mexicano, donde
cualquiera puede internarse en ella luego de pagar una suma
de dinero. El drenaje principal se conecta a cientos de tuberías de
3 pies de diámetro, localizadas en el centro de la ciudad. Estas
redes ofrecen a los narcotraficantes la posibilidad de construir
túneles que llegan a casas y negocios. Hasta la fecha, se han descubierto más de sesenta y cinco túneles de contrabando de drogas
solo en la ciudad de Nogales, Arizona.

El río Santa Cruz corre hacia el norte, y lo mismo sucede con todas las aguas drenadas de México. El río crece durante las fuertes lluvias monzónicas y las calles de Nogales, Sonora, se inundan con frecuencia.

Las autoridades tuvieron que soldar las tapas de las alcantarillas de Nogales, Arizona, para evitar que los narcotraficantes y los inmigrantes ilegales utilizaran el sistema de drenaje como refugio y sitio de tránsito. Una vez vi a un grupo de doce inmigrantes ilegales salir de la boca de una alcantarilla en la intersección de la avenida Grand y la Interestatal 19, donde confluyen ocho carriles de tráfico en el centro de la ciudad. Abrieron la pesada tapa de acero y empezaron a correr, y cualquier conductor desprevenido corría el riesgo de quedar atascado en el agujero.

Tal como sucede con la mayoría de las ciudades fronterizas entre Estados Unidos y México, el empleo es muy escaso o inexistente en Nogales. Los 200.000 inmigrantes de Centroamérica que llegan a la frontera, por lo general están desesperados y sin dinero. Son presa fácil de los narcotraficantes y constituyen una fuente inagotable de mulas humanas para pasar marihuana hacia el norte.

Varias generaciones de familias se han dedicado al contrabando en el Condado de Santa Cruz, y abuelos, hijos y nietos han hecho de este su modo de vida. Han transitado todos los caminos y recorrido cada sendero. Los narcotraficantes han entablado amistad con muchos oficiales a través de redes sociales y de fiestas donde las esposas, novias y familiares de los agentes del orden les informan sus horarios, hábitos y lugares que más frecuentan. Numerosos agentes federales y estatales del Condado de Santa Cruz se han dejado corromper, y han empañado la imagen de la autoridad.

Así como el agua de los arroyos y del río corre hacia el norte, también parece natural que el flujo de drogas siga el mismo camino. Estos son los desiertos geográficos donde transcurre esta historia. Llegué aquí cuando era un hombre joven y luchador de ascendencia irlandesa que no hablaba español, no sabía nada acerca de las costumbres locales ni de su historia, y era un extraño en este enclave predominantemente hispano, conformado por la cultura fronteriza del viejo oeste.

A medida que trabajaba en el Condado de Santa Cruz, exploré las montañas y los valles, aprendí a respetar su tierra, su pueblo y su cultura, las cuales se han convertido en mi hogar. Yo sabía que nunca podría dar por sentado este entorno tan áspero. No sabía dónde estaría trabajando al día siguiente, pues los narcotraficantes utilizan muchos sitios para pasar drogas, y cada día era una nueva aventura para mí. Desde el Valle de San Rafael, al este, a la ciudad minera de Arivaca, al oeste, siempre respondíamos a la información de nuestras fuentes. En el Oeste, aprendes a escuchar a los veteranos que conocen los ranchos, los caminos y las montañas.

LA OFICINA

EL Departamento del Tesoro se estructuró originalmente con cuatro divisiones investigativas que incluían el Servicio Secreto, la Oficina de Alcohol, Tabaco y Armas de Fuego (ATF), el Servicio de Rentas Internas (IRS) y la Oficina de Investigaciones del Servicio de Aduanas. Los agentes del Departamento del Tesoro competían mucho con el FBI y la DEA. Como agentes especiales de Aduanas, investigábamos crímenes similares a los de otras agencias, como el narcotráfico, el lavado de dinero, la pornografía infantil, el contrabando de armas y los delitos de cuello blanco. Nuestra jurisdicción investigativa se superponía con mucha frecuencia, provocando "luchas territoriales".

El gobierno de Estados Unidos considera que Nogales es un sitio difícil para sus agentes, donde normalmente prestan tres años de servicio. Si cometías un error, te sacaban con rapidez, pero si hacías un buen trabajo, quedabas atrapado. A menudo cantábamos

Hotel California, la canción de Eagles que dice: "Puedes marcar tu salida cuando quieras, pero ¡nunca podrás irte!"

Cuando llegué por primera vez a este sitio, la oficina de Nogales se encontraba en una edificación muy impersonal, que más parecía una oficina de bienes raíces de baja categoría que una instalación federal. Era un edificio pequeño, situado a un lado de la carretera entre Scotty's Pub y una tienda de Circle K. No había cámaras de seguridad, vidrios a prueba de balas ni una cerradura sólida en la puerta principal, y cualquiera podía entrar sin problemas. El edificio era muy distinto de la mayoría de los edificios federales ubicados en el centro de Tucson o Phoenix.

Dos o tres agentes se hacinaban en cada oficina. Estábamos tan apretujados, que un día llegó un nuevo agente; el pobre diablo entró y preguntó dónde estaba su oficina. Alguien le dijo: "Sigue las señales". Habíamos puesto varios avisos que decían "la oficina de Jim" con las flechas apuntando hacia el pasillo. El nuevo agente recorrió el pasillo y terminó saliendo por la puerta de atrás del edificio, donde, al lado de la cerca, había un escritorio con papeles encima. El agente no tenía sentido del humor y se molestó tanto que durante varios días trabajó fuera de la oficina.

Obviamente, era una ventaja que Scotty's, el pub irlandés, estuviera justo al lado. Se convirtió en el lugar favorito para resolver nuestros problemas, ya que el estrés era un factor predominante y varias veces estuvimos a un paso de matarnos en la oficina. Los ánimos se encendían y ocasionalmente había incluso intercambios de golpes, pero las peleas se resolvían generalmente al calor de unas copas en el pub Scotty's. Nos gritábamos el uno al otro antes de pedir el primer trago, al tercero nos encontrábamos más calmados y nos abrazábamos y reíamos cuando pedíamos la quinta o sexta ronda. Así era la naturaleza de la bestia en la frontera.

Trabajar en la frontera es un oficio de veinticuatro horas al día, y las fuentes confidenciales que trabajaban para mí permanecían noche y día fuera de sus casas, así que cuando me informaban que un cargamento iba a cruzar la frontera, yo solo tenía treinta minutos o menos para responder. Todos los agentes tenían problemas con sus esposas, básicamente debido al estrés. El lema de la frontera es: "Digiérelo, supéralo y sigue adelante".

Los habitantes locales nos desafiaban siempre que podían cuando sabían que éramos agentes antinarcóticos. Nos trataban con desprecio en los bares, en las calles y en cualquier lugar. No sabían que si una persona le declara su enemistad a un agente antinarcóticos, también lo hace con todos los otros agentes de la oficina. En esa época, yo no le prestaba mucha atención a la forma como funcionaban los departamentos de policía de la Ciudad de Nogales y del Condado de Santa Cruz. En un comienzo, el Departamento de Policía de Nogales y el Departamento del Sheriff del Condado no se ocupaban de combatir el narcotráfico, pues decían que era un problema federal. Por suerte, eso cambió con los años. Había muchos rumores sobre la corrupción en ambos departamentos, y varios oficiales habían sido arrestados y acusados de traficar drogas. Anna, la secretaria de la oficina de Aduanas, era una mujer sensual. Tenía piernas largas, medía alrededor de 5 con 9, era delgada, y sus grandes pezones se veían debajo de su ropa. Vestía siempre a la última moda y podía responder el teléfono, escribir a máquina a la velocidad de un rayo, sostener una conversación y archivar documentos al mismo tiempo. Pasaba a máquina los informes de todos los agentes antes de que aparecieran las computadoras. Trabajaba sin parar, le sonreía a todo el mundo y tenía esa voz sexy que a todos los hombres les encanta oír. Todos la apreciábamos y un par de agentes estaban enamorados de ella. Estaba casada con un macho mexicano, cuya única aspiración en la vida era ser torero.

Había tres grupos en la oficina y el mío era el de narcóticos; Carlos era el supervisor, y Ricardo, René, Joe, Layne y Tom trabajaban conmigo. Nogales es como una adicción, y cuando saboreas la adrenalina del trabajo fronterizo, eres un adicto de por vida.

Los miembros de nuestro grupo trabajábamos un promedio de quince horas al día, y algunas labores de vigilancia duraban tres o cuatro días seguidos. Cada mes acumulábamos un promedio de 120 horas extras. Nos apoyábamos mutuamente, comíamos y bebíamos juntos, nos íbamos de fiesta y a veces peleábamos como si fuéramos hermanos.

Los agentes de cuello blanco de la oficina nos decían "divas". Trabajar un año en el departamento de narcóticos en Nogales equivalía a trabajar diez años en cualquier ciudad del interior de Estados Unidos, como Kansas City o Denver. El trabajo en la frontera te hace insensible y duro. El presidente Richard Nixon fue la primera persona que utilizó el término "guerra contra las drogas", y nosotros sabíamos que había una guerra, pues librábamos batallas diarias y nos concentrábamos en un caso a la vez.

Carlos, el supervisor, era un chicano nacido en Texas, y hablaba español con fluidez. Su padre era un viejo ranchero de Texas. Carlos tenía un temperamento agradable y no dudaba en hacer operaciones con nosotros. Su filosofía era "aprende de tus errores" y disfrutaba de la emoción de nuestro trabajo tanto como nosotros. Me cubría el pellejo en las labores de vigilancia, y corrigió mis estúpidos errores de principiante durante mis primeros años. Aprendí muchas cosas de Carlos; creo que me salvaron la vida y me evitaron muchos problemas.

Layne era un agente especial sénior y había sido policía de la ciudad de Phoenix, Arizona, antes de trabajar en aduanas. Era diez años mayor que yo; hacía bien su trabajo, pero también había cometido su cuota de errores de novato. Cuando metíamos la pata, Layne nos contaba sus historias para que no nos sintiéramos tan mal; era el puente entre los agentes viejos y los más jóvenes. Nunca quiso ser promovido, pues era divorciado y decidió criar a sus dos hijas adolescentes en un solo lugar para que pudieran terminar la escuela secundaria. Conocía todos los gajes del oficio y era el polo a tierra del grupo; sabía poner las cosas en perspectiva, explicar por qué no debíamos sentirnos frustrados ni hacer ciertas cosas. Nos ofreció la sabiduría que solo se puede adquirir después de varios años en el oficio.

Joe era de Brooklyn, Nueva York; tenía ascendencia italiana, pero no era el típico neoyorquino. Se ajustaba al estereotipo de un mafioso italiano: era grande y fuerte, de cabello negro, y siempre estaba bien vestido. Podría haber interpretado fácilmente a un jefe de la mafia en la serie *Los Sopranos*. Le decían "Joey el Brazo" debido a sus grandes brazos y a su costumbre de golpear el escritorio. Algunos italianos hablan con las manos, pero Joe lo hacía con los brazos.

Tomó la decisión de mudarse a Arizona luego de cometer un error buscando una dirección en Brooklyn. Entró a una bodega y se encontró con cinco matones italianos que estaban contando dinero. Se levantaron de un salto de la mesa y empezaron a gritarle. Uno de ellos agarró un tubo, y empezaron a decirle que lo iban a moler a golpes. Joe sacó su insignia y su arma de inmediato. Esto les molestó mucho y le dijeron que le iban a quitar la insignia y el arma y se las iban a meter por el culo. Joe logró salir por la puerta de la bodega con el arma en la mano mientras los matones lo perseguían.

Su versión de aquel incidente era genial: "Tuve visiones de mi arma con el cañón de cuatro pulgadas y los largos visores nocturnos deslizándose por mi culo". Se hartó de Nueva York y se mudó a Arizona, donde se casó con una latina. Joe les decía a los agentes jóvenes que tenían que mandar en su casa, al igual que él. Una noche, llegó muy tarde a casa después de trabajar en labores de vigilancia. Su esposa estaba muy molesta porque le había preparado espaguetis con albóndigas, su comida favorita, y esperaba que llegara exactamente a las cinco de la tarde. Y como es típico en las mujeres hispanas, comenzó a gritarle. Joe, obedeciendo su herencia italiana, agarró el plato de espaguetis de la mesa y lo lanzó contra la pared del comedor, rompiendo el plato y llenando la pared de espaguetis. Y luego le gritó a su esposa: "Ahora tienes algo que te saque de quicio. No me vuelvas a gritar porque trabajo hasta tarde". Después de escuchar esto, la mayoría de los agentes concluyó que Joe no era el consejero matrimonial más adecuado.

Tom era natural de California, y trabajó como civil con el gobierno durante la guerra de Vietnam. Fue uno de los últimos estadounidenses en salir de Saigón, cuando los comunistas la ocuparon en 1975. Se casó con una mujer vietnamita que podía armar y desarmar una pistola automática calibre 45 con mayor rapidez que nuestros mejores agentes. Tom no era un agente, pero debería haberlo sido; era oficial de inteligencia de la Patrulla de Aduanas. Había perdido su brazo izquierdo cuando era niño y las leyes estipulaban que no podía ser un agente. Pasó treinta años de su vida luchando contra esta decisión y demandó al gobierno. Sin embargo, le encantaba su trabajo, sin importar la naturaleza de la operación. Al igual que otros, estaba destinado a este trabajo porque realmente disfrutaba lo que hacía todos los días. Trabajé con él en muchas situaciones diferentes y nunca me defraudó. Era más diestro con las armas que muchos agentes, pero a veces era realmente terco.

René era de Nueva York y tenía sangre puertorriqueña. Su padre era militar, al igual que su padrastro. René siguió los pasos de ambos. Era disciplinado, leía mucho, y era más políticamente correcto que la mayoría de los agentes de nuestra oficina. Se unió a la Fuerza Aérea de Estados Unidos al terminar la escuela secundaria, y luego se incorporó al Servicio de Aduanas. Fue asignado unos cuatro años a la pequeña localidad de Ajo, Arizona, antes de ser trasladado a la oficina de Nogales.

Era conocido como "Señor Arregla Todo". Fue mecánico de aviones C-130 en la Fuerza Aérea, y sabía mucho de electrónica, de motores de automóviles y de todo lo relacionado con mecanismos. Era muy cuidadoso y casi demasiado cauteloso. Tenía un gran instinto maternal o protector, y le gustaba analizar cada situación. Era el único hombre que hablaba de recetas y de moda con las mujeres de la oficina. Conocía colores como el verde pálido o el "sopa de langosta", algo que no es muy usual en la mayoría de los hombres, quienes solo conocen los seis colores básicos: el negro, el blanco, el verde, el amarillo, el marrón y el azul; para el resto de nosotros, la moda consistía simplemente en la profundidad de un escote. Yo le decía en broma que él tenía un cromosoma femenino adicional. René era el cerebro administrativo del grupo y conocía todas las reglas y procedimientos. Podía recordar todos los documentos redactados por los sabiondos e inútiles de Washington, donde nos decían qué hacer y qué no hacer en nuestro trabajo.

Ricardo nació en Nogales, Sonora. Su padre murió cuando él era joven y su madre se casó con un ciudadano estadounidense; fue adoptado y emigró a los Estados Unidos siendo un niño. Tenía nombre mexicano por vía materna y apellido estadounidense por vía paterna. En la cultura mexicana, el apellido paterno de la madre se usa como apellido y aparece en los documentos, a diferencia de los Estados Unidos, donde siempre se utiliza el del padre.

Ricardo conocía cada rincón de Nogales, Sonora, y de Nogales, Arizona, y estaba muy familiarizado con el mundo de las calles. Se unió al Ejército, sirvió en Vietnam y obtuvo su GED. Tras su labor militar, se unió al Departamento del Sheriff del Condado de Santa Cruz, al departamento de policía de Nogales y luego fue inspector de Aduanas antes de ser agente especial.

Estaba casado pero era mujeriego, no porque fuera el hombre más apuesto, sino porque era un tipo sutil. Era genial para hacer trabajos encubiertos. Era un actor natural que sabía hablar y comportarse, y utilizaba esto para reclutar a algunos de los mejores informantes confidenciales de nuestra oficina.

Fue escogido para ser agente especial y asignado a Nogales, pero tuvo que ser trasladado dos años después debido a amenazas de muerte. Su mayor fortaleza era que conocía a todos los infractores y habitantes que estaban siendo investigados. Esta era también su mayor debilidad, pues era muy conocido en la ciudad.

En cuanto a mí, nunca pensé en terminar como un agente especial antinarcóticos. Si hubieras hecho una encuesta en mi escuela secundaria, mis compañeros habrían dicho que tenía más probabilidades de terminar en la cárcel. Mis padres se divorciaron cuando yo tenía alrededor de cuatro años, y mi hermano y yo viajábamos mucho entre las casas de nuestros dos padres. En varias ocasiones, viajábamos tres días seguidos en autobuses de la Greyhound desde California a Illinois. Viví en algunos barrios realmente malos de Chicago y de St. Louis. Cuando estaba en quinto grado, cargaba una gruesa cadena con una bola de plomo; no lo hacía para buscar peleas, sino para defenderme camino a casa. Llegué a asistir a cuatro escuelas en un año. Me enviaron a vivir con mis abuelos cuando entré a la escuela secundaria, y finalmente recibí un poco de orientación.

Ellos se mudaron a Nuevo México en mi último año de secundaria y viví solo en un apartamento arriba de un salón de billar. Terminé la escuela secundaria y estudié dos años en la Southern Illinois University antes de mudarme a Tucson, Arizona, y luego fui reclutado. Me casé a los veinticinco años, no porque estuviera locamente enamorado, sino porque creía que era lo correcto a mi edad; creía que eso me ayudaría a sentar cabeza. Pocos años después surgieron problemas, pero el divorcio me parecía un fracaso. Sin embargo, me divorcié. No puedo culpar a mi primera esposa. Yo vivía para el trabajo, el cual se convirtió en mi amante.

RENÉ, Ricardo y yo teníamos la misma edad y forjamos un vínculo estrecho. Ellos me enseñaron la cultura mexicana, así como el idioma. El lenguaje es solo una pequeña parte de lo que necesitas para vivir en la frontera. Conocer la cultura mexicana es la verdadera clave para mezclarte con la sociedad y ser aceptado. Hay miles de gestos que forman parte del idioma hablado, y que es necesario conocer para comunicarse. México es el país del "mañana". Nadie está apurado. Los gestos, e incluso las expresiones, transmiten un gran significado. Adquirir estos conocimientos me resultó muy valioso para trabajar en México. Bebíamos juntos en lo que llamábamos "Ensayo del Coro", el término policial para beber y olvidarte de tus problemas después de una noche de perros en el trabajo. Aprendí español durante estas sesiones, y mientras más tequila bebía, mejor era mi español.

Ricardo me dijo: "Si quieres aprender español, consíguete una novia mexicana".

Yo conocía el mundo de las calles y este trabajo me brindaba la oportunidad de utilizar todas las tácticas que había aprendido. Descubrí que quería correr riesgos. Necesitaba probarme a mí mismo que era tan buen o mejor agente que la mayoría. Los agentes solo obtienen respeto a sangre y fuego. Yo sabía que tenía la vocación, y por primera vez en mi vida sentí que podía destacarme en algo. Obtuve el reconocimiento de mis compañeros y de otros agentes encubiertos. Buscaba las misiones difíciles, las cuales me dieron un mayor reconocimiento, y el deseo de triunfar se convirtió en mi fuerza impulsora.

Conformé un amplio grupo de informantes confidenciales de las más diversas procedencias: negociantes, trabajadores, empleados telefónicos y de servicios públicos, meseras, cocineros y personas que trabajaban directamente para los narcotraficantes. Ricardo y yo incautábamos casi la misma cantidad de drogas. En un período de un año, fuimos responsables de dos terceras partes de los decomisos de estupefacientes y detenciones en todo el distrito de Arizona. Él y yo competíamos mutuamente y, sin embargo, también éramos un equipo. Fuimos un dúo invencible por tres años consecutivos.

La mayoría de los agentes son competitivos e implacables en su trabajo. En el primer caso que tuve a mi cargo, le pedí consejo a un agente con experiencia mientras realizaba labores de vigilancia. "Es tu maldito caso, hijo. Resuélvelo por tu propia cuenta", me respondió. Aprendías a fuerza de hacerlo y de cometer errores.

No tardé mucho tiempo en aprender, pues tenía tres casos al día, y trabajaba seis o siete días a la semana. Aprendí con facilidad el arte de la vigilancia encubierta.

Los agentes más antiguos te dejan cometer errores, por más pequeños que sean. Es más, quieren que los cometas, pues así tienen una razón para castigarte.

Todos los agentes que se precien de serlo han aprendido rápidamente algunas cosas que son muy importantes. En primer lugar, *no todas las reglas se pueden seguir al pie de la letra. No son más que pautas.* En segundo lugar, *nunca le cuentes todo al supervisor, solo lo que necesita saber.* Comprendí rápidamente que es mejor dejarlos en la oscuridad hasta que cumplas con tu misión. En tercer lugar, *mantén la boca cerrada.* Después de veintiocho años de servicio y de trabajar con más de 4.000 agentes, puedo contar con los dedos de una mano a los agentes a quienes les confié casos de hombres muertos; son historias que te llevas contigo a la tumba.

Yo había adquirido reputación como un agente práctico y sin rodeos. En varias ocasiones me enfrasqué en riñas con algunos tipos malos en los antros que frecuentaba. Adquirí fama de ser un cabrón malo y desagradable después de darle una paliza a un reconocido narcotraficante. Nunca le saqué el cuerpo a un desafío. Había aprendido a pelear sucio en las calles, no dudaba en dar el primer golpe y en utilizar cualquier objeto que estuviera a mi alcance. La mayoría de las peleas terminan por lo general en cuestión de segundos, pero los rumores duran para siempre.

UNA vez, después de una larga noche de copas con un par de amigos que eran inspectores de aduanas, nos detuvimos para orinar al lado de la carretera frente al Preston Trailer Park, que estaba al final de Mariposa Road y era conocido por el tráfico de drogas. Habían ocurrido varios tiroteos y tenía fama de ser un lugar de pandillas.

Cada uno de nosotros se dirigió a una esquina de la camioneta a orinar. Leo lo hacía en la parte de atrás y yo en la delantera. Collin tenía una camioneta Chevrolet grande y con cabina; la música sonaba a todo volumen y teníamos las puertas abiertas para escuchar mejor.

Mientras Collin y Leo terminaban de orinar, dos autos salieron del parque de tráileres, se estacionaron detrás de nosotros y un grupo de jóvenes se bajó. Los ocho matones se acercaron a Collin y a Leo y les preguntaron:

—¿Qué están haciendo en nuestro barrio, gringos?

Ellos vieron el miedo en las caras de mis dos compañeros.

—¿Qué chingados están haciendo ustedes putos orinando en nuestro barrio? —dijo el cabecilla.

Collin y Leo pensaron que los iban a moler a golpes y retrocedieron, pero los matones los habían rodeado.

Yo estaba orinando por lo menos cuatro cervezas y no había visto ni oído absolutamente nada; simplemente disfrutaba del rock and roll de los años 70 que sonaba a todo volumen. En cuanto vi el tumulto, dije:

—¿Qué chingados está pasando?

Me planté delante de mis compañeros y les di la cara a los matones. Collin me agarró del hombro y Leo trató de advertirme del peligro. Yo estaba hecho una mierda y no sabía muy bien qué estaba ocurriendo. El cabecilla me miró.

—¡Oigan, es Patricio el narco! —dijo.

Sus amigos murmuraron algo y, acto seguido, el líder se acercó y me extendió su puño para saludarnos como se hacía en el barrio.

El saludo del barrio consiste en tocar un puño con el otro, luego los nudillos, después los dedos y de nuevo los nudillos. Es una costumbre de la frontera mexicana que aprendí de Ricardo. Yo me sentía desorientado, y le sonreí al líder.

—¿Qué chingados está pasando? —repetí bien alto.

El líder retrocedió un paso.

—No es nada Patricio, nada hombre, todo está bien, tómatelo con calma —dijo.

Empezaron a bromear y sonreír y luego se despidieron, agitaron sus brazos, subieron a sus autos y se marcharon.

Collin y Leo no podían creerlo; estaban cagados del miedo y se les había pasado la borrachera.

—¿Quién era ese tipo, lo conoces? —me preguntó Collin.

—No, ¿por qué? —le dije.

Y entonces me contaron lo que había sucedido. Al día siguiente, maquillaron la historia, diciendo que una docena de tipos con pistolas y cuchillos los habían rodeado y que estaban a punto de asesinarlos. Las historias como ésta se extendían rápidamente entre los agentes de los distintos departamentos, y en toda la ciudad. Las historias de mis hazañas y valentía se propagaron para satisfacción mía. Cada vez hacía cosas más peligrosas y asumía riesgos para perpetuarlas. Disfruté de la fama cuando era un agente joven y de la notoriedad como un agente mayor.

LOLA LA VOLUPTUOSA

LOLA la Voluptuosa era una verdadera belleza mexicana. Medía unos 5 pies y 8 pulgadas, su cabello oscuro y rizado le llegaba a la mitad de la espalda, y tenía más curvas que una montaña rusa. Sus ojos redondos eran tan oscuros que podías ver tu reflejo en ellos. Tenía unos labios gruesos muy seductores. Todos los hombres soñaban con ella.

Las fuentes confidenciales vienen y van como el viento. Olvidas a la mayoría, pero no puedes olvidar a otras aunque padezcas de Alzheimer. Lola la Voluptuosa es una de ellas.

Nogales solo tenía una cafetería y restaurante que abría las veinticuatro horas: Denny's. En una noche cualquiera, miembros de todas las agencias que representaban la autoridad podían ser encontrados allí tomando café y disfrutando de un descanso. Los borrachos y narcotraficantes también acudían cuando cerraban los bares. Todos los clientes se conocían entre sí, como sucede en

la mayoría de los pueblos pequeños. Los policías y los narcotraficantes intercambiaban miradas llenas de odio y algunos comentarios solapados.

Lola la Voluptuosa trabajaba como mesera en Denny's. Le
decían así en recuerdo de una famosa estrella del cine mexicano
que había interpretado a una mujer de la calle. Lola movía el cabello de una manera sugestiva. Cualquier hombre le daría al
menos un nueve de diez puntos posibles. Su atributo más encantador eran sus grandes pechos. Oí a más de un policía decir que
caminaría descalzo una milla y media por encima de cristales
rotos solo para ver sus tetas.

Lola sabía que era muy atractiva y utilizaba todos los trucos
posibles para llamar la atención de los hombres; se tocaba el cabello, usaba escotes, se inclinaba sobre la mesa para mostrar sus pechos y se sentaba mostrando las piernas. Servir el café era para
ella un arte erótico. Se inclinaba lentamente y frotaba suavemente
sus pechos talla DD en los hombros o en la cabeza de un cliente.
Sus pechos eran casi siempre el principal tema de conversación
cuando tomábamos café.

Lola era muy coqueta; le frotaba los hombros a los policías, les
pasaba la mano por sus cabellos, se sentaba en sus piernas y sonreía emocionada. Quería conquistar a todos los policías, y llevaba
la cuenta para ver con cuántos podía acostarse. Debo admitir
que me sentí tentado de estar en su lista. No mencionaré a quiénes anotó, pero era una lista larga y distinguida. Sin embargo,
una cosa me inquietaba: trataba a los narcotraficantes igual que a
los policías. Era como una bailarina exótica en un club de striptease; no le importaba de dónde vinieran los dólares o quién se los
pusiera en la tanga.

Lola tenía también un lado oscuro y retorcido. Vendía aspiradoras Kirby de puerta en puerta y había elevado el arte de vender a un nuevo nivel. Tenía una estrategia soterrada pero genial, que la mayoría de los vendedores desconocía. Numerosos agentes de la ley le preguntaban en broma si ella chupaba tan bien como las aspiradoras que vendía. Lola se limitaba a sonreír y les preguntaba si les gustaría averiguarlo. Como ya he dicho, era una maestra en el arte de vender. Después de cada aventura y nueva conquista con algún agente del orden público desprevenido, Lola se las arreglaba para saber dónde vivía, y tenía una forma única de presentarse en sus casas. Llegaba con la aspiradora en la mano y tocaba en la puerta.

Le decía amablemente a la mujer que su marido era muy agradable cuando iba a la cafetería. El policía permanecía todo el tiempo muerto del miedo, pensando que Lola revelaría su infidelidad. A continuación, ella comenzaba su argumento de ventas sobre lo maravillosa que era la aspiradora. Y obviamente, el policía siempre decía: "Sí, cariño, creo que necesitamos una nueva aspiradora". Conozco a muchos agentes de la policía de Nogales, del Sheriff, de la Patrulla Fronteriza y oficiales de Aduanas que estuvieron más que encantados de comprar una aspiradora Kirby a sus esposas.

UN día, me dediqué a observar vehículos que pudieran estar cargados con droga antes de llegar a mi oficina. Me encontraba frente a la oficina de correos de la avenida Morley, cuando vi a un joven girar desde una calle lateral en un auto muy nuevo, así que lo seguí. El chico no encajaba en el auto y el auto no encajaba en el barrio. En este caso, no se trataba de "perfilamiento", sino de intuición. Cuando por fin lo detuve, el chico estaba muerto del miedo y empezó a hablar; dijo que le habían pagado 500 dólares por llevar el vehículo a Valencia Road, en el sur de Tucson. Señaló que era su primera vez (este es el mantra de los traficantes de drogas: siempre es la primera vez). Las prostitutas dicen lo mismo "Nunca he hecho esto por dinero". Sin embargo, el joven me dio información muy valiosa. Me dijo que había recogido el auto en la calle Perkins, en la casa de una mesera que trabajaba en Denny's. Le pedí que me describiera a la mujer. No tuve la menor duda de que se trataba de Lola. El joven me dijo que ella les permitía a los narcotraficantes estacionar vehículos con drogas en su garaje.

A veces las cosas ocurren de manera inesperada. El joven tenía diecisiete años. Yo odiaba tratar con menores de edad porque son un dolor de cabeza en términos administrativos. Las cortes federales los dejan por lo general bajo la custodia de sus padres y rara vez toman medidas, así que lo interrogué en la calle y lo dejé en libertad con el consentimiento de un abogado a quien mandé llamar. Le hice prometer al joven que no le diría a nadie lo que me había confesado, que a partir de ese momento sería uno de mis informantes y que debía llamarme a la oficina y darme información sobre posibles cargamentos a cambio de su libertad. El chico me dio las gracias. Le ordené que fuera a la frontera y les dijera a los narcotraficantes que había logrado salvar la droga que llevaba en el vehículo.

Volví a la oficina y discutí el incidente con Ricardo. Decidimos llevar a Lola la Voluptuosa al Hotel Americana y divertirnos un poco.

—¿Seguro que no lo has hecho con ella? —me preguntó Ricardo.

—No —respondí—. ¿Y tú?

Ricardo se echó a reír.

—Mierda, tal vez deberíamos hacerlo con ella y olvidarnos de reclutarla como informante —dijo.

Estoy seguro de que pensamos en esa posibilidad en más de una ocasión.

Lola había coqueteado conmigo en varias oportunidades, pero yo me había mostrado evasivo y no había sucumbido a sus encantos. Pero ahora coquetearía con ella y le tendería una trampa. Me acerqué a ella en el restaurante antes de que terminara su turno ese día. Me senté en la barra y le sonreí mientras me servía café y me coqueteaba.

Me dejé seducir y le sugerí que saliéramos. Esto le sorprendió, pues yo no le había coqueteado antes, y ella pensaba que yo era tímido. Le dije que tenía una habitación en el Hotel Americana, y le pedí que se reuniera conmigo un poco más tarde. Parecía entusiasmada y no dudó un instante en aceptar tener una aventura conmigo.

Fui al hotel y le conté a Ricardo.

Se rió y me dijo: "¿Estás seguro de que no eres 98?". Se trataba de un código cifrado que utilizábamos cuando íbamos a estar con una mujer. Muchas veces, mientras dábamos vueltas y veíamos a una chica hermosa, yo decía: "Me encantaría hacerlo con ella", y Ricardo respondía: "98".

Lola llegó puntual. Le había dado el número de mi habitación y cuando abrí la puerta, tenía su mano en la cadera y sonreía con sus labios pintados de rojo brillante. Llevaba un vestido que dejaba ver su sostén negro con encajes, que apenas lograba contener sus tetas, las cuales parecían a un paso de salir de su ropa. Los tacones la hacían parecer más alta. Se veía guapísima.

"Cielos, ¿en qué demonios estaba pensando yo?", reflexioné.

Nunca la había visto vestida así. Pude ver por qué tantos hombres hacían fila para tener sexo con ella. Su expresión lo decía todo. Debo de haber "codiciado con mis ojos", para citar al presidente Jimmy Carter, como nunca antes lo había hecho.

La miré alelado y, cuando regresé a la realidad después de pensar en acostarme con ella, la introduje en la habitación; Ricardo estaba sentado en el escritorio. Lola se quedó inmóvil al verlo; creo que pensó que estábamos locos y que íbamos a hacer un trío. Ella sabía que Ricardo y yo trabajábamos juntos y tal vez se imaginó que ya habíamos hecho esto antes. Ricardo sacó su insignia y le dijo que no se trataba de ningún triángulo amoroso. El rostro de Lola perdió toda expresión y se volvió completamente blanco detrás del lápiz labial rojo y del delineador negro en sus ojos: la belleza mexicana de piel oscura quedó convertida en una "Blanca Nieves". Ricardo le leyó sus derechos en español. Le preguntamos si entendía, y Ricardo le preguntó si quería cooperar.

Lola estalló en llanto y se declaró inocente mientras su maquillaje resbalaba por sus mejillas. Ricardo y yo nos limitamos a ver su actuación dramática y la dejamos lloriquear. Habíamos visto llorar a más de una mujer en situaciones parecidas; Lola ignoraba que sus lágrimas no nos conmoverían. Sin embargo, poco después comprendió que no conseguiría nada representando el papel de la pobre inocente. Pidió usar el baño, se maquilló y luego confesó.

Lola la Voluptuosa había quedado atrapada en sus propios juegos; una noche llevó a un traficante a su casa con la esperanza de ganar dinero luego de tener sexo con él. El traficante accedió, pero estaba más interesado en la ubicación de su casa; le prometió dinero por el simple hecho de permitir que dejara estacionar vehículos en su garaje. Parecía un dinero fácil y ella no tenía que hacer nada. El hombre comenzó a dejar autos en su garaje. Algunas noches, Lola oía ruidos pero no miraba; sabía que los narcotraficantes estaban cargando drogas en el vehículo. Le pagaban 500 dólares por semana. Esto se hizo permanente y Lola no podía decir que no. Se había involucrado mucho, y poco después le dijeron que llevara autos con droga al estacionamiento de Denny's. No tenía otra opción, pues la golpearían o la matarían si se negaba a hacerlo.

Nos dio los nombres de los narcotraficantes que utilizaban su garaje y admitió haber conducido vehículos cargados con drogas. Lola llevaba el vehículo al estacionamiento de Denny's, donde otro conductor lo recogía y lo llevaba a Tucson. Nos dijo que el principal traficante era, por supuesto, mi persona "favorita": El Quemado.

Yo ya había decidido convertirla en una de mis fuentes confidenciales. Enviarla a la cárcel no resolvería nada, pero saber que en su casa había vehículos con drogas sería de gran utilidad. Ricardo y yo le dimos el mismo sermón que a todas las fuentes: que mantendríamos su identidad en secreto y que nunca le dijera a nadie que estaba colaborando con nosotros. Ella solo tenía dos opciones: ir a la cárcel o trabajar para nosotros, y eligió la segunda. Todos los agentes de la oficina estaban ocupados con sus propios casos y a veces era difícil contar con su apoyo. Pero todo eso cambió con Lola, y una gran cantidad de agentes estuvio dispuesta a colaborar en su caso.

Lola empezó a darnos información una semana después. Los vehículos con drogas eran blancos fáciles. Lola me daba la marca, el modelo, el color y el número de la placa del vehículo. Los autos salían a las seis de la mañana de su casa, Ricardo y yo los seguíamos, por lo general a Tucson, donde otro conductor los recogía.

Muchas veces los dejaban en el K-Mart de Valencia Road, en Tucson. Había una broma entre los policías, según la cual algunos estacionamientos debían estar marcados con el anuncio "Solo para vehículos con drogas". A continuación, seguíamos al segundo conductor hacia una vivienda, y veíamos descargar la mercancía.

A la Aduana y a la DEA les interesaba que los cargamentos llegaran tan lejos como fuera posible con el fin de arrestar al mayor número de personas y de incautar la mayor cantidad de drogas. La Patrulla Fronteriza no realizaba esta labor, pues no era un organismo de investigación; le pasaban los casos a la DEA o la Aduana y se dedicaban a patrullar de nuevo las zonas rurales. Cuando el segundo conductor recibía el auto, nuestras unidades de vigilancia lo seguían, esperando que lo llevara a un depósito clandestino. A veces, el vehículo iba a Phoenix. En estos casos, hacíamos que la Patrulla de Caminos lo detuviera como una parada rutinaria de tráfico, para no delatar el verdadero motivo. De esta manera, ganábamos un poco más de tiempo antes de que los traficantes supieran por qué sus vehículos eran detenidos.

A veces le perdíamos el rastro a un cargamento mientras hacíamos labores de vigilancia, y recibíamos una gran cantidad de memorandos. Los narcotraficantes utilizaban varios vehículos para distraer la atención de los que llevaban drogas. Cuando un vehículo con drogas iba al norte por la autopista interestatal, generalmente era escoltado por un vehículo adelante y otro atrás. Si los traficantes veían que una patrulla de la policía iba a parar el vehículo, el que iba adelante aceleraba a una velocidad excesiva para distraer a la policía; era mejor pagar una multa por exceso de velocidad que perder el cargamento de droga. Hoy en día, cuando abundan los teléfonos celulares, los vehículos escoltas le advierten fácilmente al conductor del auto con drogas que la policía lo está siguiendo.

Los vehículos escolta permanecen inmóviles en la ciudad aunque el semáforo esté en verde, para que el vehículo cargado pueda escapar. Entonces, bloquean todo el tráfico e inspeccionan los vecindarios en busca de vehículos desconocidos. Algunos de estos conductores eran mejores para realizar labores de contra vigilancia que algunos de nuestros agentes.

Cuando le perdíamos el rastro a un cargamento, teníamos que notificar a la Oficina de Asuntos Internos. Todos los agentes que habían realizado labores de vigilancia debían redactar un memorando y, finalmente, teníamos que responder personalmente ante algún imbécil de Asuntos Internos y escuchar los consabidos "y qué si...". Yo no soportaba a esos idiotas que no habían trabajado nunca en las calles ni en investigaciones de narcóticos, y sin embargo se atrevían a criticarme después de que yo había trabajado día y noche. El elemento humano nunca puede darse por sentado. La gente tiende a actuar inesperadamente y nosotros tenemos que reaccionar de manera oportuna. A veces, los agentes tratan de adivinar el próximo movimiento y resulta ser un paso en falso; me ha sucedido unas cuantas veces y las consecuencias no son nada agradables.

Yo quería fotografiar a los narcotraficantes para ver si El Quemado cruzaba con un cargamento. Me imaginé que no se rebajaría a ir con las "mulas", pero pensé que todo era posible, pues su casa estaba solo a unas 100 yardas de la frontera.

Le pregunté a Lola si podíamos fotografiar a los traficantes desde su casa. La idea le asustó al principio, pero terminó por dar su consentimiento. Entonces mandé a un par de agentes a su hogar para que instalaran cámaras de vigilancia en uno de los vehículos antes de que las mulas lo cargaran. Instalamos cámaras con lentes nocturnos con el fin de captar imágenes de los narcotraficantes que cruzaban por el agujero de la valla fronteriza. No reconocí a nadie el primer par de veces que vi las fotos. Los traficantes parecían ser campesinos pobres, quienes seguramente recibían 50 dólares cada uno por pasar la droga.

La próxima vez que Lola llamó para darme información acerca de un cargamento de drogas, les dije a los agentes que había decidido no tomarles fotos a las mulas. Casi me linchan en la oficina, pero más tarde un par de agentes veteranos me dijeron muy seriamente que tomarles fotos era una buena idea.

Esa noche, después del motín en la oficina, les dije a los fotógrafos que trataran de fotografiar de nuevo a los traficantes. Pero durante el período de vigilancia comencé a pensar en el inesperado interés por parte de mis compañeros en las fotografías después de revisar algunas de ellas, y muy pronto descubrí la verdadera razón de tanto interés en este arte.

A Lola le agradaba mucho tener agentes en su residencia. Al principio permanecía en su dormitorio mientras ellos instalaban las cámaras en la cocina. Ellos apagaban las luces y esperaban a que las mulas llegaran. Sin embargo, el pequeño demonio que había en el interior de Lola no pudo resistirse a las tentaciones abrumadoras. Empezó a salir de su dormitorio con una túnica, y luego con diminutas batas de encaje. Luego salía con la túnica de nuevo, pero sin sostén. Dejaba que la túnica se deslizara por sus hombros y sus pechos desbordantes quedaban descubiertos. Lola estaba haciendo striptease todas las noches y le encantaba, pues seguramente tenía una audiencia cautiva.

No tardó en pedirles a los agentes que la fotografiaran, y

les mostró sus tetas enormes y su culo firme y redondo. Era apenas natural que los agentes dejaran de concentrarse en los traficantes. Afortunadamente, fuimos sensatos y nos aseguramos de que todas las fotografías fueran destruidas.

Algunos agentes de la oficina podían ser unos cabrones rematados y armar un gran escándalo con las fotos, así que recordando al coronel Oliver North, dijimos: "Destruir, destruir, destruir, no dejar ninguna evidencia".

Lola siguió llamando con frecuencia y establecí una buena relación con ella durante los varios años en los que trabajó como informante. El vecindario se calmó después de un incidente con El Quemado; y Lola la Voluptuosa se mudó a otra parte de la ciudad, pero siguió llamando para reportar cualquier información que obtuviera a través de su trabajo o relaciones personales.

FUENTES

ERA una tarde agradable de octubre, el sol brillaba y parecía un día perfecto para relajarse. Todo estaba tranquilo en la oficina y Carlos nos preguntó a Layne y a mí si queríamos atravesar la línea, es decir, la frontera, para ir a almorzar. Comíamos una o dos veces al mes en nuestro lugar de tacos favorito ubicado en Nogales, Sonora, al lado del famoso restaurante La Roca, un centenar de yardas al sur del Puerto de Entrada de la avenida Morley.

No veíamos ningún peligro en almorzar en Nogales, Sonora, y rara vez pensábamos en las posibles consecuencias. De hecho, no era raro que un agente dejara su rifle M16 en el maletero de su auto cuando iba a México. Fuimos en un solo vehículo, nos dirigimos al Puerto de Entrada, nos estacionamos al lado del edificio de la aduana y cruzamos la frontera hacia el pintoresco y pequeño restaurante.

Estábamos totalmente relajados, riéndonos y hablando de

deportes. Nos sentamos y pedimos tres tacos cada uno y una cubeta de mini cervezas Pacífico de 8 onzas. Estábamos tomando cerveza, comiendo tacos de carne asada con salsa y disfrutando de la velada. Terminamos con la primera orden de tacos y llamamos al mesero para pedirle más cuando sonó el beeper de Carlos. Layne y yo le habíamos dicho que no respondiera el maldito aparato, pues podía ser de la oficina. Pero Carlos, que era muy responsable, miró el número y se dirigió a la parte trasera del restaurante para hacer una llamada.

Empezó a mirar a su alrededor, se acercó y nos dijo en voz baja:

—Tenemos que irnos ya.

Layne y yo lo miramos sin poder creer lo que acababa de decir.

—No, la oficina puede esperar. Acabamos de pedir más tacos y cervezas —dijimos.

La voz de Carlos adquirió un tono dramático.

—He dicho que nos vamos ahora mismo.

Sacó un billete de 20 dólares y lo dejó sobre la mesa.

—¿Qué carajos está pasando? —preguntó Layne cuando salimos del restaurante.

Carlos miró hacia atrás.

—TE lo diré más tarde, simplemente sigue caminando.

Layne y yo nos miramos el uno al otro, y luego a Carlos. En ese momento, mi sexto sentido se activó mientras mirábamos a nuestro alrededor y seguíamos caminando cada vez más rápido.

No necesitamos ninguna explicación, pues el comportamiento y la actitud de Carlos lo decían todo. El Puerto de Entrada de la avenida Morley se encontraba a unas 75 yardas del restaurante.

Como era habitual, varias personas hacían fila para entrar a Estados Unidos. Carlos, que iba adelante, se abrió paso entre ellos. Le mostramos nuestras insignias al inspector y entramos al país.

Carlos se dirigió al costado norte del edificio de la Aduana para que no nos vieran desde México. Contuvo el aliento y nos habló de la llamada telefónica. Una fuente estaba con un reconocido narcotraficante y otros sujetos cuando un soplón se acercó y les dijo que tres agentes antidrogas estaban almorzando en México. Alguien nos había reconocido cuando cruzamos la frontera y luego nos siguió al restaurante. El narcotraficante los convenció para que enviaran a unos hombres de confianza y nos mataran.

Ellos dieron la orden y un grupo de hombres fue a matarnos. Afortunadamente, la fuente todavía le tenía cierta lealtad a Carlos y le advirtió que los asesinos se dirigían al restaurante con fusiles de asalto AK-47. Carlos no perdió tiempo en sacarnos de México. Nunca lo supimos a ciencia cierta, pero pensamos que la persona que les avisó a los narcotraficantes era un inspector de inmigración de Estados Unidos a quien estábamos investigando por corrupción.

Más del 80 por ciento de las investigaciones penales que hacíamos se debían a la información suministrada por informantes confidenciales. Sin importar cómo los llames, fuentes, soplones, dedos o cooperantes, son recursos invaluables en las investigaciones antinarcóticos. He tratado con informantes que eran tan despiadados y sórdidos que te cortarían la garganta a la menor oportunidad. Otros querían ser tus mejores amigos y guardaespaldas personales. Independientemente de lo que pensaras de ellos, las fuentes son la manera más rápida y eficaz para infiltrarse en las organizaciones de narcotraficantes.

Los utilizamos para acercarnos a los traficantes, y son los ojos y oídos del agente durante las actividades de estas organizaciones ilegales. Las fuentes viven en constante peligro y en el temor a ser descubiertas. Si un traficante decía que una persona era un soplón, informante o dedo, los miembros de su cártel la torturaban y luego la asesinaban.

Los agentes tratan de entablar una buena relación de trabajo y de amistad con sus fuentes, ya que nunca sabes cuándo te salvarán la vida. Eso nos sucedió a nosotros tres, pues de lo contrario, habríamos sido asesinados a tiros en el interior del restaurante con una cerveza fría en una mano y un taco a medio comer en la otra.

Si una fuente confidencial está registrada o documentada, solo el agente de control y su compañero conocen su verdadera identidad. La tarjeta con la identidad real permanece en una caja de seguridad, sellada en un sobre con la fecha y las iniciales, y cerrado con cinta. Solo una persona tiene acceso a la caja fuerte, pero no puede abrir los sobres. La tarjeta de la fuente solo puede verse si un agente está acusado de corrupción, es asesinado, o le transfiere la fuente a un agente nuevo.

A veces, los agentes terminan siendo demasiado cercanos a un informante. Hay que recordarles que las fuentes trabajan para la agencia, y no para ellos; un buen supervisor reconocerá las señales y le asignará la fuente a otro antes de que el agente que la reclutó se meta en problemas.

EN otra ocasión pasé la frontera para encontrarme con un informante confidencial. Fui a un restaurante situado en el extremo sur de la carretera periférica que rodea a la ciudad y pasa por la prisión del Estado de Sonora. Ya me había encontrado allí con la misma fuente, y muchas veces iba en mi auto a México. Lo invité a almorzar y hablamos mientras tomábamos un par de cervezas. Fue un encuentro casual. La fuente me ofreció información sobre algunos narcotraficantes y, cuando estábamos a punto de marcharnos, tres autos se estacionaron frente al restaurante. Varios narcotraficantes se bajaron y entraron al lugar. La fuente se asustó, me dijo sus nombres con rapidez y se escabulló por la puerta trasera a través de la cocina.

"¿Y ahora qué?", me pregunté.

El lado derecho de mi cerebro me decía que me fuera; el lado izquierdo me decía que pidiera otra cerveza. La mayoría de los agentes habría sido inteligente y se habría escabullido por la puerta trasera.

"Pero, ¡qué diablos!", pensé; quería ver quiénes eran esos cabrones. Reconocí a dos pendejos de Nogales, Arizona; había arrestado a uno, pero no conocía a los demás. La fuente me había dicho que eran narcotraficantes de alto perfil, pero dijo sus nombres en español y con tanta rapidez que no le entendí.

Los ocho hombres tomaron una gran mesa redonda en el centro del restaurante, tres de ellos eran obesos y pesaban casi 300 libras. Yo estaba sentado en la parte trasera del restaurante, con mi espalda contra la pared; siempre hago esto, y creo que también lo hace la mayoría de los agentes y los policías. Nunca me siento en un bar o restaurante a menos de que tenga la espalda contra la pared, pues temo que alguien me sorprenda por detrás. Quiero ver los problemas de frente y no recibir un disparo por la espalda como Búfalo Bill.

Tomé mi cerveza lentamente y estudié a los ocho cabrones cuando un tipo conocido como "Chewy" se volteó y se fijó en mí; le dijo algo al grupo y todos se dieron vuelta en sus sillas y empezaron a mirarme. No pude escuchar la conversación, pero no era necesario. Los mexicanos, como los italianos, hablan con las manos, y las suyas apuntaban hacia mí. Decidí que era un momento tan bueno como cualquier otro para largarme de allí.

La situación había empeorado; pasé de ser inadvertido a ser el centro de la atención. Yo no quería una confrontación. Lo único que llevaba encima era un revólver Smith & Wesson 38 modelo 60 y de cinco balas en el tobillo. Ellos eran ocho y yo no sabía cuántos estaban armados. Tampoco sabía quiénes eran, y mi cerebro era como una computadora tratando de resolver un rompecabezas. Tenía que averiguar cómo demonios salir de aquel restaurante sin tener un enfrentamiento. Me imaginé amarrado en un cobertizo, con un cargador de batería conectado a mis testículos y confesando todos mis pecados.

Ser capaz de reaccionar por instinto parece ser algo natural en mí; el don del engaño era mi especialidad, y se me ocurrió una idea. Me levanté con calma y caminé directamente hasta la mesa de los narcotraficantes. Esto los tomó por sorpresa; dejaron de hablar y me miraron. Dos hombres que estaban sentados en el lado opuesto de la mesa empujaron su silla hacia atrás y se pusieron de pie, listos para una pelea. Me acerqué directamente a Chewy, el pobre diablo de Nogales, y le di una palmada en la espalda a manera de reconocimiento. Luego, en una voz lo suficientemente alta para que todos me escucharan, le dije: "Oye, hombre, gracias por la información sobre la droga, llámame más tarde". Las expresiones en las caras de los otros cabrones no tenían precio, y los matones comenzaron a mirar fijamente a los dos tipos de Nogales. Chewy me gritó completamente asustado: "¿Qué chingados estás diciendo? Nunca te he llamado".

Me di vuelta y me alejé sin decir palabra. Podía oírlos discutir. Chewy gritó de nuevo: "Que te chinguen, Patricio".

Yo había tenido un mal presentimiento cuando ellos entraron, y decidí hacerle caso a mi sexto sentido. Había creado una gran confusión y sabía que eso me daría la oportunidad de largarme de México.

Pensé que los dos tipos de Nogales estarían viviendo una situación muy difícil en el restaurante mientras trataban de defenderse. Mis palabras habían parecido convincentes, y les había arruinado el día. Me imaginé que los llevaban a un cobertizo y los golpeaban, o que les conectaban el cargador de baterías a sus testículos.

LOS agentes especiales de Aduanas que reclutan y documentan a un informante confidencial solían ser llamados "agentes de control", y luego se les llamó "agentes de contacto", debido a los errores cometidos por el FBI. Un agente de esta oficina en Boston era el "agente de control" de James "Whitey" Bulger, un importante gángster irlandés. Whitey estaba trabajando con Dios y con el diablo, delatando a la mafia, matando gente y creando su propia organización. El agente de control sabía lo que estaba sucediendo y finalmente fue detenido. El FBI concluyó que evitaría cualquier tipo de publicidad embarazosa o demandas si utilizaban la expresión "agente de contacto" en lugar de "agente de control".

Casi todas las personas que se convierten en fuentes lo hacen para vengarse de alguien. Aunque saben que ser detectados como informantes significa una muerte segura, sus deseos de vengarse de algunos narcotraficantes por la pérdida de un familiar o de dinero, o por simple codicia, los llevan a trabajar como informantes. La violencia de los narcotraficantes mexicanos estaba aumentando día a día.

Familias enteras estaban siendo asesinadas por narcotraficantes que trataban de sembrar el terror en los pueblos pequeños. Los trabajadores que cavan túneles suelen ser asesinados, y en muchas ocasiones sus cuerpos son arrojados en barriles de 55 galones y cubiertos con lejía para que se disuelvan. Ahora la prensa ya se ha enterado de esto. Sin embargo, este asunto había permanecido oculto en el pasado, pero lo cierto es que en todo México miles de hombres y mujeres son golpeados y torturados a diario por los narcotraficantes. Por lo tanto, el último recurso que tienen estas víctimas para vengarse es ayudar a las autoridades de Estados Unidos, con el fin de que los narcotraficantes paguen por sus crímenes en una cárcel o sean dados de baja.

El dinero y la codicia son otra razón que lleva a una gran cantidad de personas a suministrar información, que muchas veces conduce a incautaciones y arrestos, en cuyo caso reciben una amplia recompensa económica; a veces pueden recibir hasta 250.000 dólares por un solo caso. Les he pagado a varias fuentes más de un millón de dólares en un solo año por su información. A pesar de que los cárteles ganan miles de millones de dólares al año, lo cierto es que engañan a sus trabajadores. No les pagan lo que les prometen, las mulas no reciben ningún pago después de cruzar la frontera con drogas, y lo mismo sucede con los conductores de los vehículos y con quienes cuidan los depósitos clandestinos.

La tercera razón que lleva a las personas a convertirse en fuentes es que no tienen otra opción, como le sucedió a Lola la Voluptuosa. Interrogamos a los narcotraficantes capturados con drogas y, dependiendo de lo que digan, a menudo los dejamos continuar con sus actividades a cambio de información. Por cada libra que les confiscamos tienen que denunciar la existencia del doble. Siguen trabajando para nosotros después de cumplir con su compromiso, y luego les pagamos. Estas fuentes son muy abundantes, ya que cada año detenemos a miles de conductores con drogas.

La relación entre los agentes y las fuentes suele ser muy compleja. Es algo así como una cita a ciegas, pues debe existir una cordialidad mutua y finges que la fuente te cae en gracia, así que todo es agradable mientras estás con ella. El agente recibe la información que necesita, la fuente recibe el pago, le dices buenas noches y luego comienzas a preguntarte si te ha engañado o no. Estas relaciones son únicas; se vuelven peligrosas si son demasiado cercanas o confiadas. La manipulación y la utilización de informantes es la razón número uno por la que los agentes son atacados. Cualquier agente que se involucre demasiado o sea muy amigo de una fuente está condenado al fracaso.

Las fuentes femeninas son especialmente difíciles de manejar. Ningún agente debe encontrarse solo con una mujer pues siempre existe el riesgo del supuesto acoso sexual, o tener que lidiar con un novio celoso.

Algunos informantes lo han sido toda su vida, o son informantes profesionales que han ofrecido información a todas las agencias que puedan existir: el FBI, la DEA, la Aduana, la ATF, el IRS y los departamentos locales y estatales de policía. Hablan contigo y no siempre te dicen que trabajan para otras tres agencias. Estas son las peores fuentes porque conocen el sistema y la forma de moverse en él. He visto a los agentes conversar con estas fuentes y he observado que muchas veces el informante es más hábil para obtener información del agente que viceversa.

A los buenos informantes se les paga bien. Reciben un promedio de 5 dólares por cada libra de marihuana incautada, y de 10 a 15 dólares por cada libra de cocaína. Cuanto más trabaje una fuente, mayor será el pago que reciba. La fuente firma los documentos con un nombre ficticio y recibe el dinero en efectivo.

Las fuentes también son conscientes del riesgo que corren si los narcotraficantes descubren que están colaborando con las autoridades; suelen ser castigados con la muerte. He contratado a cientos de informantes en los últimos años y he perdido a unos pocos. Uno de mis informantes era adicto a la heroína y no era muy discreto para realizar labores de infiltración. Fue descubierto por los narcotraficantes, quienes le prometieron darle heroína a cambio de su cooperación. El hombre aceptó y ellos le dieron heroína pura, causándole la muerte instantánea.

Otra fuente, apodada "El Toro", era un vaquero grande que medía más de 6 pies y 4 pulgadas y pesaba 280 libras. El Toro no era el hombre más listo. Tenía que escribirlo todo en una libreta que llevaba en el bolsillo de su camisa. Yo le decía constantemente que se deshiciera de la maldita libreta, pero él se limitaba a sonreír y se creía infalible.

El Toro hacía trabajos de albañilería, pegaba adobes, construía muros o casas y trabajaba por un poco de dinero. Veía muchas cosas mientras trabajaba en las casas de la gente, y anotaba las placas de los autos y las direcciones de las casas en su pequeña libreta con una especie de código, como si estuviera midiendo pies cuadrados de concreto o de madera; era su manera de llevar un registro de lo que veía. Me suministraba información sobre casas utilizadas como depósitos de droga y vehículos con cargamentos, y ganaba bastante dinero como fuente confidencial.

Era un tipo simpático. Yo confiaba en él y a veces íbamos juntos a México a través del agujero de la valla fronteriza para ver algún depósito clandestino en Buenos Aires. Cruzábamos la frontera como lo hacen todos los ilegales. Saltábamos la valla en Escalada Drive, caminábamos, y él señalaba el depósito clandestino. En cierta ocasión regresamos a Estados Unidos antes de que los narcotraficantes o la Patrulla Fronteriza nos vieran. René me dijo que yo estaba completamente loco por haber cruzado de noche. Estuve de acuerdo con él, pero las cosas eran diferentes en esa época; si un agente lo hiciera hoy en día, probablemente le dispararían de inmediato.

Entonces, y sin ningún motivo aparente, pasé tres meses sin oír una sola palabra de El Toro. Pensé que simplemente se había ido de la zona, que estaba de juerga o que lo habían asesinado, en el peor de los casos. Leí los periódicos y no vi nada sobre él, así que supuse que se había ido a otro estado o ciudad. Traté de llamarlo varias veces pero no obtuve respuesta. Siempre llamo a mis fuentes cada una o dos semanas, sobre todo si no se han contactado conmigo. Era un recordatorio sutil para mantenerlos motivados. Sorprendentemente, El Toro llamó unos tres meses más tarde y dijo que necesitaba verme; había perdido su BCC y me esperaría en el Puerto de Entrada.

Le pregunté al supervisor dónde me estaba esperando y no lo reconocí. El hombre que estaba sentado en la sala era alto y delgado, pesaba unas 150 libras, su piel era de varios colores, una mezcla de negro, amarillo, azul y rojo. Tenía el brazo derecho fracturado. Quienquiera que fuese ese tipo, parecía destrozado; no era El Toro, y yo no sabía a quién diablos tenía frente a mí. Me dispuse a retirarme, pero el hombre se levantó y me dijo: "Patricio, soy yo, El Toro".

No podía creerlo. Allí estaban los restos de lo que había sido un gigante. El Toro procedió a decirme lo que le sucedió: estaba trabajando en Buenos Aires tres meses atrás y vio lo que parecía ser una casa donde guardaban cocaína. Estaba construyendo una pared y fingió tomarse un descanso y caminar por la casa para buscar un poco de sombra, pero fue descubierto mientras intentaba anotar la placa de un auto. Varios hombres con armas de fuego lo llevaron a una edificación abandonada, donde fue encadenado a una pared con los brazos esposados a su espalda.

Lo que siguió fue una pesadilla; lo interrogaron varios días. Lo golpearon en repetidas ocasiones, le fracturaron las costillas, los dedos y los brazos, y se ensañaron con él. Al tercer día, un secuaz de los narcotraficantes comenzó a golpearlo con saña, fracturándole una mano con un martillo, y luego una pierna. La cara de El Toro no era más que un amasijo de sangre. Perdía y recobraba la conciencia. No le dieron nada de comer ni de beber. Recibió tantos golpes que lo confesó todo: dijo trabajar para la Aduana y también dio mi nombre y los de otros agentes. El Toro solo quería morir y terminar pronto con su agonía.

Quedó irreconocible cuando terminaron de torturarlo. Los narcotraficantes decidieron deshacerse de él, lo subieron a una van y lo dejaron a un lado de la carretera de Nogales, Sonora. Los traficantes estaban de fiesta y bebiendo cerveza para celebrar su ejecución; cogieron un galón de gasolina y lo derramaron sobre él. Y justo antes de encender el cerillo fatal que habría acabado con su vida, vieron una patrulla mexicana que venía por la carretera. Los narcotraficantes subieron a la camioneta y se marcharon. Si los policías mexicanos hubieran aparecido cinco minutos más tarde, El Toro habría ardido en llamas hasta morir.

Permaneció varios meses en un hospital de México antes de encontrarse conmigo en el Puerto de Entrada. Lo único que quería era hacerme saber que estaba vivo, pero me aclaró que nunca más trabajaría como informante. También quería avisarme y pedirme disculpas por haberles dicho mi nombre. Se fue a otro estado en el sur de México y nunca más supe de él.

ERA el otoño de 1984 y la violencia estaba aumentando en Nogales, Sonora. El hermano de un inspector de Inmigración de Estados Unidos fue asesinado a tiros cuando salía de un bar. Se creía que el inspector andaba en malos pasos, y más tarde renunció antes de ser capturado. Otros dos hombres que se dirigían al Puerto de Entrada recibieron un disparo en la espalda y en la cabeza en horas de la noche. Los narcotraficantes estaban librando una batalla por el control de Nogales, Sonora, y los tiroteos ocurrían con frecuencia. Esto no llamaba la atención internacional como sucede actualmente; fue considerado otro incidente más y no se le prestó mucha importancia.

En algunas ocasiones, las fuentes eran nuestro peor enemigo, como sucedió con una en particular. Oscar llamaba constantemente y era conocido como "El Zumbador", porque nos daba información falsa o errónea nueve de cada diez veces. Un zumbador era una pérdida de tiempo, pues sus informaciones no conducían a ningún arresto. El muy cabrón llamaba una y otra vez, comenzábamos a vigilar y perdíamos muchas horas en vano. René odiaba a Oscar; estaba seguro de que trabajaba directamente para los narcotraficantes y de que nos daba información falsa para que fuéramos a la zona opuesta de la ciudad por donde entraban los cargamentos de droga.

Decidimos llamar a Oscar y lo presionamos. Tomé un viejo aparato electrónico que tenía alambres y cables; le puse cables en los brazos y en las manos, y uno en una oreja. La escena parecía sacada del laboratorio de un científico loco. Encendí el aparato, produciendo un sonido leve mientras se ponía en marcha, pero luego de apretar un botón en la parte frontal se escuchó un fuerte ruido. Le dijimos a Oscar que era un detector de mentiras; le hicimos varias preguntas, y cuando no me gustaba su respuesta, apretaba el botón y cambiaba el sonido. Después de unos treinta minutos, el tipo finalmente admitió que no estaba trabajando con narcotraficantes, que simplemente llamaba y nos decía que vigiláramos un lugar determinado, esperando que tuviéramos suerte y decomisáramos un cargamento y él pudiera recibir el pago. Le dijimos al cabrón que nunca jamás volviera a llamar a la oficina.

EL PODER DEL PERFUME

UNA noche, yo no quería ir a mi casa, cosa que no era inusual, pues mi matrimonio no andaba bien. Estaba vigilando una casa sospechosa, había anotado las placas de algunos vehículos y estaba atento a cualquier actividad sospechosa. Me encantaba trabajar tarde en la noche. La ciudad cambia, y los narcotraficantes pasan la mayor parte de su mercancía entre las 10 p.m. y las 2 a.m. Vi una van en el estacionamiento de la Oficina de Correos de los Estados Unidos a las 11 p.m. mientras me dirigía hacia el norte por la avenida Morley. En circunstancias normales, me habría detenido y revisado la van, ya que los narcotraficantes solían utilizar el estacionamiento de la oficina de correos para dejar vehículos cargados con drogas. Todas las calles laterales conectaban con la avenida Morley, y más al sur con los cañones conocidos como Smugglers Gulch y Tricky Wash.

Sin embargo, sonreí mientras conducía lentamente por el estacionamiento y no sospeché de la van, porque Layne, el agente especial, tenía su nuevo auto deportivo justo al lado. Era una noche fría de otoño. Vi que las ventanillas del auto estaban empañadas y que el auto se estaba meciendo. Por un instante pensé hacerle una broma, estacionarme detrás de él y encender la sirena, o salir de mi auto y poner la luz policial en una de las ventanillas, como lo hacen los policías. Descarté la idea con rapidez; Layne era un tipo grande, de 6 pies y 3 pulgadas, y también era rudo. Dudaba de que se divirtiera con mi broma, así que seguí de largo.

Al día siguiente por la mañana, Carlos nos dijo:

—¿Qué demonios estaban haciendo ustedes anoche? El Departamento de Seguridad Pública (DPS, por sus siglas en inglés) incautó otra van. ¿Por qué ningún agente de esta oficina encuentra nada?

Carlos dijo haber escuchado en las noticias que la van llevaba 2.000 libras de marihuana y que había sido confiscada a eso de las 5 a.m. por la Patrulla de Carreteras de Arizona.

René dijo que llamaría al DPS y obtendría algunos detalles; lo hizo rápidamente con la esperanza de apaciguar a Carlos. Los demás fuimos a esperar a su oficina. Al cabo de pocos minutos, René regresó y procedió a darnos todos los detalles del decomiso y la descripción de la van. Justo cuando estaba empezando a describir la misma, Layne entró a la oficina que compartía con Carlos, y René continuó con su descripción.

—Cielos —dije—. La vi anoche.

Pero no podía recordar dónde. Procuré reconstruir el recorrido que había hecho la noche anterior. ¿Dónde diablos la había visto?

Layne estaba escuchando de pie en la puerta y se rió.

Todos lo miramos extrañados.

—¿Qué diablos te parece tan gracioso? —le preguntó Carlos.

—Bueno; sé muy bien dónde estaba esa van. Demonios, incluso oriné en sus neumáticos. Estaba justo al lado de ella —dijo Layne cerrando la puerta de la oficina.

Entonces recordé haber visto el auto de Layne.

—Idiota —le dije—. Pasé por tu puto auto y no me molesté en inspeccionar la van porque estabas estacionado al lado de ella.

Layne se rió un poco más y luego nos contó lo que había sucedido. Nos dijo que había tenido el mejor sexo de su vida y que su pareja había convertido el sexo oral en un arte, y según él, había recibido la mejor mamada del mundo. Entre sus cervezas de más, el perfume de ella y el adormecimiento de su cuerpo y de su mente, Layne no tenía la menor idea de que la camioneta contenía 2.000 libras de marihuana, pues no podía oler absolutamente nada.

Carlos se alegró de que Layne se estuviera divirtiendo de nuevo cuando todo el incidente se aclaró. El divorcio había sido muy difícil para él, sobre todo porque estaba criando a dos hijas adolescentes. Pero todos nosotros disfrutamos mucho luego de ponerlo en falta; Layne era un gran agente y rara vez cometía errores.

—¿Cómo diablos no pudiste oler una tonelada de marihuana en una van? —le dije.

NOGALES, Arizona y Nogales, Sonora son las típicas ciudades de frontera. Los ingenieros trazaron calles paralelas a la valla fronteriza internacional. Todo eso está bien, salvo cuando los adolescentes mexicanos le tiran piedras a cualquier vehículo que crean pertenecer a una patrulla antidrogas, de fronteras o de la policía.

Manteniendo el espíritu deportivo, si ellos le lanzaban piedras a mi vehículo, yo me limitaba a bajar de mi auto y devolvérselas. Yo tenía buena puntería. Ellos se escondían detrás de los autos pensando que no me atrevería a tirarles piedras, pero estaban equivocados; lo hacía deliberadamente. Sabía que si uno de esos vehículos pertenecía a un hombre de malas pulgas, les daría una paliza por utilizar su vehículo como escudo. Este era solo uno de los muchos juegos de frontera que jugábamos diariamente.

Una noche, sin embargo, este juego se hizo mortal. Habíamos recibido información acerca de otra van que llevaba una gran cantidad de drogas y comenzamos nuestras labores de vigilancia. El narcotraficante cargó la droga en un vehículo y luego lo dejó en un estacionamiento; otro conductor lo recogió, comenzó a dar vueltas para ver si alguien lo seguía, y vio a un agente pisándole los talones. Y entonces, como sucedía siempre, empezó la cacería por la frontera. Bloqueamos el Puerto de Entrada para que el conductor no pudiera entrar a México, y él se dirigió a la calle West International con la esperanza de escapar. Las sirenas sonaban a todo volumen, las luces rojas y azules titilaban por toda la ciudad y estoy seguro de que todos los pinches traficantes de Nogales, Sonora, estaban escuchando las sirenas, preguntándose si uno de sus cargamentos iba a ser decomisado.

El conductor se dirigió al callejón sin salida de West International, donde hay una glorieta de unos 40 pies de diámetro. Se detuvo en el borde de una pequeña pendiente y salió de la van, corrió y se introdujo por un agujero de la valla fronteriza. Dejó encendido el vehículo, con las llaves adentro. Nuestros autos de la policía rodearon el estrecho camino de tierra y cercaron al vehículo.

Unos veinte chicos empezaron a gritarnos insultos y a burlarse de nosotros, lanzándonos al mismo tiempo una lluvia de piedras, adobes, tubos, botellas y todo lo que encontraron en el suelo de la valla fronteriza. Nos tenían acorralados y llamamos por radio a nuestro departamento de policía para que se pusiera en contacto con la policía de Nogales, Sonora, y dispersaran a los jóvenes. Alguien llamó a la policía y creímos que podíamos esperar hasta que terminara la lluvia de objetos.

Nuestro auto estaba siendo atacado y sonaba como si alguien lo estuviera golpeando con un martillo neumático. El sonido de los cristales rotos y del impacto de las piedras y adobes nos tenía desesperados. Y luego, cuando creíamos que la maldita situación no podía empeorar, Tom decidió correr hacia la van. Creía que podríamos marcharnos de allí si lograba darle vuelta a la camioneta. Avanzó unos 10 pies y fue golpeado por un adobe. El sonido del adobe golpeándole la cabeza fue semejante al de un bate golpeando una pelota de softball. Pensamos que lo habían matado. Los pendejos del lado mexicano hicieron un gran alboroto cuando Tom cayó al suelo. Vimos la herida en su cabeza y no supimos si estaba muerto o desmayado. Pedimos una ambulancia por radio, y pronto escuchamos las viejas sirenas en el lado mexicano.

René y otro agente corrieron hacia él y lo arrastraron a un lugar seguro mientras alguien gritaba: "¡Dispárenle a la valla, péguenle un tiro de escopeta a la pinche valla!". O nadie tenía una escopeta, o nadie creyó la orden de disparar. Pocos minutos después llegó la policía mexicana y dispersó a la multitud. Tom estaba temblando; necesitaba un buen número de puntos de sutura en la cabeza, pero estaba bien en términos generales. Tom, que a veces era un poco testarudo, pasó a ser conocido como Tom Cabeza Dura.

La mayoría de la gente piensa que ser un agente en la frontera

suroeste es una verdadera locura. Todos los días se aprende algo
nuevo, y como dijo Nietzsche: "Lo que no te mata te hace más
fuerte".

EL Departamento de Seguridad Pública o la Patrulla de Carreteras, como llaman casi todas las personas a la policía estatal, tenía
tres oficiales de narcóticos especiales trabajando en Nogales:
Louie, Charlie y Harold. El Departamento de Aduanas y el DPS
tenían una excelente relación de trabajo; nos apoyaban en la mayoría de las operaciones, y nosotros a ellos.

Louie era un comandante hispano de la Guardia Nacional de
Arizona y le gustaba su trabajo. Cuando Ricardo fue trasladado a
Tucson, trabajé más con Louie que con los otros agentes de Aduanas. Louie siempre estaba alegre y era muy optimista, y su energía y actitud fueron una influencia positiva para la mayoría de
nosotros. Siempre estaba diciendo: "¡Ánimo, no te preocupes por
eso!". Las dos agencias se beneficiaban de la relación y cuando la
Oficina del Fiscal de Estados Unidos declinaba un caso, el DPS lo
llevaba a una corte estatal.

Louie sorprendió a El Quemado con un par de cientos de kilos
de marihuana en un vehículo robado cuando este tenía unos diecisiete años. El Quemado dijo que era su primera vez y que simplemente le habían pagado para conducir el vehículo, que no tenía
padres ni papeles para estar en los Estados Unidos, por lo que el
abogado del condado se negó a formularle cargos. Louie lo interrogó y lo persuadió para que le suministrara información. Fui
a la oficina del DPS y vi a un muchacho flaco esposado a una
silla, y no pude dejar de sentir lástima por él. Tenía un aspecto
triste y una gran cicatriz en un lado de su rostro producto de una

quemadura. Louie lo interrogó, documentó su nombre real y le tomó las huellas dactilares. Louie y yo pensábamos con frecuencia que sería maravilloso tener una bola de cristal para ver el futuro. ¿Quién habría adivinado que el chico que estaba frente a nosotros se convertiría tres años más tarde en un asesino psicópata y en el cabecilla de su propia organización de tráfico y distribución de estupefacientes?

Charlie, el compañero de Louie, era un tipo grande, medía unos 6 pies y 3 pulgadas, y pesaba más de 240 libras. Era ancho de espaldas y tenía un modo de hablar fuerte y áspero. Dominaba el español e intimidaba a los demás con su tamaño, además de ser genial para interrogar sospechosos. Había asistido a una de las primeras escuelas formales de interrogación, donde aprendió que puedes romper las barreras si estableces una cercanía y un tono personal con el interrogado. Charlie se sentaba en una silla delante del acusado, le hacía unas cuantas preguntas y acercaba espontáneamente su silla hasta que sus rodillas hacían contacto con las del interrogado. La escena era extraña, ya que Charlie era mucho más alto que la mayoría de los infractores. Tenías que mirarlo desde abajo hacia arriba, a menos de que fueras muy grande. Su estrategia era muy eficaz, y por lo general, lograba una confesión nueve de cada diez veces.

Louie tenía gracia y encanto, y Charlie era todo músculo y fuerza física, por lo cual hacían una gran pareja de policía bueno, policía malo. Querías estar con Charlie para entrar a las casas o cuando algún imbécil traficante decidía resistirse y pelear contigo.

Una noche después de detener a un vehículo, seguí a un sospechoso a un complejo de apartamentos y detuve al conductor del cargamento. Conté con la asistencia del Departamento de Policía de Nogales y de Charlie. El conductor era un verdadero cabrón y tuvimos que forcejear con él para esposarlo. Un policía estaba tratando de sentarlo en el asiento trasero de la patrulla, pero el tipo era realmente desagradable y no quería colaborar. El pobre policía le levantaba los pies al sospechoso para colocarlos en la patrulla y el hijo de puta los ponía de nuevo en la acera. Charlie se acercó y le dijo:

—Pon tus malditos pies adentro.

—Vete a la mierda —le respondió el delincuente.

Charlie dio un paso atrás y le dio una patada en el pecho con su bota talla 13, lanzando al imbécil al otro lado del auto. Nunca le decía dos veces a nadie que hiciera algo.

Al día siguiente, el imbécil fue llevado ante el juez para su comparecencia inicial. Mientras el juez leía los cargos por tráfico de drogas, el acusado se quitó la camisa y le dijo al juez que había sido víctima de brutalidad policial. Su pecho tenía la huella de una bota, y cada ranura de la suela se veía con claridad. El anciano juez se dirigió a Charlie y le preguntó si tenía una explicación: "Sí, su señoría; se resistió", respondió Charlie. El juez se volvió hacia el acusado y lo penalizó por resistirse al arresto.

HAROLD era un hombre mayor que siempre estaba alegre, y me recordaba al personaje Sam Bigotes de los dibujos animados. Había trabajado en la Oficina de Drogas Peligrosas, una agencia de Arizona que fue eliminada cuando la Patrulla de Carreteras de Arizona organizó su propia brigada antinarcóticos, a la cual fue trasladado Harold.

La Patrulla de Carreteras también había confiscado varias fur-gonetas con cargamentos y la mayoría de los conductores invocaban el derecho a permanecer en silencio, pero algunos confesaron que habían recogido los vehículos en los centros comerciales situados a lo largo de la avenida Morley. Al menos seis vans habían sido incautadas. Cada agencia que patrullaba el corredor de la Interestatal 19 vigilaba de cerca las vans grandes conducidas por mexicanos. No creo que se tratara de perfilamiento, sino solo de buenas probabilidades: si paras una van, lo más probable es que lleve drogas. Todas las agencias hacen perfilamientos; pero el secreto consiste en la forma en que el oficial se acerca al auto y explica el motivo para detenerlo.

Louie y yo trabajábamos juntos con mucha frecuencia y me gustaba su sentido del humor. Una noche, al regresar de un seguimiento prolongado en Tucson, me quedé dormido en la silla del pasajero de su vehículo, y solo por hacerme una broma, se acercó peligrosamente a un camión que iba por la autopista y me despertó mientras frenaba estrepitosamente y gritaba: "¡Mira con lo que vamos a chocar!".

Me desperté y vi la parte trasera del camión a 10 pies delante de nosotros mientras Louie gritaba y vociferaba a todo pulmón, tocando la maldita bocina. Casi me cago en los pantalones. Me agarré con tanta fuerza del tablero que clavé mis dedos en él. Me retorcí como una lombriz en el asiento, esperando un choque estruendoso con el camión. Louie se rió a carcajadas y me dijo:

—No está bien que te quedes dormido mientras te estoy hablando.

—Sí, eres muy gracioso —le dije—. Casi me da un ataque al corazón.

Sus neumáticos todavía estaban humeantes luego de frenar abruptamente.

—Espero que se te desinflen los neumáticos, idiota —señalé.

Obviamente, Louie se rió. Al día siguiente, le dijo a todo el mundo lo divertido que había sido todo y el gran susto que me hizo pasar. Louie tenía un sentido enfermizo del humor.

EN otra ocasión, yo iba con él y paró un auto que parecía que llevaba drogas. El conductor se detuvo y en un abrir y cerrar de ojos bajó de su vehículo, saltó la cerca de alambre de púas y corrió hacia el campo abierto, al este de la Interestatal 19. Nos dirigimos a la valla y, mientras empezábamos a subir, el muy cabrón nos disparó varias veces por encima del hombro con una pistola de pequeño calibre. Louie y yo nos resguardamos de inmediato. El tipo estaba a 50 yardas de nosotros y corría a toda velocidad. Nadie podía tener buena puntería a esa distancia, ni siquiera con un rifle. Louie me miró sonriendo y me dijo:

—Persíguelo; esperaré en el vehículo del hombre.

—Persíguelo tú, y yo espero en el auto —respondí.

Nos reímos. Sabíamos que no podíamos alcanzar al cabrón; corría tan rápido que ahora debía estar a una milla de distancia. El tipo tuvo al menos la amabilidad de dejar las llaves en su vehículo.

UNA semana después, otra fuente apodada Nacho me dijo que un hombre de Tucson quería que le llevara un gran cargamento de marihuana de Tumacacori, Arizona, a Tucson. Nacho era nervioso y todo le asustaba; me dijo que los narcotraficantes eran realmente malos y no quería correr ningún riesgo de que nosotros lo capturáramos de nuevo o perder el cargamento y ser torturado por los traficantes. Entonces decidió que su mejor opción era informarme del cargamento para recibir un poco de dinero y evitar problemas.

Según Nacho, el cargamento iba a cruzar por el lado oeste de las Montañas Tumacacori a través del Rancho Rock Canyon, y cuando llegara al este de la Interestatal 19, se dirigiría hacia el norte a lo largo del río Santa Cruz, por Santa Gertrudis Lane, hasta llegar finalmente al depósito clandestino. Sabía cuándo saldría el cargamento de México y creía que llegaría a su destino final a la noche siguiente.

Tom se ofreció a ir a pie conmigo. Exploré la zona y localicé la casa. Era imposible echarle un vistazo a la parte trasera. Entonces se me ocurrió ir a Santa Gertrudis Lane, esperar a que pasaran con el cargamento y seguir a los narcotraficantes hasta la casa.

Yo había hecho esto antes. Me gustaba esconderme al lado de un camino y cuando pasaba la última mula, salía y seguía al grupo con lentes de visión nocturna. Creí que haríamos lo mismo en esta operación y los seguiríamos en la oscuridad, a unas 30 yardas de distancia.

Al día siguiente hice que un grupo de agentes permaneciera toda la noche en sus vehículos. Tendríamos que esperar a que amaneciera para ir a la residencia por razones de seguridad. Tom y yo exploramos el pequeño camino de tierra alrededor del río y de Santa Gertrudis Lane, y vi un montón de árboles amontonados a un lado del camino; era un lugar perfecto para observar a los traficantes sin ser vistos. Una unidad nos dejó allí poco después del anochecer; Tom y yo movimos algunas ramas para tener una mayor cobertura y esperamos. Escuchamos al grupo a eso de la medianoche; parecía una manada de ganado acercándose. Avanzaron por entre las ramas secas de algodón sin preocuparse por el ruido, que podía oírse a media milla de distancia.

Llamamos por radio a las unidades de vigilancia que nos acompañaban y luego apagamos el radio hasta que no hubiera moros en la costa. Los hombres se acercaban cada vez más, estaban a solo 10 pies de nosotros. Tom y yo no movimos un solo músculo. Pudimos ver sus rostros con claridad. La luna brillaba más de lo que esperábamos y ahora temíamos que pudieran vernos. Sentí rabia con mi informante, pues no me había dicho que los narcotraficantes estarían armados. Tenía la intención de darle una patada en el culo por eso y pagarle menos. La primera persona que vimos fue al guía, que iba adelante, con un maldito fusil AK-47.

Muchas veces, las mulas caminan de tres a seis días seguidos, dependiendo de la distancia del trayecto, y luego tienen que regresar caminando. La mayoría de las mulas recibe entre 100 y 300 dólares por cargamento.

Cuando las mulas estaban al otro lado, apareció otro tipo con otro fusil AK-47. Tom y yo contamos doce mulas cuando un tercer sujeto apareció con un rifle. Eran unos narcotraficantes realmente peligrosos.

No permitirían que los estafaran. El sector oeste de Tumacacori es conocido por los "bajadores", como les dicen allí a los bandidos. La mayoría de la gente solo piensa en los bandidos mexicanos que estafan a los pobres ilegales que intentan cruzar a los Estados Unidos, pero no en los que les roban a los traficantes. Tumacacori, Arizona, se encuentra a 25 millas al norte de la frontera, muy al norte de Nogales, y también de Río Rico, Arizona. La violencia en Arizona no conoce fronteras. En Phoenix, los coyotes que pasan de contrabando a los indocumentados los mantienen como rehenes, incluso después de que éstos les hayan pagado. Los grupos armados mexicanos vienen a secuestrar individuos para que trabajen con ellos, y luego les roban y los explotan.

Había informes constantes de bajadores que se enfrentaban a los narcotraficantes y les robaban sus cargamentos a punta de pistola. A menudo me pregunto si los bajadores eran traficantes de un cártel rival o si eran agentes corruptos de la ley.

Era imposible correr el riesgo de seguir a este grupo con todas las armas que tenían. La maldita luz de la luna era una desventaja para nosotros; todo estaba muy iluminado y los riesgos eran muchos. Tom y yo habíamos traído unas escopetas muy inferiores a los fusiles AK-47 que llevaban ellos.

Cuando la última de las mulas cruzó y todos habían avanzado por el sendero, transmitimos la información por radio y preguntamos si alguien los estaba observando, pero las unidades estaban demasiado lejos y creían que nosotros íbamos a seguir el cargamento. Conocíamos la casa y le pedimos a un agente que nos recogiera para incorporarnos a nuestras unidades y pensar qué haríamos a continuación.

Recorrimos el camino a la luz del día para asegurarnos de que la droga no estuviera escondida en algún lugar. Vimos huellas de pies en la hierba, y pensamos que el cargamento ya estaba en la casa. Por lo menos diez unidades llegaron a la residencia con rifles automáticos y preparados para un enfrentamiento de grandes proporciones. Nos pusimos en contacto con el Departamento del Sheriff para que los agentes uniformados estuvieran presentes cuando tocáramos la puerta. Esto impediría que algún imbécil nos disparara por sospechar que estábamos robando o porque no sabía que éramos policías, pues no llevábamos uniformes. Los agentes tenían rodeada la casa y buscaron refugio. Escuchamos movimientos adentro y nadie abrió la puerta, aunque tocamos varias veces. Sabíamos que los propietarios no estaban allí; solo las mulas fuertemente armadas. Tom se asomó a la ventana trasera, que estaba parcialmente cubierta por una cortina, y vio los bultos de marihuana y a una persona que salió corriendo de una habitación.

No queríamos emitir una maldita orden de allanamiento y permanecer otras cinco horas allá, porque además de eso tendríamos que dar muchísima información y aclarar que estábamos actuando según la información de una fuente, así que convencimos al DPS para que emitiera la orden y confiscara la droga. Para nuestra sorpresa, la mitad de las mulas se había ido de allí la noche anterior y regresado a México después de caminar dos días.

El resultado final fue la incautación de un fusil AK-47, 800 libras de marihuana y ocho mulas. Las otras mulas descargaron la droga, descansaron una hora y regresaron a México con los guías. Muchas veces, cuando las mulas entregan la droga, se dirigen a la carretera más cercana y caminan al sur, sabiendo que la Patrulla Fronteriza los llevará de nuevo a México. A veces, yo detenía a un grupo de mulas en la carretera interestatal y les miraba los hombros para ver si tenían marcas dejadas por las correas de los paquetes que cargaban.

Las mulas son personas desesperadas. Cargan bultos de 40 a 60 libras en la espalda, por senderos escarpados y montañosos durante la noche. Llevan un galón de agua y un poco de comida, descansan muy poco, tienen que caminar tres horas seguidas; algunos llevan zapatos normales o zapatos deportivos, dependiendo del número de días que deban caminar.

APROXIMADAMENTE el 90 por ciento de nuestras operaciones se basaba en la información suministrada por fuentes confidenciales. Sin embargo, había épocas en las que nadie nos llamaba. Durante estos períodos, yo me estacionaba en un sitio conocido de contrabando y esperaba. Ponía un parasol de cartón en el vidrio delantero del auto, con pequeñas aberturas que me permitían ver. Mi vehículo oficial era perfecto para esto. Tenía ruedas de lujo y amortiguadores de aire, de modo que la parte trasera estaba ligeramente elevada; la cobertura exterior de vinilo estaba hecha pedazos, y las ventanas eran completamente negras, más allá del límite legal. Solo los narcotraficantes y los agentes antidrogas tenían vehículos con vidrios tan oscuros.

El contrabando de drogas era enorme, los agentes se reían y decían que podían ir a una zona de mucha actividad, y si lo hacían en el momento adecuado, simplemente tocaban la bocina dos veces y los narcotraficantes corrían a cargar el vehículo en el que los agentes andaban hasta que los narcotraficantes se daban cuenta de que se habían equivocado.

Mi lugar favorito para hacer labores de vigilancia era la esquina de las calles East y Short. Esta era la zona de la ciudad donde se presentaba el mayor tráfico de drogas, y yo estaba decidido a darle un golpe a El Quemado decomisando cada uno de sus cargamentos.

Ricardo y yo estábamos estacionados en la calle Short, un poco más allá de donde me habían disparado la semana anterior. Mi vehículo ocupaba el último lugar de una fila de autos. Eran las tres de la tarde aproximadamente y Ricardo y yo estábamos hablando de ir a tomar unas copas por la noche. Miré a través del parasol y vi algunos chicos que habían pasado un par de veces en bicicleta.

Vimos que eran centinelas, y sabíamos que iba a suceder algo. Uno de ellos avanzó con rapidez hasta un enorme agujero en la valla fronteriza. Saltó de su bicicleta y empezó a agitar los brazos y a silbar. De repente, la zona se convirtió en un hervidero de actividad. Cinco tipos con sacos de yute en sus hombros saltaron a través del agujero de la valla fronteriza y siguieron al chico por la calle hacia nosotros.

Ricardo y yo nos reímos. Lo único que pude decir fue: "Esto solo pasa en Nogales, Arizona".

El chico los condujo directamente al vehículo estacionado frente a nosotros. Yo me había estacionado tan cerca de ese vehículo que tuvieron dificultad para pasar y abrir el baúl del mismo. Echaron rápidamente la marihuana en el baúl y volvieron a México por el agujero de la valla.

El chico montó de nuevo en su bicicleta y bajó por la colina. Era evidente que era el centinela de algún grupo de traficantes porque tenía incluso las llaves del auto que acababan de cargar de marihuana. Ricardo dio la información por radio. Estábamos al lado de un vehículo cargado de drogas y le pedimos a alguien de la oficina que se apostara en la avenida Morley, en la parte inferior de la colina.

El hecho de que mi vehículo oficial fuera un auto que habíamos confiscado, era una ventaja. El joven no sospechó de nosotros cuando subimos la colina y los hombres guardaron la droga en el auto quince minutos después de estacionarnos.

Pocos minutos después, un agente de la oficina nos dijo por radio que estaba en el área y que otras unidades venían en camino. A continuación, el chico regresó en su bicicleta tan rápido como lo había hecho antes, se bajó a un lado de la carretera, corrió hacia el agujero de la valla y silbó. El mismo grupo de tipos corrió una vez más hacia nosotros, pero sin los sacos de yute. El chico abrió el maletero del vehículo una vez más.

"Qué demonios, van a sacar la droga y llevarla de nuevo a México. No lo permitiré", pensé.

Ricardo y yo salimos armados del vehículo.

—¡Policía, no se muevan! —gritó Ricardo.

La mejor descripción que puedo dar de la escena es cuando cazas codornices y ves que salen volando de su escondite; todos se echaron a correr para cruzar la frontera. Dos tipos habían cogido un paquete de marihuana, pero lo dejaron abandonado a pocas yardas cuando el chico y el resto de los narcotraficantes corrió hacia el agujero de la valla. Ricardo y yo les estábamos pisando los talones.

El joven agarró su bicicleta y se apresuró hacia la valla fronteriza. Estaba tratando de pasar la bicicleta a través del agujero, pero agarré la rueda de atrás y comenzamos a forcejear. Ricardo me gritó que me detuviera y buscara refugio mientras el chico y yo forcejeábamos en el agujero, con la mitad de la bicicleta en México y la otra mitad en Estados Unidos. Logré arrancarle la bicicleta al pendejo y corrí con ella hacia los autos estacionados para protegerme. Ricardo había tomado posición y estaba listo para enfrentarse con el grupo.

—Estás loco, podrían haberte molido a golpes o matado —me dijo.

Yo no pensé en eso. No iba a permitir que el cabrón escapara con su bicicleta.

Recibimos una avalancha de insultos en español. El chico estaba molesto porque había perdido su bicicleta. Me gritó todas las palabras y frases vulgares que conocía. Los otros agentes llegaron y nos cubrieron mientras recogíamos la marihuana que habían dejado tirada, revisábamos el vehículo y descubríamos que el pequeño cabrón se había llevado las llaves del auto. Tomamos posiciones de cobertura y llamamos a una grúa. Todos los agentes estaban muy alerta luego de los disparos un par de semanas atrás.

Finalmente llegó una grúa y se llevó el vehículo, con la bicicleta amarrada en la parte superior.

Ricardo y yo éramos los agentes más jóvenes de la oficina. Sobra decir que los agentes veteranos disfrutaron reprendiéndonos por nuestra incapacidad para capturar al menos a uno de los seis traficantes. Supongo que reprender no es la palabra adecuada, pues nos lanzaron una avalancha de insultos. Si cometías el más pequeño error eras carne de cañón y todos se ensañaban contigo. Esto hacía que tuvieras mucho cuidado y no cometieras dos veces el mismo error. Los supervisores se limitaron a mirarme y me dijeron: "La próxima vez agarras al chico y no a la bicicleta, y maldita sea, permanece alejado de la valla fronteriza".

EN una ocasión, hicimos una operación en Tres Bellotas, una zona con un cañón montañoso al sur de Arivaca, Arizona, en la frontera con México. El lugar consistía básicamente en el rancho Tres Bellotas, y en otros más pequeños. Los grandes camiones de cinco toneladas que transportaban grava, y que eran llamados tortons, recorrían esta zona con frecuencia. Dos agentes eran amigos de los dueños de los ranchos, quienes estaban molestos porque los narcotraficantes cortaban las cercas de sus propiedades y dejaban las puertas abiertas; su ganado se iba a México y los ladrones mexicanos lo convertían en tacos de carne asada. Billy estaba a cargo de este caso y la misión de sus hombres era detener los camiones. Ricardo y yo debíamos informar el paso de camiones para que otros agentes confiscaran los vehículos y arrestaran a los conductores.

Nos dejaron en la valla fronteriza con trajes de camuflaje y nos dijeron que permaneciéramos escondidos y utilizáramos los radios portátiles para informar el paso de los camiones, pero que no tratáramos de detenerlos. Alrededor de las seis de la mañana pasó un camión grande, seguimos nuestras órdenes e informamos. Los radios solo funcionaban en el canal repetidor, que era retransmitido a través de nuestro sitio de comunicaciones en Houston, y de nuevo a las unidades de vigilancia. El canal repetidor dos puede ser escuchado en todas las oficinas de la región, mientras que el canal local solo se escucha entre dos oficinas.

Billy y el grupo intentaron detener el camión, pero el conductor logró hacer un giro de 180 grados y se dirigió a toda velocidad hacia México. Billy estaba obviamente molesto, y en medio de su cólera gritó por el canal repetidor dos:

—El camión va hacia el sur. Detengan al maldito camión.

Ricardo le pidió que repitiera el mensaje.

—Dije que detuvieran al maldito camión aunque tengan que disparar a los neumáticos —volvió a decir.

—Mierda —le dije a Ricardo—. ¿Acaba de decir que le dispararemos a los neumáticos?

—Sí; ha dicho que le disparemos al camión de mierda si es necesario —señaló Ricardo.

Analizamos todas las opciones pues nunca les disparábamos a los neumáticos de ningún vehículo. Especulamos que el conductor debía de haber embestido a una de las unidades de vigilancia y haber herido a alguien. De lo contrario, el supervisor nunca habría dado la orden de dispararle al camión.

Nos escondimos en el borde de la valla fronteriza y corrimos casi un cuarto de milla hacia el norte, para que cuando le disparáramos, el camión se detuviera en territorio estadounidense y no pudiera pasar a México. Poco después escuchamos al camión circular por el camino de grava. Yo había cargado mi escopeta y

Ricardo tenía lista su M16. Sabíamos que podíamos estallar los malditos neumáticos y detener el camión, pues estábamos cerca de él. Nos resguardamos en una curva de la carretera, protegidos detrás de unas rocas grandes. El conductor tendría que reducir la velocidad en la curva. Estábamos listos para entrar en acción.

El camión llegó rugiendo por el camino a unas 30 millas por hora cuando más, pero parecía venir a 80. Nos pusimos de pie cuando el camión se acercó; el conductor nos vio y entró en pánico. Comenzamos a disparar a los neumáticos. El conductor debió de pensar que le estábamos disparando a él, pues el sonido de dos armas de fuego detonando al mismo tiempo seguramente era terrible. El hombre saltó del camión todavía en movimiento y empezó a correr. Miramos al conductor y vimos que el camión seguía andando.

El conductor corría con todas sus fuerzas para salvar su pellejo. Volvió a mirar por encima del hombro, nos vio armados y corrió aun más rápido hacia la frontera. Para ese entonces el camión había chocado contra un árbol. Ricardo y yo nos acercamos al camión y vimos que llevaba más de 5.000 kilos de marihuana: era el premio mayor.

Nos sentimos como héroes cuando escuchamos por radio la voz del agente residente a cargo (RAC) diciendo que ignoráramos la última orden y que no le disparásemos al camión.

"¡Mierda! ¿Y ahora qué?", nos preguntamos.

Billy debió darse cuenta de su error porque dijo por radio. "Alfa 2108/A-2112, olvídense de la última orden, no toquen el camión".

Ricardo y yo nos miramos.

Billy llegó y vio el camión estrellado contra el árbol. Saltó de su vehículo y no nos dijo una sola palabra; estaba completamente asustado. Examinó el camión en busca de agujeros de balas. Los únicos eran los de los neumáticos traseros, pero nada más. Ricardo y yo permanecimos atrás sin decir palabra.

Finalmente, Billy se acercó y nos dijo:

—No dispararon ¿verdad?

Empezamos a decir que sí, pero él nos interrumpió.

—Cierren la boca y escúchenme —dijo tomando una bocanada de aire—. No dispararon sus armas, ¿verdad?

—No —respondimos en coro.

—Bien.

Volvimos a cargar nuestras escopetas con rapidez, recogimos los cartuchos vacíos y los arrojamos tan lejos como pudimos en la maleza; luego limpiamos nuestras escopetas para que no quedara el menor rastro de pólvora.

Ricardo y yo estábamos en un dilema, ¿debíamos mentir y decir que no habíamos disparado? ¿Deberíamos encubrir al supervisor o decir la verdad? Nadie resultó herido, no había señales de agujeros de balas en el camión y el sospechoso había regresado a México. ¿Esta pequeña mentira le haría daño a alguien?

Todos los agentes fueron llamados a la oficina porque se estaba formando una verdadera tormenta. El RAC estaba criticando fuertemente a Billy.

A continuación, Ricardo y yo fuimos llamados a la oficina. Nos hicieron la pregunta del millón: "¿Dispararon, o no?".

Permanecimos fieles a nuestra historia.

El RAC aceptó nuestra respuesta. Él sabía la verdad, pero quería oírnos decir que no.

Los agentes veteranos estaban sonriendo. Querían reírse a carcajadas, pero temían despertar la ira del jefe.

El supervisor renunció por otras razones unos seis meses más tarde y nunca más se volvió a hablar del incidente.

TODOS los días, algún agente de la oficina confiscaba drogas. La cosecha de marihuana comenzaba en septiembre y se prolongaba hasta finales de abril, tal como sucede con los productos agrícolas de invierno. Esto era estupendo para los traficantes, quienes utilizaban remolques de tractores para llevar a la frontera grandes cantidades de marihuana desde otros estados como Sinaloa y Michoacán.

Una noche paré un vehículo en la frontera y cuatro tipos se bajaron. Uno de ellos era un hombre enorme a quien le decían Oso. Era grande, con barba y hablaba de una forma cómica. Se decía que había matado a otro narco tras lanzarlo de un segundo piso, luego de discutir mientras bebían. Oso se acercó con los tres pendejos, y me dijo:

—Así que tú eres Patricio el antidrogas, ¿eh? ¿Quieres pelear conmigo?

Afortunadamente, tuve el suficiente sentido común para saber que era inútil pelear contra ese animal. Di un paso hacia él, puse la mano en mi arma para que ellos vieran que iba armado y luego le lancé mi "mirada Patricio".

—No habrá una pelea, pero sí un asesinato. Te voy a disparar a ti y a tus pinches amigos —le dije.

La mirada Kirkpatrick, como la llaman los agentes de mi oficina, es inexpresiva y fija, y tiene como fin intimidar a la gente. Se me da de forma natural antes de pelear. La había adoptado durante mi adolescencia en Chicago. Aprendí a mirar de arriba a abajo a los chicos que querían pelear conmigo, a nunca demostrar miedo y a saber que afrontar directamente el peligro a veces funciona mejor que las palabras.

El Oso debió pensar que yo hablaba en serio. Me devolvió la mirada por un par de segundos y retrocedió un par de pasos.

—Tómalo con calma, Patricio. Solo estaba bromeando —dijo.

El incidente terminó con rapidez, y el rumor se propagó entre los narcotraficantes. Patricio "el antinarcóticos" era un tipo serio, y era mejor no meterse con él. Mi reputación de hombre duro creció y me sentí satisfecho.

Mis informantes me llamaban a todas horas. Algunos agentes no contestan el teléfono. Si yo hubiera tenido una vida hogareña, también habría ignorado mi teléfono, pero la verdad es que siempre quería darme una escapada. Una vez más, un informante me dijo que un auto iba a ser cargado con drogas en la calle Short. Chico, el informante, vivía allí y estaba trabajando directamente para la organización de El Quemado. Durante los próximos veinticuatro años, Chico trabajó para mí o para otro agente de la Oficina de Investigaciones en Nogales, Arizona. Lo arresté dos veces, ya que varias veces olvidó decirme que lo habían contratado para llevar un cargamento.

El tipo era simpático y cada vez que yo lo sorprendía en algo, se comprometía a llamarme la próxima vez, y generalmente lo hacía. Chico se enteró de que cargarían la droga en un Pontiac Bonneville grande y rojo que dejarían cerca de su casa.

Era una tarde oscura, nublada y lluviosa de invierno, que dio paso a un aguacero en horas de la noche. La visibilidad era nula. Pasé varias veces por allí hasta que vi el Pontiac rojo. Sin embargo, no sabía si los narcotraficantes lo habían cargado o no. La lluvia arreció y concluí que solo había una forma de averiguarlo: iría caminando hasta el vehículo y lo olería.

A los tipos de la oficina les gustaba molestarme porque siempre encontraban marcas de nariz en casi todos los autos de la ciudad. Conducían por el estacionamiento de Walmart, se llamaban unos a otros por radio y decían: "Patricio estuvo aquí, hay una marca de nariz". Hacer eso requería de una gran habilidad; me detenía a un lado del auto y olfateaba el aire a medida que entraba y salía del maletero. Eso me permitía saber si había marihuana en su interior. Los agentes se burlaban al principio, pero poco tiempo después los vi oler maleteros de automóviles en los estacionamientos.

Llamé por radio a René y a Ricardo y les dije que iría a revisar el Pontiac. René estaba vigilando en la calle contigua, en una colina justo al norte de la calle Short y me advirtió: "Mantén el radio encendido". Siempre estaba pendiente de la seguridad, y lo último que me decía el 90 por ciento de las veces era: "Mantén el radio encendido para comunicarnos".

Seguía lloviendo y no parecía que fuera a amainar, y decidí que no estaría de más echar un vistazo. Agarré mi radio portátil, me puse un poncho impermeable y caminé lentamente por la calle. Me comporté como si viviera en el vecindario y caminé hacia el borde de la calle con naturalidad. Un relámpago iluminaba todo el cielo de vez en cuando, pero la oscuridad jugaba a mi favor, pues era difícil ver bien. Acababa de acercarme al Pontiac y me había agachado detrás del maletero para olfatear, cuando oí un alboroto que venía de la valla fronteriza. Miré a mi alrededor y vi a media docena de hombres correr por la colina desde México con bultos en la espalda; venían hacia mí.

Tomé el radio con rapidez y grité:

—René, hay un grupo viniendo hacia mí.

—Repite —dijo René.

Pero yo ya había apagado el radio.

Cuando hablabas por un viejo radio Motorola, se escuchaba un leve chapoteo, como un ratón chillando, y lo último que yo quería era alertar a estos tipos de mi presencia.

René llamó de inmediato a Ricardo.

—¿Lo escuchaste? —le preguntó.

Ricardo se rió.

—Está fuera del aire —respondió.

¿Y ahora qué? Yo estaba arrodillado detrás del vehículo y no tenía ningún lugar a dónde ir. Los traficantes se acercaban rápidamente, estaban a unos 30 pies de mí, y yo no tenía otra opción, así que me arrastré debajo del Pontiac y permanecí inmóvil, con la cabeza hacia el maletero. Allí estaba yo, acostado en el suelo húmedo, con el Pontiac estacionado en una pendiente, y mis piernas cuesta arriba. Me apoyé en un codo y sentí el agua colarse por mis pantalones. No podía moverme, el agua me había empapado los pantalones y llegaba lentamente a mi entrepierna. Sabía que los narcotraficantes y el agua estaban muy cerca de mí. No sabía qué era peor.

Saqué mi pistola automática y le apunté a la parte trasera del vehículo. Segundos después, lo único que vi fueron pies; muchos pies. Ver doce piernas correr alrededor de un vehículo es un espectáculo infernal. Estaban conversando, pero no podía oír lo que decían; la sangre me latía demasiado fuerte en mis oídos. Oí que abrieron el maletero y sentí el peso de la marihuana mientras acomodaban cada paquete de 40 libras en su interior. La suspensión del auto cedió y el chasis quedó justo encima de mí debido al peso de los paquetes; me rozó la espalda al intentar apoyarme en los codos. La parte trasera del Pontiac bajó unas tres pulgadas.

"Idiota, tú trabajo era averiguar si el auto estaba cargado, y ya lo sabes", pensé.

¿Era yo el único al que le sucedía esto? Era una situación descabellada, pero también emocionante, y eso me agradó.

Me encantaba la descarga de adrenalina que sentía estando debajo del auto mientras los narcotraficantes cargaban la droga. Entonces la realidad me golpeó:

"¿Y si deciden marcharse en el auto? Estoy seguro de que si no me atropellan, uno de esos idiotas seguramente está armado y se armará un lío infernal", pensé.

Afortunadamente, todos se fueron poco después. Una vez que cargaron el auto, sus pies desaparecieron camino a México.

René estuvo todo el tiempo en la colina de enfrente, tratando de ver por sus binoculares. Perdió la paciencia cuando le dije por radio que el grupo venía hacia mí, y luego me llamó para decirme que me largara de allí al ver que los narcotraficantes se acercaban al vehículo. Me vio meterme debajo del Pontiac y quedar rodeado por varios traficantes. Le dijo a Ricardo que yo le iba a causar un ataque al corazón, y agregó: "Si esos hijos de puta no lo matan, lo haré yo".

Cuando los traficantes se fueron, encendí mi radio de nuevo.

—Estoy bien —grité.

Salí despacio del lugar, pues no quería llamar la atención.

René empezó a regañarme cuando me vio.

—¿Por qué siempre apagas el pinche radio?

—Sabía que si veías a las mulas, comenzarías a gritar por radio y harías que me mataran —le dije con mucha calma.

Ricardo y Tom se rieron. Por una vez, René tuvo que admitir que yo tenía razón.

Un enorme relámpago tronó cerca e iluminó toda la zona. Para empeorar las cosas, ellos vieron que yo tenía los pantalones empapados e inmediatamente empezaron a molestarme.

—Mierda —dijo Ricardo—: te orinaste por todas partes.

Sobra decir que pasé otras dos horas sentado en mi vehículo oficial, esperando que todo terminara. Estaba comenzando a sentir que algo se me podría en la entrepierna gracias a la humedad. Hasta que finalmente detuvieron al conductor del Pontiac. Por lo general, una unidad se estaciona adelante para impedir el movimiento del vehículo, mientras la segunda unidad se detiene al lado del conductor y la tercera estaciona detrás. Esto evita una gran cantidad de persecuciones a alta velocidad por toda la ciudad. Siempre nos veíamos involucrados en este tipo de persecuciones y alguien resultaba accidentado con mucha frecuencia. Pero sorprendentemente, el conductor se detuvo esa noche y decomisamos otros 600 kilos de marihuana.

Alrededor de junio, al final de la temporada de cosecha, los agentes dejaron de contar los decomisos individuales después de confiscar miles de libras de drogas y de hacer cientos de arrestos. Nos sentíamos muy cansados ya que trabajábamos mucho y dormíamos poco. Nuestras esposas nos recibían disgustadas, nuestros supervisores estaban molestos con nosotros y los abogados y custodios de las propiedades siempre querían recibir los informes a tiempo. Casi siempre, los acusados salían de la cárcel antes de que escribiéramos los informes. Y cuando llegaba septiembre, las fuentes comenzaban a llamar. Llega un momento en que la vida te pasa factura. El paso del tiempo termina por hacer que los agentes se vuelvan indolentes con la vida y con las personas en general; crees que todo el mundo es mentiroso y no confías en nadie.

* * *

LOS agentes de Nogales se turnaban para recibir las llamadas del Puerto de Entrada. A cada agente se le asignaba un turno de veinticuatro horas y tenían que responder a todas las llamadas del PDE. Los inspectores llamaban a la Oficina de Investigaciones cuando descubrían narcóticos u otras violaciones. Un agente que está de turno debe responder las llamadas del PDE, interrogar a los infractores, determinar los hechos y ponerse en contacto con la Oficina del Fiscal General de los Estados Unidos para formular cargos legales contra el acusado.

Una vez que estaba de turno, respondí al llamado del Puerto de Entrada unas diecinueve veces en un período de veinticuatro horas. Cuando alguien era arrestado, generalmente lo llevábamos a la cárcel del condado bajo cargos federales hasta el próximo día en que el acusado comparecía por primera vez ante un magistrado federal. En ciertas ocasiones, la cárcel del condado de Santa Cruz está atiborrada de presos y los agentes tienen que llevar a los acusados a la prisión federal de Tucson. No es raro que tengan que ir tres veces a una prisión federal en un solo día; es algo realmente agotador.

PERSECUCIONES EN CALIENTE

UNA noche me enteré de que pasarían un cargamento de marihuana por el agujero de la valla fronteriza que estaba al final de Escalada Drive, cerca de Tricky Wash. El cargamento estaba organizado por una familia local conocida como los Cruceros, tres generaciones de narcotraficantes que vivían en varias casas contiguas a la frontera. El abuelo era narcotraficante, el hijo era narcotraficante y los nietos adolescentes también eran narcotraficantes.

Yo quería sorprender al padre con las manos en la masa, y verlo dirigir el cargamento o tocarlo. El plan era sencillo: iría caminando y me escondería a poca distancia para sorprenderlo. René, Ricardo, Tom y otros agentes estaban en la avenida Morley, esperando para perseguir al vehículo con la droga cuando yo les informara de su partida.

Había muchas personas en la calle y al menos seis niños estaban haciendo labores de contra vigilancia. Subían y bajaban en bicicletas para detectar la presencia de la autoridad. El padre estaba sentado en el porche de su casa, bebiendo cerveza y supervisando la operación. Yo sabía que no había manera de ir hasta allí sin ser visto.

Me reuní con mis hombres y analizamos nuestro plan. Decidí lanzarme fuera del auto mientras Tom doblaba una esquina a muy poca velocidad. Él y yo habíamos hecho esto varias veces y siempre nos había funcionado.

El callejón sin salida conducía a un camino de tierra paralelo a la valla fronteriza, unas 100 yardas al este de la calle Short y en el corazón del barrio Buenos Aires. Había una montaña de basura a lo largo de la valla fronteriza que los narcotraficantes utilizaban para esconderse, y yo la usaría para lo mismo esa noche.

Tom empezó a ahogarse a medida que nos adentramos en el área, y dijo que ese lugar siempre le recordaba a Vietnam. Había pasado varios años en ese país y el olor de los neumáticos en llamas y de la basura que llenaba el aire nocturno le traía recuerdos de la guerra. Podías ver la espesa capa de humo formar una nube sobre el vecindario.

René siempre decía que yo tenía que estar muy loco para acercarme tanto a los narcotraficantes. Como siempre, René repitió las palabras que siempre decía: "Mantén el radio encendido".

Todos se rieron.

Tom y yo habíamos desactivado las luces interiores de nuestro vehículo, pues no queríamos que se encendieran al abrir la puerta. Tom redujo la velocidad a unas 5 millas por hora mientras doblaba para tomar el camino de tierra, muy cerca de la valla. Abrí la puerta y salté del auto. Tom siguió a poca velocidad, recorrió 50 yardas y dio la vuelta.

SESENTA MILLAS DE FRONTERA

Al salir del auto di contra el suelo y rodé un par de veces hasta que me encontré al lado de la valla fronteriza. Tomé pedazos de cartón y de papel, láminas de madera y puñados de escombros, y me camuflé entre ellos. Esperaba que nadie me hubiera visto.

Tom pasó muy cerca de mí; le dije por radio que me encontraba bien y le pregunté si me había visto.

Me dijo que no.

Comprobé con las demás unidades y apagué el radio. Me di cuenta de que haber saltado del vehículo y cubrirme de basura no había sido una buena idea; el hedor era insoportable, como si me hubiera metido en el contenedor de basura de un restaurante. Olía a comida podrida, a animales muertos y a aguas negras. Afortunadamente, podía ver muy bien el lado de México a través de los hoyos de una pulgada de diámetro que había en la valla.

La familia Crucero aún estaba en la calle y los niños seguían vigilando, así que no podía moverme. Pasó casi media hora y entonces vi que los narcotraficantes corrieron hacia la valla. Habían estado en el garaje de una casa a menos de 30 yardas de distancia. No los vi hasta que comenzaron a correr hacia mí. Yo no me había dado cuenta de que estaba muy cerca del agujero por el que atravesarían, que tenía unos 3 pies de altura y que estaba a 15 yardas de donde me encontraba.

Los narcotraficantes corrieron las 50 yardas que los separaban de la valla y se quedaron agazapados al lado de la misma del lado de México. Luego, pasaron por el agujero con grandes paquetes de marihuana y corrieron hacia la casa de Crucero. Los niños bajaron de la colina y su padre, que era mi objetivo principal, abrió el maletero de un vehículo para que los narcotraficantes guardaran la marihuana. Me aseguré de que nadie me escuchara antes de dar la información del vehículo por radio, pero vi que alguien estaba vigilando a un lado de la valla.

Las mulas regresaron a México después de conversar por unos tres minutos. Un conductor subió al vehículo y bajó a la avenida Morley. Inmediatamente les informé a las unidades de vigilancia que el auto se había puesto en marcha.

Cuando vi que las mulas se dirigieron al lugar de donde habían partido, me alejé de la valla y crucé a otro lado del camino, después gateé otros 15 pies y corrí a esconderme en una choza que estaba enfrente de la casa de Crucero.

Después de escuchar por el radio que el vehículo había sido detenido, bajé por el sendero de Tricky Wash hasta la calle principal. Me sentí satisfecho de haber realizado otra operación exitosa.

El conductor del vehículo vio que lo estaban siguiendo y trató de escapar; hizo varios giros en U, se pasó varios semáforos en rojo, y René y Ricardo decidieron pararlo. René esperó a que llegara al próximo semáforo y encendió las luces rojas y azules de su vehículo oficial. Ricardo le gritó al conductor que se detuviera. El conductor lo miró, levantó el dedo medio para insultarlo y aceleró. La persecución estaba en marcha.

Ricardo hundió el acelerador de su vehículo, que había recibido el día anterior, pero hasta una bicicleta era más veloz que su Chevrolet de mierda y el conductor no tardó en dejarlo atrás; le había sacado una cuadra de ventaja, pero René se acercaba a él a bordo de un viejo Ford LTD de la policía. Iban a más de 90 millas por hora y René trataba de impedir que el hombre cruzara el Puerto de Entrada y escapara a México.

Encendí mi radio cuando me alejé de la casa de los Crucero pero no pude creer lo que escuché.

René dijo emocionado que iba a más de 100 millas por hora. Gritó para que el Puerto de Entrada despejara el tráfico, pues el conductor iba a toda velocidad.

El conductor miró a René y le sonrió, y luego concentró su mirada en el Puerto de Entrada. René sabía que el conductor no estaba dispuesto a detenerse. René vio que solo había un carril abierto en el Puerto de Entrada cuando faltaban menos de 10 yardas para llegar a él. Los dos vehículos se disputaban el único carril. Más allá había una gran columna de concreto a un lado, y un edificio al otro; chocar contra ellos significaba una muerte segura. René redujo la velocidad y recorrió las últimas 50 yardas hacia la garita.

El conductor pasó a México pero se estrelló contra un auto. Los funcionarios de la Aduana mexicana habían sido notificados del vehículo y le dispararon tan pronto entró a territorio mexicano. El hombre recibió un disparo, siguió conduciendo varias millas más y la policía mexicana le disparó de nuevo y lo dio de baja.

En promedio, un vehículo de nuestra oficina era destrozado cada mes; era poco en comparación con la oficina de Douglas, Arizona, donde los agentes destrozaban tres autos por semana. En Nogales hacíamos algunas cosas locas, pero nos considerábamos altamente profesionales. También creíamos que los agentes de Douglas eran simples vaqueros que corrían a ciegas por el desierto.

TRES días después, yo estaba escondido detrás de unos arbustos en la calle Internacional, esperando a que recogieran un nuevo cargamento. Siempre me ha asombrado la forma como se amplifican los

sonidos a altas horas de la noche. Escuché el silbido de los narcotraficantes para informar que no había moros en la costa. Poco
después corrieron por el callejón sin salida y se escondieron en los
arbustos a unos 50 pies de mí.

Los narcotraficantes eran como ardillas; levantaban la cabeza
para ver, y luego se escondían de nuevo en los arbustos. Habían
hecho un boquete de 4 pies cuadrados en la valla fronteriza con
un soplete. Aunque la valla tenía un aspecto normal desde Estados Unidos, en el lado de México ellos le habían puesto una
puerta, bisagras y un candado, y les cobraban a todas las personas que quisieran cruzar la frontera ilegalmente. Yo llevaba un
buen tiempo siguiendo a este grupo y les había decomisado varios
cargamentos.

El plan operativo de esta noche era el mismo de siempre; buscaría un lugar para esconderme y vigilaría. Me encantaba la sensación de acechar a los narcotraficantes y de acercarme tanto a
ellos como fuera posible. Conocía casi todos los escondites de la
ciudad y me agradaba la sensación de estar escondido en la oscuridad. Había decidido no aceptar la compañía de ningún agente
desde aquella vez en que a Tom y a mí nos dispararon, pues no
quería que algún agente resultara herido, y esta noche no era la
excepción. Yo vería las mulas pasar la droga, daría la descripción
del vehículo y las demás unidades lo interceptarían en la I-19.
René, Tom y Clark ya habían confiscado cinco cargamentos y
todo marchaba sobre ruedas. No tuve que esperar mucho tiempo.
Vi aproximarse a un Nissan 280Z por la esquina de la calle West
International, conducido por un hispano de unos veinte años.
Había doblado la esquina en dos ruedas, y poco después, mientras
echaban la droga en el auto, aceleraba el motor como un conduc-

tor esperando la luz verde en la grilla de partida. El auto parecía ser muy potente y veloz.

—¿Cuál es la descripción del vehículo? —me preguntó René.

—Es un Nissan 280Z plateado. Prepárense para perseguirlo.

El conductor debió pensar que estaba en las 500 Millas de Indianápolis, y que había hecho una parada en pits. Las mulas echaron el último bulto de marihuana en el Nissan, cerraron el maletero luego de varios intentos, y el conductor salió a toda velocidad.

Llamé por radio a René y le dije que el vehículo iba en su dirección. El joven estableció un nuevo récord de velocidad desde la calle West International hasta la Interestatal 19, y ya se dirigía hacia el norte. Los agentes vieron una mancha plateada avanzar velozmente en esa dirección. Trataron de alcanzarlo, pero el conductor hizo un giro en U.

René y Clark eran las últimas dos unidades para impedir que escapara a México. El vehículo del joven derrapó, y una piedra le rompió el parabrisas a Clark. Clark era un hombre mayor y bonachón, una especie de vaquero, pero cuando bebía o estaba enojado, había que tener mucho cuidado con él. Clark y René le cortaron el paso y lo obligaron a bajar por la calle West International; salió de nuevo en dos ruedas, pero la carretera estaba llena de gravilla suelta. El auto chocó contra un bordillo después de rodar, y se le desprendió el eje trasero. El joven saltó del vehículo y trató de trepar la valla fronteriza. Clark lo agarró de una pierna y le metió su pistola en la boca. René logró calmar a Clark.

Yo estaba escuchando la persecución en mi radio mientras volvía a mi vehículo. Sabía que el joven estaba completamente decidido a escapar. Me estaba riendo de la confusión y escuché lo que dijo un agente.

—¿Por qué no nos dijiste que conducía como un loco?

—Lo hice —respondí—. Levanté el radio para que ustedes oyeran como aceleraba el motor.

—Escuché el sonido del motor, pero creí que nos estabas haciendo una broma —comentó René.

ENCUBIERTO

CUANDO la mayoría de la gente oye las palabras *agente encubierto*, cree que este lleva una vida semejante a la de los personajes de la película *Miami Vice*, donde los agentes conducen lujosos autos deportivos, toman champaña y asisten a elegantes clubes nocturnos con hermosas mujeres dispuestas a cumplir sus sueños mientras ellos fuman puros cubanos. Desafortunadamente, esta imagen no es real. Trabajar como agente encubierto en una agencia es una experiencia rara y extrema. Si le preguntaras a cualquier agente sobre las operaciones de narcóticos encubiertas, te sorprendería la rapidez con la que admite que es un verdadero dolor de cabeza.

Al principio de mi carrera trabajé tres años en una oficina de la DEA, donde un agente veterano amigo mío me dijo: "Nunca te apresures con un cargamento de droga. Trabaja con calma. Nunca demuestres la necesidad, y debes saber cuándo largarte. Si tratas de apresurar las cosas y te desesperas por comprar droga, los narcotraficantes sabrán que eres un antinarcóticos".

Esto es lo que más les cuesta entender a los jefes, sobre todo porque muy pocos han trabajado como agentes encubiertos. Puedo decir honestamente que no conozco las estadísticas, pero diría que, en realidad, quizá uno de cada 500 agentes especiales ha trabajado como encubierto.

La mayoría de los agentes que han trabajado en misiones encubiertas las recuerdan vagamente. Descubres quién es el traficante, cuál es la mercancía y haces las cosas lo mejor que puedes. Sin embargo, casi todos los agentes recuerdan su primera misión encubierta; es la primera vez que fluye tu adrenalina, te sientes más emocionado de lo que imaginabas, ensayas tus palabras como si se tratara de una obra de teatro y es tu oportunidad de probarte a ti mismo.

Yo debía encontrarme con un traficante de cocaína y comprarle 1 kilo por 20.000 dólares durante mi primera operación encubierta. Una fuente me lo había presentado, y nos habíamos visto dos veces para negociar el precio. Era la tercera vez que nos veíamos, y cerraríamos negocio.

El agente a cargo del caso había elaborado un buen plan operativo. Escogió el Río Rico Resort, actualmente conocido como el Resort Esplendor, para hacer el negocio. El resort ofrecía una buena visibilidad, el estacionamiento era excelente para la transacción y los agentes podían camuflarse con los huéspedes y clientes del bar.

Un buen plan operativo es vital para cualquier transacción. Siempre hago hincapié en esto. Los agentes tienen que escoger un sitio adecuado, ya que es fundamental cubrirse, esconderse y tener una buena visibilidad. Hay que buscar un sitio donde el traficante no pueda escapar, para poder someterlo cuando llegue el momento.

Acepté reunirme en el bar con el traficante antes de que me mostrara la cocaína. Los narcotraficantes suelen marcharse tan pronto reciben el dinero, pero esta operación fue bien pensada y el agente a cargo del caso hizo que nuestros hombres de vigilancia llegaran a intervalos de unos diez minutos. Algunos permanecieron en sus vehículos, otros se escondieron en los arbustos y tres entraron al resort, fingiendo ser huéspedes; uno estaba en el bar y otros dos en el restaurante.

Fui el último en llegar, me dirigí a la barra y me senté a unos 15 pies del agente de vigilancia. Eché un vistazo alrededor de la barra, tratando de actuar con espontaneidad y de no mirar directamente a los otros agentes. El bartender se acercó y me preguntó qué quería. Pronuncié las palabras inmortales: "Una Pepsi, por favor". Dejó el vaso de refresco delante de mí y esperé.

Me sentía muy nervioso, aunque ya me había reunido con el narcotraficante. Sin embargo, procuré parecer tranquilo y relajado mientras tomaba el vaso de Pepsi. El traficante llegó a las dos en punto según lo acordado, pidió una cerveza y después de una breve charla aceptó mostrarme la cocaína. Dejé un billete de 10 dólares en la barra y fuimos a su vehículo. Las unidades de vigilancia lo habían visto estacionarse. Yo llevaba un micrófono oculto para que escucharan dos agentes en una camioneta. Durante la última reunión informativa antes de salir de la oficina, el agente a cargo del caso repasó su plan y yo hice una demostración de cuál sería la señal para detener al narcotraficante. Me quitaría mi gorra de béisbol de los Cachorros de Chicago y diría: "Se ve bien. Iré por el dinero".

El narcotraficante sacó una pequeña bolsa deportiva y la dejó sobre el maletero. El kilo de cocaína estaba envuelto en celofán. Me tomé un tiempo para examinarla; me quité lentamente la gorra y dije: "Se ve bien. Iré por el dinero". El lugar se convirtió en un hervidero de agentes en cuestión de segundos.

Llegaron desde todas las direcciones, apuntándonos con sus armas y gritando: "Policía; no se muevan". Y para que todo pareciera verídico, me arrojaron al suelo y me esposaron. Creo que el agente se alegró de lanzarme con fuerza contra el pavimento. El narcotraficante fue conducido a la oficina para su procesamiento, y el agente a cargo del caso lo interrogó.

Sobra decir que me sentía emocionado. Acababa de hacer una compra importante y me había demostrado a mí mismo que podía ser un agente encubierto. Me sentía en las nubes. Entré a la oficina y fui a la sala de prensa, imaginando una bienvenida de elogios y aplausos. Estaba equivocado. Lo primero que escuché fue a un agente experimentado, llamado George, decir: "Que alguien le traiga una Pepsi al pinche agente nuevo".

Y luego agregó: "¿Pueden creerle a este chico? Es un agente encubierto y pide una Pepsi en un bar".

Rápidamente aprendí a no cometer ni el mínimo error porque tus compañeros no te perdonan nada. Durante varias semanas escuché comentarios despectivos como: "Oye, novato, ¿quieres una Pepsi?". O dejaban una Pepsi, "el trofeo de la vergüenza", en mi escritorio.

En el mundo de los agentes encubiertos, el trabajo no es como en las películas y novelas que había leído. Los agentes especiales que trabajan encubiertos no son agentes sofisticados que hacen lo que quieren. En ciertas ocasiones se ven demasiado atrapados en su papel y tienen que ser llevados de nuevo a la realidad.

El agente encubierto trabaja bajo la dirección del agente a

cargo del caso, quien ha iniciado la investigación y conoce a los narcotraficantes o infractores, pero necesita investigar más o incriminar directamente al sospechoso por medio de una conversación o de un acto flagrante. Por lo general, el agente encubierto se pone en contacto con el traficante gracias a una fuente.

A continuación, el agente encubierto asume el control del caso, ya que puede comprar drogas, llevarlas de un lugar a otro, pesarlas, etc. Alguien debe concentrarse en todo el proceso de la investigación y mantener la dirección necesaria para llegar a un enjuiciamiento exitoso. Mientras tanto, el agente encubierto se encarga de encontrarse con el narcotraficante, y necesita mantener la calma y presionar a los delincuentes para cerrar el negocio.

Luego de todos mis años de servicio, mi opinión es que tal vez uno de cada diez agentes es realmente capaz o está en condiciones de trabajar como encubierto. Este trabajo no es planificado de antemano y se da sobre la marcha; debes improvisar y saber cuándo tu vida está en peligro. La capacidad de mentir y de engañar a alguien no se adquiere con ningún entrenamiento; es el resultado de conocer bien el mundo de las calles y, a veces, de tener mucha suerte. Solo había tres agentes en Nogales que hacían un verdadero trabajo como encubiertos: Clark, Ricardo y yo. En un pueblo pequeño siempre existe la posibilidad de que alguien te conozca y debes tener mucho cuidado de no involucrarte con una organización si has arrestado a alguno de sus miembros. Muchas veces, los agentes encubiertos venían de otros estados y nosotros íbamos a otros estados a hacer lo mismo.

Clark realmente podía trabajar como encubierto. Era hábil con las palabras, se vestía como un vaquero y te hacía creer que era un ranchero de verdad. Su español era perfecto, pues su madre era hispana. Se ponía un traje y tenía toda la apariencia de un banquero. Su hablar pausado y su trato agradable le ganaban la confianza de todos. Trabajé una vez con él en un negocio de heroína, donde Clark se iba a encontrar con un joven mexicano para comprarle 1 kilo de la droga.

Clark accedió a reunirse con el traficante en el centro comercial El Con, en Tucson; yo estaba esperando en otro vehículo y tenía 80.000 dólares, que utilizaría como carnada. Con frecuencia, los narcotraficantes quieren ver el dinero en efectivo antes de mostrar la droga. Supuestamente, Clark vería la heroína y luego daría la señal para arrestar al traficante, pero si este quería ver primero el dinero, Clark me llamaría, y yo le mostraría el dinero en efectivo. La primera regla en una transacción de drogas es que el agente encubierto nunca debe llevar dinero en efectivo para prevenir una posible estafa.

El traficante llegó y Clark habló con él mientras los demás agentes esperábamos en el estacionamiento y nos preguntábamos por qué demonios se estaban tardando tanto. Salieron casi media hora después, y el traficante abrió el maletero. Llamé por radio a las unidades y les dije que esperaran la señal para arrestarlo. El traficante de heroína sacó una bolsa de su camioneta y se la entregó a Clark, quien la inspeccionó y luego la guardó en el maletero de su vehículo.

Les informé de todos los pormenores a los agentes, antes de darles la señal para el arresto. Clark le estrechó la mano al traficante, quien subió a su vehículo y se marchó. Llamé por radio a las unidades móviles para que lo vigilaran de cerca, pensando que no había traído la heroína y que iría a buscarla a un depósito clandestino.

Clark me llamó al celular y me pidió que fuera por él. Había intercambiado bromas con el traficante y hablado de varios lugares de México, entre ellos la ciudad natal del vendedor. También había platicado con él sobre ganadería y otros temas sin mayor importancia, y le cayó en gracia al traficante. Éste mencionó que tenía unas 500 libras de marihuana que quería vender, y Clark le dijo que le ayudaría con eso. El traficante estaba tan encantado y tan convencido de Clark, que le entregó el kilo de heroína mientras iba por la marihuana.

Clark era un gran agente encubierto. El pobre traficante de heroína regresó, le mostró el cargamento de marihuana a Clark, y todo terminó para él. Di la señal y fue arrestado. No podía creerlo cuando supo que Clark era un agente. Se habría sentido menos ofendido si Clark simplemente le hubiera robado la heroína.

LOUIE y yo hicimos una compra encubierta en Tucson. Me reuní con Juan un par de veces en un restaurante para discutir la compra de 500 libras de marihuana; nos había dicho que estaba esperando un gran cargamento de México y aceptó vendernos la marihuana después de varios encuentros y llamadas telefónicas.

Nos dijo que fuéramos a un callejón que había detrás de su casa y él nos abriría la puerta para recoger la marihuana. Louie y yo llevábamos micrófonos ocultos para que las unidades de vigilancia escucharan nuestra conversación. Los agentes del DPS y de Aduanas nos estaba cubriendo. Louie y yo decidimos hacerle una broma al tipo y divertirnos, pero fue un gran error. Llegamos a su casa, tocamos la bocina y Juan nos abrió la puerta de atrás. Tenía amarrado un pit bull enorme llamado Rocky, el cual ladraba como si quisiera jugar.

—Oye hombre, hay policías por todas partes por aquí —dijo Louie.

Juan sonrió.

—No se preocupen, ese vehículo del DPS está en la casa de un agente de la Patrulla de Carreteras. No hay ningún problema —dijo.

—En serio, hay policías por todas partes. Diablos, Juan, están incluso en tu patio trasero —insistió Louie sonriendo como un niño.

Esa era la señal. Louie y yo sacamos nuestras insignias y se las mostramos a Juan.

Pero él se echó a reír.

—¡Qué divertidos! Es una broma muy graciosa.

Miramos a Juan sorprendidos.

—Las insignias son reales, somos oficiales de la policía y estás arrestado —dijimos.

Juan corrió hacia su casa. Louie y yo lo perseguimos y los tres nos golpeamos contra la puerta de la lavandería. Todos los policías saben que el lugar más peligroso para hacer un arresto es en la casa del sospechoso. Juan cogió una pistola automática de un estante y Louie y yo le agarramos la mano. Debíamos ser todo un espectáculo porque los tres teníamos los brazos en posición vertical, forcejeando para agarrar la pistola, como atletas olímpicos tratando de pasar una antorcha. Louie y yo gritamos: "¡Un arma! ¡Un arma!", para que los agentes nos oyeran y se apresuraran a ayudarnos.

Los micrófonos ocultos son buenos y malos, dependiendo de cómo los veas. Los agentes nos oyeron decir que había un arma de fuego en la casa, e inmediatamente fueron a ayudarnos. Lo malo fue que todo quedó grabado y podía ser escuchado en la corte. Louie y yo forcejeamos con Juan durante lo que pareció una eternidad. Lo golpeé en la cara, el pecho y el cuello, tratando de bloquearle la tráquea. Le di un rodillazo en los testículos. Quitarle el arma fue realmente difícil.

Louie también lo golpeó, y dijimos cosas como: "Rómpele el brazo. Patéale los cojones. Dispárale a ese hijo de puta. Dale un tortazo en la cabeza. Mátalo", y Dios sabe cuántas cosas más; todo esto quedó grabado. La verdad es que si Juan hubiera sido una fracción de segundo más rápido, probablemente nos habría disparado. Juan dejó caer el arma y lo arrastramos hacia el patio. Ricardo ya había llegado, pero el pit bull no lo dejaba pasar. Ricardo le apuntó con su pistola a la cabeza, dispuesto a matarlo si fuera necesario. Juan cayó de rodillas y nos suplicó: "Por favor, no maten a mi perro; por favor".

Ricardo dejó de apuntarle y sacó las esposas para ponérselas a Juan. Nuestra tonta idea de ser graciosos no funcionó exactamente como esperábamos.

La marihuana fue llevada a la estación del DPS en Tucson, donde el sargento nos había escuchado por el micrófono oculto; todo sonaba diez veces peor. Juan gritaba, se escuchaban muchos ruidos sordos mientras lo golpeábamos, además de nuestro elegante vocabulario. El sargento sugirió que debido a la gravedad de nuestros comentarios, era mejor persuadir a Juan para que trabajara como informante. Cualquiera que escuchara las grabaciones pensaría que era un verdadero caso de brutalidad policial.

ME enviaron a trabajar como agente encubierto en una investigación en Las Cruces, Nuevo México. Pete, el agente a cargo del caso era natural de El Paso y amigo mío; varios años después trabajamos juntos en México. Me pidieron hacerme pasar por un comprador de heroína de Chicago y negociar la compra de varias onzas. El objetivo era comprar 1 kilo. Los traficantes de heroína son los más desconfiados de todos y suelen pertenecer a una misma familia, desde el químico hasta el transportista, pasando por el distribuidor en los Estados Unidos.

Una fuente de El Paso, Texas, me presentó al sobrino del químico. El plan era que me vendiera gramos, luego onzas y finalmente 1 kilo de heroína. Me encontré con él y nos caímos bien. Compré el primer gramo, luego otro y le pedí que me vendiera una onza. Fuimos a tomar unas copas después de comprarle la primera onza por 4.000 dólares y logré convencer al joven, que era de Michoacán, de que yo era un vendedor de heroína en Chicago. Uno de los trucos que utiliza un agente encubierto es no decir nada que pueda perjudicarlo más adelante, y tener un nombre falso parecido al verdadero; yo siempre usaba el de Patricio, por mi apellido. También decía que era de Chicago, donde me había criado. Hay que simplificar las cosas. No debes hablar sobre la situación ni mostrarte ansioso. La mayoría de los narcotraficantes son de tercera generación y pueden detectar a un agente antinar-cóticos a 1.000 yardas de distancia.

Le dije al vendedor que necesitaba comprar 1 kilo porque viajar constantemente a Chicago con pequeñas cantidades era muy arriesgado. Necesitaba una buena cantidad de mercancía y viajar cada seis meses. Su tío procesaba la heroína, y el vendedor me dijo que tendría que ir a Michoacán y consultar con él, causando un retraso de un mes en la investigación. El vendedor viajaba en autobús y parecía un campesino; nunca llamaba la atención. Finalmente, y transcurrido el tercer mes de nuestra operación, el traficante me llamó para decirme que su tío lo iba a ayudar y que le había enviado el kilo de heroína, el cual venía en camino.

Eso me alegró; regresé a Nuevo México e iniciamos la operación. Me registré en el hotel local y las unidades de apoyo se hospedaron en la habitación contigua. Al día siguiente recibí una llamada telefónica. El comerciante y su tío habían llegado, luego de pasar con la heroína por el Puerto de Entrada. Les di el número de mi habitación y los esperé. Las unidades móviles de vigilancia nos alertaron tan pronto llegaron al hotel.

El tío dijo que le alegraba que su sobrino hubiera conocido a un buen socio de negocios. Sonreí, le di unas palmaditas al sobrino en la espalda y lo traté de compadre. El tío dijo que me podía vender 1 kilo de heroína cada seis meses. Asentí con la cabeza y cerramos el trato; seríamos grandes socios comerciales. Ellos serían los proveedores y yo el vendedor principal de su mercancía. ¿Qué podría ser mejor que esto? Luego les pregunté si habían traído la heroína.

El tío, un hombre mayor, se quitó la camisa y dejó al descubierto el kilo de heroína, que llevaba pegado a su espalda y estómago con cinta adhesiva. Estaba dividido en paquetes planos de tres onzas.

Sonreí, me quité la gorra de béisbol de los Cachorros de Chicago y dije las palabras mágicas: "Se ve bien, se ve muy bien". Los agentes entraron y arrestaron al tío y al sobrino, quien lloró como un niño y dijo que no podía creer que yo le hubiera mentido. Se sintió herido porque realmente creía que éramos compadres.

VIVIR en la frontera, donde el 99 por ciento de la población de la ciudad es hispana y la mayoría de la gente no habla inglés, ha contribuido a crear unas barreras lingüísticas que a veces son muy peculiares. Una tarde recibí una llamada sobre un cargamento que pasaría a las dos de la mañana por la frontera. La fuente me dijo: "Mañana a las dos".

Hice que mi escuadrón vigilara toda la noche y se enojaron conmigo cuando vieron que no había ningún cargamento. La fuente había querido decir al día siguiente a las 2 a.m.

En otra ocasión, Layne le estaba leyendo los derechos Miranda a un sospechoso y, en lugar de decirle que tenía derecho a permanecer en silencio, le dijo en español: "tiene derecho a cagar en silencio". El hombre no sabía qué hacer. Pensó que Layne quería que él hiciera sus necesidades en la celda, y le preguntó varias veces: "¿Qué? ¿Cagar aquí?"

Layne siguió diciendo "sí" y miraba al hombre como si fuera analfabeto y tuviera problemas para entender, hasta que Carlos se acercó y escuchó lo que sucedía y no podía parar de reírse. Durante varias semanas, el grupo de los narcóticos se rió mucho de la nueva versión de Layne de los derechos Miranda.

Layne era alto y atlético. Tardaba en enojarse, pero cuando lo hacía, era mejor no meterse con él. Una noche había agarrado a un tipo que llevaba un pequeño cargamento y lo llevó a la oficina para interrogarlo. El hombre no hablaba inglés, así que tratamos de hablarle en español.

—¿Cuál es mi nombre? —le preguntó Layne.

—No sé —respondió el tipo.

Layne repitió la pregunta y recibió la misma respuesta. Layne se estaba enojando mucho, y poco faltaba para que lo tumbara de la silla y lo volviera papilla.

—¿Qué diablos quieres decir con que no sabes *tu* nombre? —finalmente le gritó en inglés.

Una vez más, Carlos rescató al acusado.

—Él no sabe tu nombre. Le estás preguntando cuál es *tu* nombre —le dijo a Layne.

—Ay, mierda, espero que no lo sepa —dijo Layne.

Había algunas palabras clave en español que todos los agentes aprendían y trataban de recordar. Estas palabras eran *dale*, *mátalo* y *córtalo*. Siempre que preparábamos un vehículo o allanábamos una casa, la palabra *dale* hacía que la gente se tirara al suelo de manera instantánea.

Un agente fronterizo experimentado puede identificar con relativa facilidad la casa donde un traficante guarda drogas. Las ventanas suelen estar cubiertas de plástico negro o papel de aluminio. Todas las persianas están cerradas y nadie sale ni entra. También puede identificar con frecuencia las casas donde se alojan temporalmente los inmigrantes indocumentados. Puedes sentir el hedor humano y la orina desde el patio, donde ellos orinan de noche. A veces los polleros, como les dicen a los traficantes de inmigrantes ilegales, pueden tener entre ochenta y cien personas en una casa pequeña. La cantidad de basura que se acumula es enorme. A veces entramos a una casa y nos sofocamos con el olor de la basura.

EL PERRO ASESINO

YO sabía que muchos cargamentos de droga salían de la calle Short. La Patrulla de Carreteras, la DEA y nuestros agentes habían confiscado varias toneladas de marihuana en vans y camionetas que salían desde allí. Pensé en José y en su relación con El Quemado, y me pregunté si me había tendido una trampa. Yo había buscado refugio después de los disparos, pensando que la información que me había dado era falsa. La curiosidad mata al gato; habíamos decomisado muchos cargamentos y resolví ir a pie y explorar el área.

Decidí no informarle a nadie, especialmente a mi supervisor ni a René, al que le habría dado un infarto. Los jefes son como los pañales de bebé, siempre están llenos de mierda y en tu culo. Pensé que sería mejor si me reservaba mis intenciones y caminaba por el vecindario como si viviera en él. Llevaba una sudadera holgada con capucha, abrochada como un pandillero del Este de Los

Ángeles. Tenía mi pistola y mi radio debajo de la camisa. Así que bajé por la colina y llegué a la calle Short.

Había mucha luz, pues no había oscurecido todavía. Caminaba muy rápido, mirando a mi alrededor de vez en cuando, manteniendo la cabeza agachada. Quería parecer un inmigrante ilegal, o un *mojado*, como los llamamos nosotros. Esta expresión se originó en Texas, debido a que los inmigrantes ilegales tenían que cruzar el río y llegaban mojados a los Estados Unidos. En Arizona no teníamos un río en la frontera y decíamos en broma que los ilegales deberían ser llamados M&Ms o "mexicanos húmedos" (por sus siglas en inglés), porque solo tenían una pequeña capa de rocío en sus ropas.

Crucé la valla fronteriza, seguí por una fila estrecha de tres edificios y me asomé al primero. Lo único que había era una gran cantidad de telarañas. El segundo era más pequeño y tenía unas escaleras que llevaban a un grupo de apartamentos en la calle Short; solo había basura y unas cuantas sillas plegables.

Había otra construcción en la cima de la colina. El camino era muy empinado y dudaba de que alguien pudiera ir hasta allá. Estaba a punto de subir y asomarme a una de las ventanas, cuando de repente, un perro enorme y feroz corrió a toda velocidad para atacarme. Empezó a perseguirme mientras yo corría y sacaba mi arma para dispararle. El pinche perro me alcanzó y me arrancó buena parte de los pantalones, justo debajo del trasero. Menos mal que estaba amarrado a una cadena lo suficientemente gruesa como para arrastrar un camión. El perro gruñó y comenzó a morder el pedazo de pantalón.

Seguí corriendo a toda velocidad, pues temía que el animal se soltara de la cadena. Me di vuelta cuando estuve a una distancia prudente y el perro dejó de ladrar; parecía muy contento con su nuevo juguete de trapo. Yo tenía un aspecto miserable, la mitad del lado derecho de mi pantalón había desaparecido y tenía el trasero completamente descubierto. Miré de nuevo el cobertizo y vi que las ventanas estaban cubiertas con plástico negro. Esto, y el hecho de que tuvieran a un perro feroz amarrado ahí, me dio la certeza de haber encontrado un escondite de drogas.

Permanecí unos treinta minutos agachado debajo de un arbusto, esperando que el perro se calmara, para mirar de nuevo el cobertizo. El problema era cómo acercarme y olfatear la droga o ver el interior con una linterna. Pensé que, de ser necesario, rompería una esquina de la ventana con mi linterna y miraría el interior. Comencé a avanzar muy lentamente hacia el cobertizo, pensando que nadie me veía, pero el perro había olido mi rastro y se movió como un león para detenerme. Escuché la cadena arrastrarse por el suelo detrás de él. No era mi noche de suerte.

Me marché mientras pensaba cómo quitarme al perro de encima; era feroz y podía ir de un lado del cobertizo al otro, pues su cadena era larga. Me alegré de tener una muda de ropa en el maletero del auto y poder cambiarme el pantalón.

Un par de días después, mientras estaba de servicio en el Puerto de Entrada, hablé con Matt, un supervisor veterano de Aduanas. Matt era un ex militar rudo y valiente, y había sido entrenador de perros. Le comenté el incidente con el perro e inmediatamente me aconsejó: "Dispárale".

Le expliqué que no podría hacerlo, pues el perro estaba amarrado a un cobertizo, donde vivía el traficante. Matt me contó entonces un viejo secreto que él y otros adiestradores habían utilizado en Vietnam para lidiar con los perros. Me dijo que les lanzaba trozos de carne con un anzuelo grande de tres puntas cuando iba de noche a las aldeas. Los perros se comían la carne, el anzuelo les atravesaba la lengua y la garganta y los perros dejaban de ladrar.

—Cielos —exclamé—. No quiero matar al perro.

Matt respondió con rudeza, como siempre lo hacía.

—¿A quién carajos le importa? ¿Quieres que el pinche perro deje de ladrar o no?

Yo seguía dudando.

—Dime si necesitas ayuda. Mataré al pinche perro por ti —me dijo. Y mientras se retiraba, murmuró—: Los agentes son todos unos cobardes.

Regresé al cobertizo un par de semanas después. Le había pedido a Ricardo que vigilara la avenida Morley mientras yo iba a echar un vistazo. No le había confiado mi plan a nadie más.

Escuché al perro gruñir y ladrar mientras arrastraba la cadena.

Del bolsillo del pantalón saqué tres pedazos de carne cruda con somníferos. Oí gruñir a esa bestia, con la saliva escurriendo de sus fauces, y pensé que lo mejor sería dormirla. Una veterinaria que estaba saliendo con un agente me había dado los somníferos. Caray, yo sabía que no era capaz de matar al perro. Me gustan mucho y este perro no tenía la culpa de que su dueño fuera un narcotraficante. Le tiré la carne cuando me acerqué al cobertizo. Esperaba que las píldoras surtieran efecto con rapidez mientras yo inspeccionaba el lugar. El perro se comió los trozos de carne y se alejó. Lo vi buscar un lugar y acurrucarse. Gruñó entredormido y luego se calmó; era mi oportunidad. Corrí hacia el cobertizo, rompí una esquina de la ventana, arranqué el plástico y miré en el interior con mi linterna.

Había por lo menos 4.000 libras de marihuana empacada en bultos. No me atreví a tratar de obtener una orden de allanamiento después de lo que acababa de hacer, pero me prometí seguir patrullando el cobertizo. Cualquier vehículo que yo viera por allí podría llevar marihuana de ese lugar.

Pensé en la información que me había dado José antes del tiroteo. ¿Por qué diablos no volvió a llamar ni a decirme nada? ¿Por qué había desaparecido sin más ni más? ¿Me había tendido una trampa? Yo había estado convencido de que así era en aquel momento, pero ahora no. ¿Tal vez El Quemado había descubierto que José estaba hablando con nosotros? Si era así, seguramente lo habría matado. Siempre me preguntaré qué fue lo que pasó realmente. De todos modos, las camionetas salían del cobertizo con marihuana. Llamé por radio a Ricardo, utilizando nuestro código diez: "45 a 72 en 10". Esto significaba que se encontrara conmigo en el restaurante Denny's dentro de diez minutos. Nuestras frecuencias de radio podían ser monitoreadas por cualquier persona que tuviera un escáner. La tienda de artículos electrónicos suministraba una lista con todas las frecuencias de la policía y de los bomberos que estaban a menos de 100 millas a todas las personas que compraran un escáner. Nuestras fuentes ya nos habían dicho que los narcotraficantes estaban comprando escáneres para controlar nuestras frecuencias.

Teníamos un código diez para cada restaurante y bar en el Condado de Santa Cruz. También desarrollamos un sistema de redes para las zonas de la ciudad. Así que si estábamos en la carretera 82 en el lado este, era la cuadrícula número cuatro; era la única forma de evitar que los traficantes supieran dónde estábamos. Y si alguien sintonizaba nuestro canal de radio, no sabría dónde nos encontrábanos. Le hablé a Ricardo del cobertizo y estuvo de acuerdo en que si el perro se moría y pedíamos una orden de allanamiento, sabrían que yo había roto la ventana y visto el cargamento de marihuana. Era mejor guardar silencio, estar alerta y esperar nuestra oportunidad para detener un vehículo, hacer que el conductor nos dijera de dónde había sacado la droga y regresar con una orden de allanamiento.

En una semana habíamos confiscado dos camionetas más con 1.200 y 1.600 kilos de marihuana. Los traficantes dejaron de utilizar el cobertizo durante una semana aproximadamente. Calculé que llevábamos un total de 5 vans y unas 10.000 libras de marihuana confiscadas.

Un par de días después, a las diez de la noche, vi una van que estaba siendo cargada con droga y la seguí a la avenida Grand; el conductor la dejó frente a la tienda Circle K. A las dos de la tarde del día siguiente, vi que la maldita van seguía allí. No quería que nadie supiera que yo sabía el paradero de la camioneta o que la estaba vigilando, así que llamé a un amigo del Departamento de Policía de Nogales y acordamos una estrategia para decomisar la droga. El periódico local publicaba todos los días los registros de la policía y todo lo que apareciera en ellos era publicado al día siguiente en la prensa.

Hice arreglos para que el sargento fingiera que había recibido una llamada anónima sobre la camioneta; luego llamaría a la Aduana para solicitar una unidad K-9 y ellos nos asignarían la incautación a nosotros, pues no trabajaban con narcóticos. Dos vehículos con insignias de la policía llegaron al estacionamiento, así como la unidad K-9, tal como estaba previsto. El oficial a cargo era Matt; un hijo de perra que siempre estaba malhumorado, y Rexx, su desagradable pastor alemán, famoso por morder a todos los que se le atravesaran. El perro y su amo tenían la misma actitud. Matt llevaba siempre la jaula del perro en su camioneta Chevrolet y había pegado en las puertas varias plaquetas de plástico de al menos una docena de agentes que habían sido mordidos por Rexx.

Era conocido por ser el mejor perro de narcóticos del Puerto de Entrada, y Matt por ser el agente más diestro con los perros. Matt estaba muy emocionado porque era una misión muy fácil para su perro, y los agentes y los perros fronterizos son evaluados según la cantidad de droga que encuentren cada mes. Además, yo le había dicho a él que había visto cargar la droga en la van. Matt y Rexx le dieron tres vueltas a la camioneta, y Matt se sintió muy disgustado porque el perro no dio señales de reconocer que había droga.

Sin embargo, yo llevaba más de veinte horas observando toda la operación, desde el momento en que cargaron la camioneta. Matt se deshizo en disculpas, estaba furioso con Rexx y amenazando con matar al pobre perro. Dijo que no reclamaría el crédito por el cargamento, pero le insistí en que debía hacerlo, porque yo quería que el periódico local anunciara que su perro lo había alertado después de que alguien denunció la presencia de un vehículo sospechoso. Matt aceptó a regañadientes. Más tarde me enteré de que estaba trabajando de nuevo en el Puerto de Entrada; un día lanzó la toalla que utilizaba para entrenar al perro hacia los vehículos y por poco atropellan a Rexx. Conociendo el temperamento de Matt, me pregunté si había tratado de matar deliberadamente al pobre perro.

Escuché una historia acerca de un funcionario del K-9 en el aeropuerto JFK de Nueva York, que estaba furioso con su perro pues lo mordía constantemente. Un día lo llevó a jugar a la azotea del aeropuerto. Se dice que lanzó de manera involuntaria la toalla de entrenamiento lejos de la azotea y el perro salió detrás. Saltó de un edificio de cinco pisos y no sobrevivió a la caída. El oficial dijo que fue un accidente, pero nadie le creyó. Después de todas las historias que les oí contar a Matt y a algunos oficiales del

K-9, creo que a todos ellos les faltaba un tornillo; dicen que masturban a sus perros para que sean completamente leales a ellos. Yo amo a mi perro tanto como el que más, pero tendría que estar completamente loco para hacerle eso a mi perro.

Mientras nos concentrábamos en el cobertizo, nos enteramos de que El Quemado estaba muy disgustado por perder tantos cargamentos y quería desquitarse con alguien. Las fuentes nos dijeron que estaba interrogando a sus mulas para averiguar si uno de ellos era un soplón. Les dio una golpiza terrible a todos, pero ninguno sabía nada. A lo largo de los años he escuchado historias sobre narcotraficantes que torturaban y mataban a sus empleados porque pensaban que eran soplones o *dedos*.

Todo agente es responsable de controlar a su fuente y de saber lo que hace. Los agentes permiten que la fuente tenga una participación mínima en las actividades del traficante, como por ejemplo, transportar un cargamento o contar dinero. Cuando un agente se entera de que los narcotraficantes están interrogando o torturando a las mulas, por lo general le preguntan a su fuente cómo supo eso. El mayor temor de un agente es que los narcotraficantes descubran su fuente, y su segunda preocupación es que su fuente pueda estar participando en las torturas.

Hace varios años en El Paso, un agente se enteró demasiado tarde de que su fuente estaba torturando y matando a presuntos informantes y narcotraficantes rivales. La fuente, Ramírez Peyro, llegó a ser conocido como el Informante de la Casa de la Muerte. El agente pensó que tenía la mejor fuente del mundo porque se había infiltrado en el cártel de la droga de Vicente Carrillo Fuentes en Ciudad Juárez, México.

Ramírez se infiltró tan bien en el cártel, que fue puesto a cargo de su aparato de seguridad, y sobornó a funcionarios de la policía mexicana para que no interceptaran cargamentos. A continuación, procedió a torturar y asesinar a tres narcotraficantes rivales. Algunos informes lo hacen responsable de haber cometido doce asesinatos.

Ramírez dijo que no tenía otra opción y que tenía que hacer lo que el cártel le ordenaba, pues de lo contrario lo habrían matado. El cártel de Ramírez interrogaba a sus enemigos y sospechosos en una casa equipada con una especie de cámara de tortura medieval, con cadenas y cuchillos. Finalmente, a un funcionario de Aduanas se le ocurrió interrogar a Ramírez luego de enterarse de que había participado en un asesinato. Las autoridades mexicanas fueron a la Casa de la Muerte en Ciudad Juárez y desenterraron doce cadáveres en avanzado estado descomposición.

Ramírez Peyro permanece actualmente en confinamiento solitario en una prisión federal de Estados Unidos y el gobierno de México quiere extraditarlo por los asesinatos. El agente de control, sus supervisores y toda la oficina de El Paso están siendo investigados por el Departamento de Asuntos Internos de la Aduana.

He perdido algunas fuentes a través de los años. A ningún agente le gusta reconocer esto ni quiere estar involucrado o ser responsabilizado por investigaciones que puedan causarle la muerte a un informante, así sea de manera involuntaria. La cruda verdad es que los cárteles de la droga matan a cualquiera que se interponga en su camino. Contratan a personas realmente sádicas, y su crueldad y métodos de tortura rivalizan con lo que se ve en las películas de terror.

Pasé la mayor parte de mi tiempo libre vigilando el cobertizo en los próximos seis meses. Las actividades disminuyeron, pero seguimos decomisando algunos cargamentos. Supongo que perder tanta mercancía descontroló a El Quemado y desató su furia psicópata.

Seguí viendo a un anciano controlar el acceso a la casa donde tenían la marihuana. Era un hombre bajito, fornido y curtido, y completamente intratable. Trabajaba con dos tipos más jóvenes, pero él era el jefe. Si alguien se acercaba por el camino de tierra, el anciano le gritaba y lo insultaba para que se largara de su propiedad. Siempre estaba acompañado por los dos hombres por razones de seguridad. El viejo cabrón azuzaba todo el tiempo al perro para que fuera aun más feroz y solo lo felicitaba cuando atacaba a una persona y le impedía entrar al cobertizo.

Vi al viejo supervisar los cargamentos de marihuana que entraban y salían de su propiedad. Dirigía las camionetas para que se estacionaran con la puerta del pasajero frente a la ventana lateral del cobertizo, sistema que utilizaba para cargar la droga.

Un día por la mañana, Ricardo me mostró el periódico *Nogales International Newspaper*. En los titulares de la primera página se leía *Anciano asesinado a tiros en la calle Short*. Era el anciano del cobertizo.

Me pareció evidente que El Quemado y su secuaz estaban asesinando a todos los que se interpusieran en su camino o tuvieran que ver algo con el depósito clandestino. Culparon al anciano por la droga confiscada. La casa de la víctima tenía una linda puerta de madera tallada, con una ventanilla en la parte superior. Según dijo su esposa, alguien tocó la puerta, su marido miró por la ventanilla y alguien abrió fuego con una ametralladora.

Tal vez lo último que vio el anciano fue la cara de El Quemado antes de recibir doce impactos en el pecho. El Quemado había pasado de ser un niño pobre del barrio Buenos Aires a ser un millonario capo de drogas que dirigía su propio cártel. Yo sabía que había comprado una gran casa de dos pisos en el sector exclusivo de la calle Kennedy, y que se codeaba con la alta sociedad de Nogales, Sonora. Su casa estaba rodeada de muros altos y era custodiada por sus secuaces. Después de los ataques, El Quemado pareció esfumarse; ninguna de mis fuentes sabía de él; era como si hubiera desaparecido en medio de la noche. Me pregunté si alguien lo habría asesinado.

Por esta misma época, el esposo de una empleada de la oficina de la Aduana trabajaba en el sector inmobiliario. Todo parecía indicar que su empresa manejaba una gran cantidad de dinero de los narcotraficantes, quienes acostumbraban a pagar las propiedades en efectivo, realizaban transacciones falsas y escrituraban las propiedades bajo nombres ficticios. Además, guardaban y distribuían drogas en algunas de ellas. Una noche, un hombre tocó la puerta de la casa mientras la familia cenaba, y el hijo de siete años abrió. El tipo le preguntó al pequeño si su padre estaba en casa y el niño corrió a llamarlo a la cocina. El padre fue a la puerta y el tipo le disparó cinco veces. Para asombro de todos, sobrevivió al tiroteo.

OPERACIONES

OPERACIONES es la palabra de moda para conseguir financiamiento cada vez que una agencia realiza una investigación a largo plazo que requiera una gran cantidad de agentes para labores de vigilancia. Hacemos un resumen de la investigación, le damos un nombre pegajoso después de la palabra "Operación" y la enviamos a Washington D.C. para su financiación.

En la creatividad está la clave. Al igual que un artista, los agentes hacen obras maestras con los Planes Operativos, superando en astucia a narcotraficantes y *disk-jockeys* por igual. Algunas operaciones tienen nombres como: Operación Casa Blanca, Operación Vagón de Tren, Operación Relámpago Azul, etcétera. Algunas tenían grandes resultados, pero otras no. A veces éramos más listos que los narcotraficantes y realizamos algunas operaciones investigativas sensacionales.

En México, la cosecha de marihuana va de octubre a mayo,

coincidiendo con la de productos agrícolas legales. Los veranos suelen ser más calmados y tenemos un poco más de tiempo libre. Aprovechamos para ponernos al día con el papeleo y diseñar estrategias para engañar a los narcotraficantes locales. Se me ocurrió una idea: ¿por qué no tener nuestro propio depósito clandestino? Se trataría de la Operación Invernadero. No sería una huerta, sino de un depósito clandestino para recibir y distribuir marihuana.

Alquilaríamos una casa en las afueras de la ciudad, instalaríamos equipos de audio y video, y luego se la ofreceríamos a los narcotraficantes para que la utilizaran como un depósito clandestino. Tendríamos a dos agentes trabajando en la casa para recibir la droga y empacarla de nuevo si fuera necesario, y llevarla al norte por una tarifa. Hice rápidamente una solicitud formal de dinero para que dos agentes encubiertos fueran asignados a la operación y para comprar algunos muebles baratos, pagar la casa, los servicios públicos y alquilar autos para transportar la droga.

La idea era buena. Los departamentos de policía de la ciudad habían realizado operaciones similares, llamadas *fachadas*, como casas de empeño, para recibir mercancía robada. Esto permitió descubrir una gran cantidad de robos, y varios ladrones de poca monta terminaron en la cárcel.

Finalmente recibimos la financiación, alquilamos una casa y nos pusimos manos a la obra. Esperábamos que fuera un negocio rentable. Les cobraríamos 10 dólares a los narcotraficantes por cada libra que les guardáramos. Esto alcanzaría para pagar el alquiler, los servicios públicos, los vehículos y cámaras nuevas.

Empezamos con un presupuesto reducido. Recibíamos la droga, la pesábamos y una de nuestras fuentes la llevaba a Tucson en uno de los vehículos alquilados. Los equipamos con dispositivos de rastreo y con interruptores conectados al motor de arranque y al combustible, y el vehículo se apagaba cuando activábamos el control remoto. Otro traficante recogía el vehículo en Tucson; lo seguíamos hasta un semáforo en rojo, oprimíamos el interruptor y el vehículo se apagaba. Louie y Charlie, de la Patrulla de Carreteras, tenían una patrulla marcada y fingían ayudar al vehículo, olían la droga, llamaban a una unidad con perros y detenían al conductor. A continuación, confiscaban la droga, sacaban los equipos del vehículo, lo llevaban a la agencia, lo cambiaban por otro y comenzábamos a trabajar de nuevo.

La operación fue un éxito, pero tuvimos que suspenderla durante la temporada de cosecha, pues estábamos muy ocupados con un centenar de cargamentos. Así era la vida en la frontera. Había poco personal, tiempo y apoyo por parte de las esferas superiores. Nos encargábamos de las incautaciones del Puerto de Entrada, que requerían la misma cantidad de tiempo que una investigación importante.

Casi nunca llamábamos a la prensa para denunciar los arrestos y decomisos. Manteníamos la mayor parte de nuestras investigaciones en secreto y tratábamos de evitar cualquier tipo de filtración. Esto les causó muchos problemas a quienes transportaban drogas y a los propietarios de depósitos clandestinos. Casi todos los narcotraficantes son unos pendejos paranoicos y siempre les preocupa que las mulas o los conductores les roben la droga o no les paguen.

La única forma que tenían los proveedores para saber si sus cargamentos habían sido confiscados era leer los periódicos, o enviar a uno de sus hombres a recorrer los estacionamientos de todas las agencias de la ley para ver si sus vehículos estaban ahí. Cuando los narcos mexicanos no tenían medios para verificar la pérdida de sus cargamentos, llamaban a los conductores y a los responsables de los depósitos clandestinos y los interrogaban. Obviamente, nadie quería recibir una paliza o ser torturado, por lo que a veces, cuando queríamos que un acusado trabajara para nosotros, lo soltábamos y esperábamos a que se presentara algún incidente. No pasaba mucho tiempo antes de que el infractor nos rogara para que publicáramos algo en la prensa y no tuviera que enfrentarse a la ira de los narcotraficantes mexicanos. Un gran número de delincuentes se convirtieron en nuestros informantes.

Una vez nos enteramos de que había unos 1.000 kilos de cocaína en una bodega de Nogales. No podíamos entrar, así que conseguimos una orden de allanamiento, registramos la bodega y confiscamos la cocaína. A modo de broma, escribimos lo siguiente en la copia de la orden de allanamiento con los elementos incautados: "Chicos, gracias por la coca". Dejamos nuestros números de teléfonos y concluimos con: "Llámennos si la quieren de nuevo".

Los narcotraficantes se pusieron furiosos. Creían que la orden era falsa, y como la prensa no había publicado nada, interrogaron y les dieron una gran paliza a sus hombres para que les dijeran dónde estaba la cocaína.

Llegaron al extremo de ir a Estados Unidos y secuestrar al hermano del jefe de la policía de Nogales. El hermano de este hombre estaba involucrado con ellos, y creían que el jefe de la policía había robado la cocaína junto con su hermano. Los narcotraficantes le dijeron que matarían a su hermano si no devolvía la cocaína. El jefe me llamó y me suplicó que hiciera publicar algo en el periódico. Lo hicimos, y el hermano fue dejado en libertad después de recibir una buena paliza. En lugar de aprender la lección y de abandonar sus actividades ilícitas, este hombre, que era un traficante de poca monta, siguió siendo un delincuente.

Una informante nos dijo que una amiga suya se estaba acostando con un agente del Departamento del Sheriff que robaba drogas y las llevaba a Tucson en su patrulla. Se suponía que él y un sargento estaban involucrados en el asunto. Revisé la información, pero nunca los pude sorprender con las manos en la masa, y me reuní con el FBI y con Asuntos Internos, pues solo el FBI puede arrestar a un agente. Llamamos al joven agente y lo interrogamos, pero insistió en su inocencia. Le dije que tuviera mucho cuidado porque sus compañeros no creerían que él no había confesado. Sin embargo, siguió insistiendo en su inocencia durante dos días, hasta que fue amenazado por miembros de su propio departamento. A continuación, confesó su participación y la del sargento.

LAS operaciones inversas eran aquellas en las que engañábamos a narcotraficantes ingenuos para cambiar narcóticos por armas o dinero. Todas las agencias hacían este tipo de operaciones cuando los narcos querían cambiar drogas incautadas por dinero, pero hacerlo por armas era algo realmente especial. Instalábamos micrófonos en la mayoría de las habitaciones de hoteles, que estaban conectadas entre sí. El personal que haría el arresto ocupaba una habitación contigua y le hacía un seguimiento a la habitación donde se encontraba el agente encubierto con las armas. Cada uno de los agentes hacía que sus fuentes propagaran la noticia de que algún supremacista blanco tenía armas robadas para cambiar por drogas.

Instalábamos cámaras de video y micrófonos en la habitación

de un hotel, y una unidad de arresto nos cubría en la habitación contigua. Luego metíamos una docena de fusiles y pistolas debajo de la cama y llevábamos a los narcotraficantes desprevenidos a la habitación. Enviábamos a varias fuentes a buscar compradores, y les tendíamos trampas a aspirantes a narcotraficantes, que creían ser tipos duros si tenían armas. Le mostrábamos las armas y ellos traían un cargamento de marihuana o algunos kilos de cocaína para intercambiarlos por las armas. Cuando veíamos la droga, la unidad de arresto irrumpía en la habitación y los detenían. Esta operación se conoció como Armas por Drogas. Llevábamos una media docena de rifles AR-15 y varias pistolas a la habitación y los metíamos debajo de la colcha después de sacarles los percutores. El agente encubierto esperaba en la habitación mientras la unidad de arresto hacía lo mismo en la habitación contigua a puerta cerrada. Otras unidades móviles estaban afuera del hotel para prevenir una posible estafa. Esta era una de las pocas operaciones en las que teníamos que mostrar nuestras armas antes de ver la droga; era muy arriesgado y podían estafarnos con mucha facilidad. Sin embargo, éramos muy cautelosos y permanecíamos poco tiempo en las habitaciones. Cuando los delincuentes veían las armas de fuego, les dábamos varias horas para volver y aclarábamos que no podíamos esperar hasta la noche porque no confiábamos en nadie.

Realizamos estas operaciones de armas por drogas a lo largo de la frontera. El contrabando de armas de Estados Unidos hacia México es un negocio tan lucrativo como el contrabando de narcóticos de México hacia Estados Unidos.

Era increíble ver la expresión de los narcotraficantes cuando quitábamos la colcha y veían las armas. Sus rostros se iluminaban como los de los niños en una tienda de caramelos. La mayoría estaban tan ansiosos por comprar armas que generalmente hacíamos un intercambio en menos de dos o tres horas. Sobra decir que algunos se enojaban mucho cuando se daban cuenta de que habían sido engañados y habían negociado con agentes encubiertos.

QUIEN crea que en Arizona siempre hace calor, está equivocado. En marzo hace mucho viento y casi todas las noches la temperatura desciende bajo cero. Una fuente llamó para decirme que un gran cargamento, posiblemente de 1.600 libras, iba a ser llevado a una residencia en North River Road. Pertenecía a un joven narcotraficante llamado Tuti, un lugarteniente de Figueroa Soto. Casi todas las agencias de la autoridad conocían a este individuo, que estaba construyendo una verdadera mansión en un rancho en North River Road. Teníamos fotos y estábamos tratando de reclutar informantes de su organización para arrestarlo de inmediato, pero era un tipo inteligente y no habíamos podido infiltrar su estructura.

La fuente conocía la ubicación de la droga, pero no podíamos hacer labores de vigilancia; había tres casas contiguas, custodiadas por varios perros. Tratamos de ir varias veces y los animales nos impidieron avanzar. Yo no quería que se repitiera la historia del perro del cobertizo, pero era imposible dormirlos a todos. Exploré la zona desde las cimas de todas las colinas, pero no pude obtener una vista clara. Decidí que lo mejor era estacionarnos en la Autopista 82 a la altura del aeropuerto y ver a las mulas cruzar la calle. La fuente indicó que los traficantes cruzaban el cañón que estaba al oeste del aeropuerto. Encontré un lugar en la autopista arriba del depósito clandestino y decidí esperar.

Joe, René, Tom y Ricardo se unieron a Louie, Charlie y a Harold, que trabajaban en la Patrulla de Carreteras, para ayudarnos con la vigilancia. Solicité un voluntario y Tom se ofreció rápidamente. Nos abrigamos bien, pues estaba haciendo mucho frío, pero no sabíamos que esa noche se establecería un nuevo récord de temperatura. La fuente dijo que el cargamento saldría de México después del anochecer y calculamos que pasaría por la Autopista 82 alrededor de las diez.

A eso de las ocho, Tom y yo tendimos los sacos de dormir en el suelo y esperamos. Hablábamos cada media hora por radio, básicamente para mantenernos despiertos. Ya era medianoche, aún no habíamos visto nada y la temperatura había bajado a 18 grados aproximadamente.

Las unidades de vigilancia habían oído en la radio acerca de las bajas temperaturas. Iba a darme por vencido y marcharme de allí cuando oí un movimiento. Miré el reloj. Había pasado la medianoche. Escasamente podía doblar mis brazos para levantarme y echar un vistazo. Le dije a Tom que había oído a los caminantes, y luego vi a cada una de las mulas cruzar la carretera, a unas 75 yardas delante de mí. Nuestros binoculares estaban tan fríos y empañados que no podíamos ver a través de ellos. Tom les informó a las unidades de vigilancia. Por fin, el cargamento sería llevado a la residencia. Conté por lo menos a veinte mochileros cruzar la carretera. Les pedimos a nuestros hombres que nos recogieran cuando estuvimos seguros de que había cruzado la última mula. Louie fue por nosotros y nos llevó a Denny's. Estábamos temblando de frío. Todo lo que podía hacer era mantener la taza de café entre las manos y creo que si Lola hubiera estado allí esa noche, habría dejado que me calentara. Me quedé en

Denny's hasta el amanecer, tratando de calentarme. Estábamos esperando a que amaneciera para irrumpir en la residencia.

Nos reunimos afuera de la escuela Little Red House, nos pusimos los chalecos y las unidades fueron informadas de la ubicación. Llegamos al camino de entrada, que tenía un solo carril; dos agentes iban a un lado y otros dos atrás. Louie y Charlie tocarían la puerta y los ocupantes nos permitirían registrar la casa. No queríamos esperar medio día mientras recibíamos una orden de allanamiento. Cuando llegamos a la propiedad y los agentes salieron de los vehículos, media docena de perros empezó a ladrar, alertando a todo el vecindario. Entonces, las mulas que estaban durmiendo en el cobertizo se escaparon. Se dispersaron en todas direcciones, subiendo la colina hacia México. Los dejamos ir, pues no los queríamos perseguir.

El dueño de la propiedad respondió con ingenuidad, se mostró confundido y afirmó que no sabía nada, que simplemente había alquilado la casa, y nos dio su consentimiento para hacer un registro. Detrás de la vivienda había un gallinero de gran tamaño. Las gallinas estaban en sus nidos, y los paquetes de marihuana estaban debajo. Sin más preámbulos, agarramos un paquete y comenzamos a cargar los camiones con la mercancía. Mientras cargábamos los últimos paquetes, asombrados por la gran cantidad de droga incautada, vimos que estábamos llenos de excrementos de gallina; todo el piso del gallinero estaba inundado de mierda pegajosa y viscosa. Las suelas de nuestras botas quedaron empapadas de mierda, al igual que nuestras chamarras, pantalones y manos.

La vida en la frontera está llena de sorpresas maravillosas. No solo vives situaciones de mierda sino que, peor aún, quedas cubierto de ella. A pesar de todo el frío que hacía, tuvimos que quitarnos prácticamente toda nuestra ropa antes de subir a los vehículos y marcharnos. Nos reíamos los unos de los otros. Sin embargo, y de alguna manera, René estaba impecable. ¿Cómo demonios se las había arreglado para ser el único en no untarse de mierda?

LOS CÁRTELES

LOS líderes de los cárteles mexicanos muchas veces son descritos como héroes. Los músicos cantan canciones sobre sus hazañas, convirtiéndolos en ídolos de los jóvenes mexicanos, quienes sueñan con ser narcotraficantes para escapar de la pobreza en la que han nacido. Los narcotraficantes controlan pueblos enteros luego de hacerles regalos a sus habitantes y de organizar grandes fiestas.

A comienzos del siglo XX, vivió en Sinaloa un bandido famoso llamado Jesús Malverde. Decía ser la versión mexicana de Robin Hood. La historia afirma que les robaba a los ricos para darles a los pobres, y se decía que era un bajador, es decir, un bandido mexicano. Malverde fue ahorcado en Culiacán, Sinaloa, en 1909. Actualmente, muchos narcotraficantes mexicanos lo veneran como un santo. En todo México hay santuarios en su honor, donde los narcotraficantes le rezan antes de contrabandear droga. Todavía no he arrestado a un narcotraficante mexicano que no lleve un amu-

leto de Malverde en su cuello o una imagen de él en su billetera.
He realizado numerosos allanamientos en depósitos clandestinos
donde, en altares, tienen imágenes en cerámica de Malverde.

Culiacán, Sinaloa, es la cuna de muchos de los narcotraficantes
más notorios de México. El primer jefe de un cártel de drogas fue
Miguel Ángel Félix Gallardo, alrededor de 1970. Gallardo vendía
pollos en su bicicleta cuando era niño, luego trabajó como agri-
cultor y más tarde fue oficial de policía. Posteriormente fue nombrado oficial de seguridad del gobernador de Sinaloa. Gallardo
dejó su cargo, se convirtió en uno de los narcotraficantes más poderosos de México y se hizo amigo íntimo del gobernador, quien
fue el padrino de un hijo suyo.

Contaba con la complicidad total de las autoridades de Sinaloa.
Además de ser amigo íntimo del gobernador, había infiltrado por
completo los departamentos de policía. Había sobornado a la mayoría de sus comandantes, quienes protegían a Gallardo y le informaban sobre las operaciones policiales. Gallardo tenía catorce
órdenes de detención en varios estados mexicanos, pero seguía
libre y viviendo muy campante en Sinaloa.

Fue el primer capo en establecer contactos para comprar cocaína en Colombia y Bolivia, convirtiéndose así en el mayor traficante de cocaína en México. Era implacable y tenía un gran
poder. Más de 1.400 personas murieron a causa de la violencia
relacionada con las drogas en el estado de Sinaloa en 1986, durante su apogeo. Actualmente, México tiene la mayor tasa de asesinatos relacionados con las drogas en toda su historia, pero solo
se han presentado 500 en Sinaloa, tal vez debido a la propagación
de la violencia en las ciudades fronterizas o a la ausencia de asesinatos reportados desde la década de 1980. He sido testigo de

ambos periodos y creo que son igual de sangrientos, solo que ahora la prensa informa todos los días sobre esta violencia.

Félix Gallardo conformó el primer cártel u organización de drogas, y entre sus lugartenientes se encontraban personajes como Rafael Caro Quintero, Joaquín "El Chapo" Guzmán, los hermanos Arellano Félix, Amado Carrillo Fuentes y Arturo Beltrán Leyva.

Caro Quintero, El Chapo Guzmán y Amado Carrillo Fuentes eran muy pobres y trabajaban como agricultores por unos pocos dólares al día. Luego se dedicaron a cultivar marihuana y adquirieron mucho poder. Los hermanos Arellano Félix, que eran sobrinos de Félix Gallardo, fueron los únicos narcotraficantes mexicanos con estudios universitarios. En estas organizaciones dedicadas al narcotráfico había una gran cantidad de lazos de sangre debido a los matrimonios entre las diferentes familias de narcotraficantes, de un modo similar a las familias de la mafia.

He recorrido en varias ocasiones la carretera costanera del estado de Sinaloa. Es un estado hermoso. Al igual que la carretera costera de California, puedes ver el mar y las hermosas playas, con ciudades turísticas como Mazatlán, donde los visitantes se relajan en las playas, juegan golf y toman margaritas. Sin embargo, pocas millas al interior se encuentra una de las zonas agrícolas más fértiles de todo México. Las carreteras del interior de Sinaloa me recordaban los campos agrícolas de Kansas e Illinois, con sus grandes cultivos de maíz, tomates y sandías, y una gran cantidad de frutas y verduras. Por desgracia, además de las verduras, se encuentran muchos cultivos de marihuana, droga que es recogida y transportada a la frontera en camiones junto con otros productos agrícolas, y luego la pasan a Estados Unidos.

Estos lugartenientes operaban y controlaban ciertas zonas. A cambio de esto, le pagaban un porcentaje de sus ganancias a Félix Gallardo. Trabajaban juntos, se prestaban drogas entre sí, estaban sedientos de poder y de dinero, y pasaron de ser campesinos a tener fortunas increíbles.

Caro Quintero tenía grandes operaciones en los estados de Zacatecas, Chihuahua, Sonora, Durango y Sinaloa, donde miles de campesinos mexicanos y algunos hondureños cultivaban marihuana en sus tierras. Se estimaba que la fortuna de Caro Quintero superaba los 650 millones de dólares.

La familia Arellano Félix estaba conformada por siete hermanos y cuatro hermanas, y controlaba Baja California. La sed insaciable de California por cocaína y marihuana les permitió amasar una fortuna increíble; era un mercado inmenso, con clientes provenientes de Hollywood y de pandillas como Crips, Bloods, Hell's Angels y otras. Además, enviar cocaína desde México era fácil.

El Chapo Guzmán también controlaba Sinaloa y Sonora. Medía apenas 5 pies y 6 pulgadas, pero era implacable. Tenía un complejo semejante al de Napoleón. Fue detenido en varias ocasiones y siempre logró escapar. Actualmente es el hombre más buscado de México.

Los cárteles tienen a cientos de personas que trabajan para ellos a lo largo de la frontera internacional y en todas las ciudades fronterizas. Cuentan con una jerarquía de mando; capitanes, tenientes y agentes de la ley que les ofrecen protección, muchos financistas les manejan sus fortunas, y los transportistas y las mulas llevan sus cargamentos de drogas a los Estados Unidos.

Amado Carrillo Fuentes, conocido como "El Señor de los

Cielos", enviaba cargamentos de drogas en aviones. Se decía que traficaba cuatro veces más cocaína que cualquier otro narcotraficante. Fue representado en *Traffic*, la película de Hollywood, como el capo de la droga que había cambiado su rostro, y se rumora que aún está vivo. Se calcula que ha amasado una fortuna de más de 25 mil millones de dólares.

Estos narcotraficantes se han convertido en los hombres más poderosos de México; nadie sabe realmente el volumen de drogas que trafican ni cuánto dinero han lavado ni a cuántos políticos han sobornado. La corrupción ha llegado a los niveles más altos en todas las esferas gubernamentales de México. La lista de funcionarios corruptos incluye a congresistas, gobernadores, generales del ejército, jueces federales, la policía federal, la policía estatal, alcaldes y oficiales de policía de muchas ciudades.

La ciudad de Nogales, Sonora, ha sido testigo de muchos individuos que se encargan de la distribución de drogas. Jaime Figueroa Soto era el principal lugarteniente de Caro Quintero y de El Chapo Guzmán, y controlaba el narcotráfico en Sonora y en Sinaloa. Por debajo de él había numerosos narcotraficantes como El Quemado, que fue reemplazado por el tristemente célebre El Jaimillo, tras su desaparición.

Estos traficantes realizan diversas labores, como reclutar a los conductores de vehículos que llevan los cargamentos, sobornar a funcionarios de la ley, comprar vehículos, conseguir depósitos clandestinos, recorrer y hacer vigilancia en las carreteras, y así sucesivamente. Los miembros de los cárteles mantienen un control férreo de sus operaciones.

El Negro era otro narcotraficante, y un asesino consumado y sin escrúpulos. Recibió órdenes de matar a un rival en el estado de Durango, México. Localizó su casa, pero el hombre no estaba allí, así que para llamar su atención, decapitó a su esposa y dejó su cabeza en la mesa de la cocina.

A continuación, secuestró a sus dos pequeños hijos, que tenían seis y ocho años, esperando que su padre fuera a buscarlos. Los subió a su vehículo, pero los niños estaban aterrorizados y no dejaban de llorar, pues acababan de presenciar el asesinato de su madre. Después de oírlos llorar por un par de horas, el Negro perdió la paciencia, se detuvo en un puente sobre un río y lanzó a los dos niños. Disfrutó viéndolos caer desde 1.000 pies de altura por el precipicio. Ambos murieron de manera instantánea. Todos los narcotraficantes parecen ser psicópatas despiadados, y cada uno trata de imitar los rasgos enfermizos y desagradables de los otros narcotraficantes. No han hecho más que sembrar el terror e intimidar al pueblo mexicano. Todos los miembros de las fuerzas armadas mexicanas, de la Policía Judicial Federal mexicana (PJF), los políticos, los informantes y los ciudadanos han dado la misma respuesta cuando les preguntan por qué trabajan con los narcotraficantes: "¿Qué quieres, plata o plomo?", preguntan estos.

El secuestro parecía ser el mayor problema delictivo de México. Los ciudadanos prominentes contrataban guardaespaldas y adquirían pólizas de seguros multimillonarias en dólares en caso de que un familiar fuera secuestrado. La mayoría de los secuestros eran perpetrados por agentes corruptos de la policía federal y estatal que trabajaban para los narcotraficantes. Secuestraban a personas ricas y prominentes y cuando recibían el pago, que por lo general ascendía a varios millones de dólares, compraban cocaína y marihuana, que les vendían a los distribuidores en Estados Unidos. Así, convertían rápidamente un par de millones de dólares en ocho o diez.

Carlos Escalante, un amigo mío de Hermosillo, fue secuestrado. Sus padres les pagaron a los secuestradores, pero dos días después, encontraron a su hijo muerto a la orilla de un camino que conduce a la Bahía de Kino. El secuestrador fue capturado; había sido comandante de la Policía Judicial del Estado de Sonora. Carlos era un empresario joven y prominente de Hermosillo. Sus abuelos maternos eran amigos muy cercanos del presidente Reagan. Yo los había conocido mientras formaba parte de un destacamento de seguridad en un rancho de Chihuahua, México, cuando el presidente Reagan se cayó de un caballo y tuvo que ser evacuado por helicóptero a los Estados Unidos.

LAS cárceles de Estados Unidos son centros de reclutamiento para los narcotraficantes. Cada vez que un miembro del cártel mexicano es detenido y encarcelado en Estados Unidos o en México, los prisioneros lo protegen, y ellos a su vez reclutan a los delincuentes más violentos y con contactos en el exterior para trabajar con los cárteles. Una vez quedan libres, los reclusos se convierten en colaboradores y distribuidores de drogas de los cárteles mexicanos.

En los últimos diez años, los cárteles han reclutado a miles de miembros de las pandillas más peligrosas en las cárceles de Estados Unidos y de México: Los Hermanos Fronterizos de Arizona, Las Líneas de Texas, Los Negros de las cárceles mexicanas y la MS-13 de El Salvador, son algunas de ellas.

Los líderes de la pandilla MS-13 en El Salvador fueron los primeros en cortarles las manos y los pies y en decapitar a sus rivales o a cualquier persona que traicionara a su pandilla. Creo que hay una correlación entre el número cada vez mayor de individuos que son decapitados en México y los miembros de la pandilla MS-13 que trabajan para los cárteles. La decapitación es la marca de las pandillas MS-13. Esta forma grotesca de venganza y de intimidación se ha extendido a otras pandillas.

Incluso en los Estados Unidos, los miembros de la MS-13 someten a sus propios integrantes a estas mismas torturas. Mientras yo estaba en Washington D.C., la policía recibió el caso de una joven salvadoreña de catorce años, a quien le amputaron las dos manos porque había intentado desertar de la pandilla.

EL VALLE DE SAN RAFAEL

EL sol se estaba ocultando en el desierto. Era octubre, y después de un largo verano de lluvias monzónicas, la hierba crecía a la altura de las rodillas y tenía un color marrón. Yo me arrastraba en la hierba, sosteniendo la escopeta en mis brazos, al igual que un soldado arrastrándose hacia el enemigo en una vieja película de guerra. Esto podía causarme problemas, pero yo quería vengarme; estaba furioso con esta zona fronteriza, que parecía ser una tierra de nadie. Solo dos personas serían testigos de mis actos; uno era un agente en quien yo confiaba, y el otro era un contrabandista.

Anteriormente habíamos realizado otra persecución a alta velocidad a través del Valle de San Rafael, y el conductor nos había disparado. Pero ya estaba harto y no iba permitir que siguieran actuando con impunidad.

Entré a México y me acerqué al camión del que había escapado el conductor, quien debía sentirse a salvo después de escapar.

Había tenido la arrogancia de dejar su camión a poca distancia de la frontera. Probablemente lo había hecho para insultar a los policías estadounidenses que lo habíamos perseguido. Me sentía lleno de energía. Observé la zona mientras me acercaba y corrí el último tramo hacia el camión, listo para dispararle a quien fuera. No había nadie en él. No vi al contrabandista, pero sabía que me estaba observando desde algún lugar, y que llevaba una pistola. Permanecí agachado y fui hasta la parte trasera del camión. Sonreí, pues lo habíamos impactado cuando respondimos a sus disparos. Llevaba unas 2.000 libras de marihuana.

Respiré profundo y dudé solo por un instante; el lado racional de mi cerebro funcionó a toda velocidad: "¿Qué estás haciendo?", me dijo. Mi naturaleza impulsiva respondió: "¡Qué demonios! Hazlo ya". Confiaba en que mi compañero guardara el secreto, y mi naturaleza terminó por imponerse. Saqué una bengala de emergencia, le quité el tapón de plástico, la encendí y la dejé entre dos sacos de marihuana. No pasó mucho tiempo para que empezaran a arder.

Cuatro personas estábamos esa tarde en el Valle de San Rafael. En los últimos diez días, por lo menos media docena de camiones había cruzado la frontera y habíamos comenzado a perseguirlos. Era difícil seguir a alguien en esta zona, pues era completamente agreste. Al menos cinco de nuestros vehículos habían quedado inservibles y solo habíamos logrado detener al conductor de un cargamento.

Ellos hacían todo lo que estuviera a su alcance para regresar a México. Nuestras fuentes nos habían informado que los conductores tenían instrucciones de proteger los cargamentos a toda costa. Varios informantes me habían dicho que si dejaban perder un cargamento eran golpeados o les cortaban un dedo en señal de venganza. Era evidente que esa estrategia estaba funcionando muy bien, pues estábamos fracasando en nuestro intento de detener a los conductores, quienes podían competir con éxito en cualquier pista automovilística de Estados Unidos.

Esto fue lo que sucedió esa tarde. El conductor huyó al vernos y cuando intentamos detenerlo, hizo un giro en U y se dirigió al sur, hacia México. La persecución a alta velocidad estaba en marcha. Tratamos de sacarlo de la carretera golpeándolo por detrás, pero él iba más rápido que nosotros. Eran buenos conductores, y seguramente los contrataban por eso. Hay muchas pistas de carreras en México y pensé que los narcotraficantes debían reclutar a los mejores conductores.

Una vez más, el hijo de puta se escapó; estaba loco, pues luego de llegar a México y creer que estaba a salvo, se detuvo a un cuarto de milla de la frontera y comenzó a dispararnos con un rifle calibre 22. Nos habíamos detenido mucho antes de llegar a la frontera porque sabíamos que nos iban a disparar, algo que sucede con mucha frecuencia en el valle. Sin mediar palabra, sacamos nuestras armas y respondimos al fuego. El conductor estaba frente a su camión, sintiéndose seguro y muy macho, presumiendo para sus adentros de haberles disparado a unos agentes antinarcóticos.

Sin embargo, su suerte cambió con rapidez. Los agentes le dispararon. La distancia era muy grande y no sabíamos qué tanto daño le habíamos hecho, pero podíamos oír el sonido de las balas impactando el camión.

La mayoría de nosotros tenía rifles AR-15 de treinta balas. Acostumbrábamos cargar el cartucho con una bala trazadora cada tercera ronda; si tres agentes disparaban al mismo tiempo, se veía algo semejante a fuegos artificiales. El conductor huyó a pie hacia el sur y desapareció en un cañón cercano.

Decidimos rastrear la zona. Una unidad se dirigió al sur, hacia Sonoita, Arizona, y yo seguí al oeste, a una zona conocida como Washington Camp. Tan pronto me puse en marcha, me detuve.

"No, hoy no", pensé.

Por tercera vez en ese mes yo había perseguido a un vehículo en aquella zona y el traficante lograba escapar a México. Sin embargo, no estaba dispuesto a marcharme y dejar abandonado el camión.

"¡Qué diablos! El conductor se ha ido, y el camión está apenas a un cuarto de milla de la frontera", pensé de pronto. Me pareció apropiado hacer un poco de justicia.

Le dije a mi compañero que me esperara unos minutos y que no me hiciera ninguna pregunta.

—¿Qué diablos estás pensando? —me preguntó.

Le respondí que era mejor que no lo supiera.

—¿Qué vas a hacer ahora? —me dijo.

—Simplemente cúbreme —le dije—. Ya verás lo que voy a hacer.

No quería que le sucediera nada si yo tenía problemas. Él no podía detenerme si no sabía lo que yo iba a hacer. Esperé unos minutos a que los otros agentes subieran a la montaña y no pudieran verme. Hace mucho tiempo aprendí que cuando decides hacer algo que no está en el manual de las reglas, es mejor no contar con testigos.

Corrí a la frontera y me arrastré lentamente hasta el camión. Este era el verdadero Oeste y había llegado el momento de hacer justicia al estilo de los antiguos pistoleros; iba a hacerla por mis propias manos. Iba a anotar un punto a favor de los agentes, y hacer las cosas bien en medio de la batalla interminable entre agentes y narcotraficantes.

Después de arrojar la bengala al camión, esperé para ver cómo ardían los sacos de marihuana y regresé corriendo a los Estados Unidos. Llegué a mi vehículo y vi un fuego grande y hermoso a lo lejos. La escena era alucinante, con el camión y la marihuana envueltos en llamas. Mi socio me había cubierto todo el tiempo, y le había apuntado al camión con su rifle. Nos miramos el uno al otro y vi que aprobaba lo que había hecho. Nos alejamos en silencio y no dijimos una palabra más sobre el asunto. Los dos sabíamos que la guerra contra las drogas era una farsa, pero ese día habíamos ganado una pequeña batalla, y nos sentimos satisfechos.

Varios años después supe que yo no fui el primer agente en incendiar un vehículo en México. Mucho tiempo atrás, cuando Layne era joven, se vio enfrascado en una persecución a alta velocidad a través del Valle de San Rafael. Él y su compañero siguieron un camión y se adentraron media milla en territorio mexicano en medio de la emoción. El camión se estrelló contra una zanja cuando uno de sus neumáticos explotó. Layne y su compañero bajaron del vehículo y detuvieron al conductor antes de que pudiera huir; no podían mover el camión, así que decidieron cargar tanta marihuana como podían en su vehículo oficial.

Layne vio que otro auto se acercaba, y recordó que estaban en territorio mexicano; recibieron disparos provenientes del vehículo y respondieron al fuego con rapidez haciendo que el segundo vehículo se alejara. Layne sabía que tenían que largarse en ese instante, que no podían llevar toda la marihuana con ellos; así que dejó cerca de 1.000 kilos de marihuana en el camión.

Cuando estaban a punto de marcharse, su compañero le dijo que esos viejos camiones Chevrolet tenían un tanque de gas detrás del asiento del conductor, por lo que tomaron un cuchillo de caza, apuñalaron varias veces el tanque de gasolina y vieron el gas propagarse por la cabina y por debajo del camión. Layne arrojó un cerillo a la cabina, y el camión explotó. El vehículo y el cargamento de marihuana quedaron envueltos en llamas, y ellos regresaron rápidamente a los Estados Unidos.

Layne y su compañero también se sintieron orgullosos. Habían arrestado al conductor y confiscado la mayor parte de la marihuana. En medio de su emoción, le informaron a la oficina que habían capturado a un delincuente y confiscado cerca de 800 libras de marihuana. Sin embargo, como se dice a veces las cosas se van a la mierda y antes de que salieran del Valle de San Rafael, un helicóptero de Aduanas de Tucson sobrevoló la zona e informó que había un gran incendio en México, y poco después agregó que un camión estaba en llamas y que un cargamento de marihuana parecía arder en la parte posterior. El piloto del helicóptero había sobrevolado tan bajo que sintió el olor a marihuana quemada.

No se dijo nada sobre el incidente hasta el día siguiente, cuando el acusado compareció en la corte. El Fiscal de los Estados Unidos le notificó al agente especial encargado que el hombre había sido detenido en México y haberlo traído a los Estados Unidos podría ser considerado como un secuestro.

Layne y su compañero fueron llamados a la oficina del SAC y recibieron una fuerte reprimenda. El SAC les dijo que deberían ir a la cárcel por secuestro y que esa situación había creado un incidente internacional. El prisionero fue dejado en libertad, y Layne recibió órdenes para llevarlo a la frontera. La emoción de la victoria se convirtió en la agonía de la derrota. El compañero de Layne, que había ido en su motocicleta a la oficina del SAC, se sintió tan molesto y angustiado que se accidentó cuando regresaba a casa y se fracturó un brazo.

Layne no hablaba mucho de esta historia, pero de vez en

cuando decía: "Recuerda que si haces algo estúpido, lo mejor es mantenerlo en secreto hasta que el estatuto de limitaciones lo descubra".

EL Valle de San Rafael se extiende 20 millas a lo largo de la frontera y abarca la zona al este de Nogales, desde Washington Camp hasta las montañas de Fort Huachuca. El río Santa Cruz nace en el valle y se dirige a México, antes de entrar de nuevo a Estados Unidos por Kino Springs, cerca de los límites occidentales de Nogales. Tres caminos de tierra conectan al valle con la Autopista 82. El rancho más grande del Valle de San Rafael es el Sharpe. Su antigua casa fue utilizada como set para varias películas de John Wayne y del famoso musical *Oklahoma*.

Lo único que separa al Valle de San Rafael de México es una cerca de alambre de púas con varias puertas, así como un protector de ganado en medio del valle, conocido como La T.

Los narcotraficantes utilizan varias rutas de esta zona para no ser detectados. Un camino conduce hacia el norte pasando por Parker Canyon Lake, a Sonoita, Arizona. Otro camino pasa por el centro del valle sobre el Paso Canelo a Patagonia, Arizona, y al oeste hacia Nogales. Utilizábamos sensores para determinar la dirección del recorrido y esperábamos a los vehículos que llevaban drogas. Otras veces, cuando las fuentes nos llamaban, nos apostábamos en varios puntos para interceptar los vehículos.

Los narcotraficantes eran tan atrevidos que utilizaban semirremolques de tractores para pasar la droga por el Valle de San Rafael; dos semicamiones fueron capturados con más de 20.000 libras de marihuana cada uno. Los narcotraficantes siempre han utilizado esta zona y lo siguen haciendo. No dudan en embestir a los vehículos policiales ni en dispararles. En la mayoría de los casos, cada agente trabajaba solo hasta que necesitaba ayuda si el vehículo con el cargamento estaba en movimiento, pero las cosas eran muy diferentes en el Valle de San Rafael. Debido a los ataques y a la muerte de dos agentes, los jefes ordenaron que nadie trabajara solo allí.

Un incidente trágico en el Valle de San Rafael acabó con la vida de Bud y Bo, dos agentes de Aduanas. Estaban realizando labores de vigilancia y observaron a un camión cruzar la frontera. Creían que llevaba drogas y lo vieron acercarse. Serían las tres de la tarde, y gracias a sus binoculares pudieron ver los sacos en la parte posterior. Se escondieron detrás de unos árboles, esperando que el conductor se dirigiera al norte.

Pidieron ayuda por radio y los agentes de la oficina de Nogales se pusieron en camino. El tiempo de respuesta puede ser de treinta minutos. El camión se acercó lentamente, el conductor los vio y ellos comenzaron a perseguirlo hacia el norte, por el camino de tierra que lleva a Patagonia. Había tanto polvo en la carretera que tenían que mantenerse a unos 200 pies de distancia. El conductor iba a 80 millas por hora. Luego, hizo un giro brusco en U y trató de regresar a México.

El conductor sobrepasó a Bud y Bo y les disparó unas cuantas veces. Bud y Bo devolvieron el fuego y siguieron persiguiéndolo. Había una gran nube de polvo, pues iban a más de 80 millas por hora en una carretera de un solo carril. El conductor se detuvo sin previo aviso. Bud y Bo comprendieron, cuando ya era demasiado tarde, que les habían tendido una emboscada. Se detuvieron frente al traficante, que comenzó a disparar. Los agentes devolvieron el fuego desde el interior de su vehículo. Bud agarró una escopeta y mientras intentaba disparar por la ventanilla del conductor, recibió un disparo y su arma cayó al suelo. El traficante agarró su escopeta y le disparó a Bo. Ambos agentes murieron.

El conductor también corrió la misma suerte; subió a su vehículo y recorrió una corta distancia antes de chocar contra un barranco, donde murió a causa de una herida de bala. Bud y Bo habían comunicado su posición por radio antes del tiroteo mortal. Lamentablemente, los agentes que respondieron a su llamado los encontraron sin vida.

Nadie sabrá nunca exactactamente lo que sucedió, pero la escena del crimen fue inspeccionada una y otra vez, y los agentes que realizaron la investigación conocían el Valle de San Rafael y los múltiples peligros de la frontera suroeste. El informe oficial contiene una gran cantidad de conjeturas y suposiciones, pero no se pueden juzgar las acciones de nadie en circunstancias extremas.

Después del asesinato de Bud y Bo, los jefes decidieron que las labores de vigilancia en la zona de San Rafael requerían dos agentes, y tenían razones de sobra. Sin embargo, esto no ha puesto fin a los tiroteos. Los agentes y los narcotraficantes de la zona han intercambiado muchos disparos desde la muerte de Bud y Bo. Afortunadamente, nadie ha resultado muerto.

A Tom le encantaba trabajar en el Valle de San Rafael, y a pesar de que el reglamento decía que nadie debía trabajar solo allí, Tom era terco y lo hacía de todas formas. Iba hasta el borde del valle y se estacionaba en el viejo cementerio, en un lugar conocido como Lochiel. Era raro el día en que un vehículo con un cargamento no cruzara la frontera por ese lugar.

Una tarde, Tom observó un Jeep Wagoneer entrar ilegalmente a los Estados Unidos a través de la puerta de un rancho al oeste

de Lochiel. El vehículo se dirigió al este, hacia las montañas de
Huachuca y el Paso de Coronado. Tom comenzó a seguir el vehículo y pidió ayuda por radio. Otras unidades de la zona respondieron de inmediato. Obviamente, el supervisor se puso furioso al
saber que Tom estaba solo, pero no era la primera ni la última vez
que uno de nosotros hacía eso. El conductor del Jeep vio a Tom,
que encendió las luces rojas y la sirena de su Ford Bronco, pero el
tipo iba más rápido y se dirigió hacia la zona conocida como La
T, internándose en territorio mexicano unas 10 millas al este de
donde había ingresado a Estados Unidos.

Ese era el único lugar por donde el traficante podía pasar a
México sin tropezar con una valla. Algunos años atrás, un ranchero local había instalado un protector de ganado para evitar que
los narcotraficantes cortaran la cerca o dejaran la puerta abierta.
Tom sabía que el tipo se dirigía hacia allá y trató de impedirlo en
varias ocasiones. Logró conducir, hablar por radio y prepararse
para un enfrentamiento armado con un solo brazo. Esto no era
nada nuevo para Tom; lo había hecho desde que era un niño. Era
más diestro con su único brazo que la mayoría de los hombres con
dos. Manejaba bien los rifles AR-15, las escopetas automáticas y
todo tipo de pistolas. Era un cazador y deportista consumado, y
disparaba mejor que muchos.

El traficante se negó a detenerse y pasó a México por La T.
Tom se detuvo en la frontera. Para su sorpresa, el tipo solo se
internó unos 100 pies en México y luego se detuvo. ¿Qué diablos
estaba haciendo?

La primera reacción de Tom fue de pánico; creyó que el tipo
le iba a disparar y agarró su fusil. Para su sorpresa, y en lugar de
un posible tiroteo, Tom vio que el conductor se subió al techo de
su vehículo, se bajó los pantalones y le mostró el trasero. Acto

seguido, comenzó a gritarle insultos en español y a mostrarle el dedo medio; Tom estaba asombrado por la arrogancia de ese hombre y sintió una gran indignación. Miró al imbécil con los pantalones en los tobillos y haciéndole gestos obscenos. A manera de insulto final, el conductor se agarró la entrepierna y le meneó la salchicha a Tom, algo que los mexicanos hacen para decir "vete a la mierda".

Tom reaccionó sin pensar, subió a su Ford Bronco y pasó a México a toda velocidad. El contrabandista no pudo reaccionar, pues estaba en el techo de su Jeep con los pantalones en los tobillos, y vio horrorizado que Tom iba a chocar contra el Jeep. El hombre saltó del vehículo y se golpeó la cabeza contra el suelo del desierto. Tom pensó por una fracción de segundo que podría haberlo matado. Sin embargo, agarró su fusil y se apeó de su vehículo mientras el traficante se estaba poniendo de pie. El conductor del Jeep lo miraba confundido probablemente porque Tom llevaba un rifle M16. Debió preguntarse: ¿Quién demonios es este tipo armado? El hombre trató de correr de inmediato, pero tropezó.

El idiota se arrastró, subiéndose los pantalones con una mano mientras trataba de escapar cojeando, temiendo que aquel americano loco lo matara. Tom lo vio alejarse y luego se echó a reír. Entonces recordó que estaba en México. Miró rápidamente a su alrededor, subió a su vehículo y regresó a Estados Unidos.

Luego examinó la parte delantera de su vehículo oficial. No le había pasado gran cosa, y la nueva abolladura se confundía con otras antiguas y con los numerosos golpes que el vehículo había recibido luego de recorrer varias veces el desierto. Diez minutos después, Joe llegó y le hizo las preguntas de rigor: cómo había visto el vehículo, por dónde había cruzado y por qué el contrabandista se había detenido tan cerca de la frontera. Tom le respondió que el traficante se había subido al techo del vehículo, había perdido el equilibrio y caído al suelo, y que se había ido a pie. Joe y Tom observaron el vehículo otros quince minutos, cuando el traficante, al ver que Tom había regresado a los Estados Unidos, fue por él y se dirigió al sur.

Tom nunca contó la verdadera historia y solo unos pocos sabían la verdad. Son las pequeñas cosas que hacen sonreír a los agentes cuando piensan acerca de lo que realmente sucede en el campo de trabajo. A veces, la justicia simple es más satisfactoria que una pena de prisión, y se imparte de formas sutiles en la frontera.

SÉ que los agentes más antiguos sabían de nuestras travesuras. Nos decían constantemente que no hiciéramos las mismas locuras que habían hecho ellos, que también habían infringido las reglas. Simplemente eran más sabios que nosotros debido a su edad, y trataban de protegernos. Habían tenido suerte de no haberse metido en problemas, pero la nueva generación de agentes estaba cambiando y la vieja regla de mantener la boca cerrada había quedado atrás. El Departamento de Asuntos Internos había iniciado una nueva campaña para reclutar nuevos agentes en la academia de entrenamiento. Estos agentes jóvenes serían los ojos y oídos de la oficina de Asuntos Internos, y les reportarían las infracciones directamente a ellos; se les llamó Asociados de Campo.

Cuando fui ascendido a supervisor, comprendí rápidamente que los veteranos sabían exactamente lo que hacíamos, pero nunca dijeron una sola palabra. Yo ignoro con frecuencia actos similares de rebelión espontánea, cuando los agentes de mi grupo cruzan el límite que hay entre la razón y la reacción. Ellos también aprendieron rápidamente que era mejor no contarle al supervisor todos los detalles de una operación. Ahora era yo el que tenía que decir que no. Nunca les dije a mis agentes acerca de mis locuras por temor a que me imitaran. Sabía que había escapado de la muerte muchas veces y que tenía un ángel guardián hasta ese momento de mi vida.

VAMOS, VAQUEROS

UN informante me dijo que un caballo cruzaría con un cargamento, el cual sería recogido en un viejo hotel llamado Rancho Grande, que fue construido para que fuera un resort para John Wayne, pero que nunca fue terminado; se había incendiado y lo único que quedaba del mismo eran unas cuantas piedras grandes de cantera y adobe en el terreno alto de la colina.

Era uno de los puntos más altos de la zona, y se podía ver todo el camino hasta la valla fronteriza con México y más allá. Era un lugar donde la gente iba a beber y mirar las estrellas. Nosotros habíamos cantado allí en no pocas ocasiones. El tráfico de vehículos que iban y venían era constante, sobre todo en los fines de semana. Inspeccioné la zona y vi huellas de caballos, rastros de sacos de yute y cordeles para amarrar los paquetes a unos 30 pies debajo de la colina.

Empecé a vigilar el área todos los días, recogí ramas y barrí la zona para borrar las viejas huellas de caballos y poder ver las más recientes. Concluí que el cargamento de drogas cruzaría un miércoles por la noche.

Era una estupidez dedicarle tanto tiempo a un pequeño cargamento transportado en caballos, pero por alguna absurda razón, había decidido confiscar la droga; lo consideré un reto personal. Una vez escuché a un agente veterano hablar sobre un método para confiscar cargamentos llevados a caballo por los cañones, a la altura de la Carretera de la Cumbre. El plan era muy elaborado y requería dos juegos de cuerdas con banderas amarradas a ellas. Las mismas se dejaban en el suelo y se cubrían con hojas y arena. Se necesitaban muchos árboles para hacer esto. A continuación, los agentes levantaban las cuerdas cuando los caballos cruzaban, quedando atrapados en un corral improvisado. Esta operación requería por lo menos de seis agentes, pero no era factible y nunca la pusimos en práctica. Que yo supiera, nadie había detenido nunca a un traficante con caballos. Yo quería hacer algo que nadie hubiera hecho antes. Atraparía un caballo. Cuando se me ocurría hacer algo, tenía que intentarlo.

Le pedí ayuda a Joe y se mostró entusiasmado. Le expliqué los detalles; había estado muy ocupado con sus informes y necesitaba estar al aire libre y relajarse. Le dije que debía cumplir algunos requisitos antes de ir conmigo: no podía bañarse ni aplicarse colonia; yo sabía que por más bien escondidos que estuviéramos, su colonia se podía oler a 1.000 yardas de distancia. Joe aceptó, pero estoy seguro de que la idea de no ducharse lo mortificó.

Joe era muy meticuloso; después de trabajar todo el día, iba a su casa para ducharse, afeitarse y cambiarse de ropa antes de volver a trabajar de noche. Cada vez que trabajaba con él y lo recogía en su casa, siempre tenía que esperarlo a que terminara de arreglarse. Subía a mi vehículo oliendo como una puta francesa, su loción saturaba todos los sentidos. Le gustaba vestir bien, y era todo un profesional. Todos los días revisaba su armamento y vaciaba el cartucho de su Sig Sauer 45 para aliviar la presión sobre el muelle; mantenía su vehículo en muy buenas condiciones y el tanque de gasolina lleno. Las cosas que guardaba en el maletero tenían un aspecto impecable, y más bien parecía el estante de una tienda por departamentos. Joe era un Boy Scout, en el sentido en que siempre estaba preparado para cualquier situación. Creo que su pasatiempo favorito era fastidiar a René y decirle ciertas cosas.

Yo estaba decidido a atrapar a los caballos, y no me importaba si detenía a los narcotraficantes o incautaba la marihuana. Ningún agente de nuestra oficina había logrado confiscarle el caballo a un vaquero mexicano. Yo sabía que eso era peligroso, pues los vaqueros llevaban pistolas y rifles, y perder sus caballos sería una verdadera vergüenza. La operación tenía que ser muy bien planeada; debíamos tener cuidado de no recibir un solo disparo, y evitar que el vaquero nos pisoteara con su caballo.

Justo al atardecer nos pusimos nuestros trajes de camuflaje y comenzamos a esperar a un cuarto de milla del punto de vigilancia que yo había escogido. Yo no lo pensaba dos veces para interceptar un vehículo cargado, pero sabía que el vaquero que transportaba la droga se molestaría mucho si le confiscaba sus caballos. Yo era de Chicago y no sabía casi nada de caballos; solo había hecho cabalgatas de una hora y nada más. Montar a caballo no me parecía agradable. Supuse que Joe sabía de caballos, pues había llegado a Arizona mucho antes que yo. Pero mi suposición fue equivocada.

Escogí un lugar pensando que estaría a 30 pies del sitio donde los caballos estaban amarrados. Joe no iba mucho al campo, pero era buen conversador y contaba chistes divertidos. Siempre se tomaba las cosas con calma y era agradable trabajar con él.

Una hora después escuché el sonido lejano de cascos de caballos que venían por el camino rocoso hacia nosotros. Nuestro escondite era excelente y era difícil que alguien nos viera, a menos de que los narcotraficantes tuvieran visores nocturnos. Joe estaba cada vez más emocionado a medida que los caballos se acercaban y tuve que hacerle señas para que se callara. Un vaquero pasó a 20 pies de nosotros, seguido de otro vaquero. Vi dos sacos de yute en cada caballo. Uno de los caballos advirtió nuestra presencia, pues resopló y pisoteó, tratando de retroceder. El vaquero cometió el error de ignorar la señal de su caballo. Era un verdadero vaquero mexicano, con sombrero y botas con el tacón inclinado. Yo me había probado ese tipo de botas en México y no sabía cómo alguien podía utilizarlas. El vaquero miró a su alrededor pero no vio nada extraño, desamarró los paquetes de marihuana y luego se apeó. Amarró las riendas de los caballos a la rama de un árbol y le retiró los paquetes al segundo caballo. Se dirigió a la cima de la colina con los cuatro sacos en sus hombros; fácilmente llevaba 120 kilos de marihuana.

Le hice señas a Joe para que esperara. Yo no quería apresurarme a agarrar los caballos y arriesgarme a un enfrentamiento con el vaquero, pues podía estar armado. Tampoco quería que Joe fuera pisoteado por un caballo desbocado. Varios agentes veteranos me habían contado este tipo de historias, y no quería verme en esa situación. Le hice señas para que me siguiera cuando creí que el vaquero se había alejado un poco. Agarré rápidamente a uno de los caballos, un hermoso palomino, y le dije a Joe que sujetara al otro caballo de las riendas.

Subimos a Rancho Grande por la colina para ver si descubríamos un vehículo con drogas. Cuando llegamos a la cima, dos automóviles salieron a toda velocidad, y vi al vaquero mirándonos de pie. Tenía el aspecto de alguien sorprendido en el excusado con los pantalones abajo. El hombre reaccionó y se fue caminando a México. Lo imaginé maldiciendo y gritando mientras regresaba al rancho. El vaquero no estaba acostumbrado a caminar con sus malditas botas; el terreno era muy agreste y escarpado, lleno de rocas, y era tan difícil de transitar como las montañas de la Sierra Madre. Como si fuera poco, tendría que rendirle cuentas al dueño del rancho por haber perdido dos caballos buenos con sus respectivas monturas.

Supuse que la marihuana debía ir en la camioneta que había pasado a toda velocidad. Pedí ayuda por radio y Charlie me respondió. Logró ubicar y detener a la camioneta, pero se trataba de una pareja de adolescentes que habían salido a darse besos. Habían estado demasiado entretenidos, y emprendieron la huida cuando oyeron el ruido de la sirena.

Así que allá estábamos Joe y yo, un agente de Chicago y otro de Nueva York, con dos caballos. No había ningún problema; simplemente los montaríamos mientras llegaban las unidades; ya lo habíamos hecho en otras ocasiones. Tomé las riendas del caballo que yo sujetaba y puse mi pie en el estribo para subirme a la silla. El caballo trató de morderme. Lo esquivé, y el caballo giró en un círculo. Quedé con un pie en el estribo, como si estuviera dando vueltas en un carrusel; esta escena absurda se prolongó por unos diez minutos.

A Joe tampoco le iba mejor con su caballo. Ponía un pie en el estribo y el caballo pateaba y se resistía; pasamos quince minutos maldiciendo y forcejeando con los malditos caballos. Cualquiera habría pensado que se trataba de un par de comediantes.

Carlos llegó y se rió al vernos forcejear; nos dijo que solo teníamos que poner un pie en el estribo y levantar el otro. Yo le dije que nos demostrara cómo hacerlo.

Carlos tomó las riendas del caballo de Joe y le dijo a Joe: "Súbete".

Joe lo hizo y el maldito caballo no se movió. Carlos tomó las riendas de mi caballo y se subió, y el animal tampoco se movió. Carlos y Joe se fueron a caballo hasta la oficina. Estaba tan disgustado que sentí deseos de que sacrificaran el caballo que había intentado montar y que quedara reducido a comida para perros.

Camino a la oficina, Carlos y Joe se toparon con la valla de un corral de ganado y tuvieron que apearse de los caballos. Carlos le dijo a Joe: "Por abajo", o sea, que se dirigiera a la parte más baja de la colina. Joe pensó que Carlos le había dicho que se agachara, y se agachó halando al caballo por las riendas. Carlos seguía riéndose cuando llegaron a la oficina, y todos se rieron cuando Carlos imitó a Joe caminando como un pato mientras llevaba el caballo.

Dejamos a los caballos en el estacionamiento y nos fuimos a dormir. Al día siguiente, Joe y yo fuimos temprano a la oficina para hacer el papeleo y averiguar qué diablos íbamos a hacer con los caballos. No sabíamos qué hacer con ellos y, como si fuera poco, el estacionamiento comenzó a llenarse de mierda de caballo.

Después de investigar un poco, llamamos al oficial de ganadería del condado, que fue con un remolque para recoger a los caballos. Y una vez más nos dispusimos a comenzar con el siguiente caso.

EL MAL DÍA DE DONUT

TODAS las personas tienen días malos, pero cuando le sucede a un agente, las consecuencias pueden ser desastrosas, divertidas y gratificantes al mismo tiempo, dependiendo de la situación.

Una de mis fuentes me había informado sobre un camión utilizado por un grupo de traficantes, quienes habían construido un compartimento en el camión con capacidad para guardar 2.000 kilos de marihuana. La puerta del compartimento se abría y cerraba con un control hidráulico, y luego cargaban el camión con arena. La fuente me dio muchos detalles, como la hora en que recogerían el camión, la dirección de un rancho en Tucson adonde llevarían la droga y los nombres de todos los traficantes. Cuando buscamos sus nombres en la computadora, vimos que uno de ellos estaba siendo investigado por un agente de Tucson, a quien habían trasladado recientemente desde San Francisco, California.

El tipo se llamaba Don, y era bastante agradable, pero los

agentes te ponen un apodo si te ven cualquier defecto. El cuerpo de Don era muy peculiar: parecía una pera con dos piernas, y su cabeza era demasiado pequeña. Su parte más notoria era su gran estómago, que parecía una *donut* pegada a sus pies y a su tronco. Lo apodamos Donut.

El creador de *Los Simpson* debió de haberse inspirado en Donut porque Homero Simpson y él eran idénticos. Donut tenía una gran opinión de sí mismo. Tenía una actitud de "soy mejor que tú" y sostenía que los agentes especiales de Arizona no estaban a la altura de sus parámetros.

Donut tenía un informante que pertenecía a mi grupo, quien sabía adónde sería llevado el cargamento, así que les dijimos a los agentes de Nogales que siguieran al camión hasta Tucson y luego, con la ayuda de los agentes de esa ciudad, fueran al rancho mientras Donut recogía la orden de allanamiento y presentaba el caso para su enjuiciamiento en la corte.

La brigada antinarcóticos de Nogales vigiló el camión, y a eso de las doce de la noche vio a veinticinco mochileros llegar al patio y empezar a cargarlo. El camión salió a Tucson cargado con arena en horas de la mañana; un helicóptero y varios agentes lo siguieron. El rancho estaba situado en un sitio muy remoto, después de un camino sin pavimentar de un solo carril. Cuando el camión llegó a la carretera principal en Irvington, Tucson, el helicóptero lo siguió hasta el rancho.

El helicóptero les informó a los agentes, que estaban vestidos con ropas que decían Policía/Aduanas de E.U. Los agentes entraron al rancho, registraron hasta el último rincón y detuvieron a todos los ocupantes mientras Donut llegaba con la orden de allanamiento.

Donut y otro agente fueron a la casa de la juez de turno para que firmara la orden de allanamiento, pues la corte cerraba los fines de semana.

Donut y su compañero llegaron a la casa de la juez federal de Estados Unidos, una mujer dura y muy respetada por los agentes. Era una hermosa mañana de domingo, el sol brillaba, ella estaba de buen humor y los recibió con amabilidad; les ofreció café, leyó la orden de allanamiento, les hizo algunas preguntas y luego la firmó.

Los agentes se disponían a irse cuando sonó el timbre; la juez abrió la puerta y dejó entrar a un joven, quien le dijo a Donut que tenía una llamada telefónica.

—No creo conocerte. ¿Eres un agente nuevo? —le preguntó la juez al joven.

Donut respondió por el hombre, y cometió un error al decirle:

—No es un agente; es mi informante.

La juez le dijo al informante que se largara de su casa y luego sermoneó a Donut durante casi una hora. Era una mujer menuda, pero tenía un temperamento feroz y se despachó con Donut, quien acababa de cometer un pecado capital. Si no fuera porque la juez respetaba la labor de los agentes, habría destrozado la orden de allanamiento en ese mismo instante. Los agentes del rancho empezaron a perder la paciencia. ¿Por qué se demoraba tanto Donut? Cuando llegó al rancho, estaba agitado y no podía concentrarse. Y los agentes, desesperados por la tardanza, le lanzaron otra andanada de insultos.

Mostramos la orden de allanamiento y registramos toda la propiedad porque supuestamente había grandes tanques metálicos con marihuana debajo de los establos. El propietario había comprado un camión cisterna; le había removido el tanque y luego había cavado un hueco para colocarlo. Supuestamente, la parte superior del mismo estaba a casi 3 pies bajo el suelo. Nos esperaba muchísimo trabajo, pues teníamos que inspeccionar unos veinte establos. Los corrales y establos estaban llenos de mierda. Hicimos varias excavaciones, y el amoníaco de la orina de caballo nos dejaba con los ojos llorosos. No pudimos encontrar el maldito tanque. Los agentes de Tucson decidieron regresar al día siguiente con una retroexcavadora para seguir escarbando.

Varios individuos fueron arrestados, entre ellos el dueño del rancho, quien era el objetivo principal de Donut. Lo condujo personalmente a la cárcel del condado para interrogarlo y hacer el papeleo. La juez federal llamó a los jefes de Donut y los reprendió. Luego se armó un verdadero escándalo, y tanto el supervisor de Donut como el agente especial auxiliar a cargo se ensañaron con él. Donut estaba teniendo el peor día de su vida.

La operación se había prolongado, pero incautamos una cantidad significativa de estupefacientes, además del rancho y decenas de vehículos. Se trataba de narcotraficantes responsables de llevar varias toneladas de marihuana de Nogales a Tucson. Mientras tanto, los agentes se fueron a descansar a sus casas.

En este trabajo, la mierda salpica con mayor frecuencia de lo que quisiéramos. Justo cuando Donut pensó que no podría tener un día peor, nuestra oficina recibió noticias realmente desagradables. Donut, que se sentía atacado y asediado, terminó de interrogar al acusado y de hacer el papeleo. Y no solo le entregó al carcelero las pertenencias del delincuente, como por ejemplo, la billetera, el cinturón y los anillos, sino también sus propios apuntes sobre la investigación del caso, con todos los detalles, incluyendo la información de las fuentes, cómo había empezado el caso en Nogales, quién había llamado a quién, etc.

El abogado del acusado fue a la cárcel al día siguiente por la mañana para hablar con su cliente y descubrió el botín: los apuntes de Donut. El letrado aprovechó la ocasión y le propuso un acuerdo a Donut; le dijo que revelaría todo en la corte, a menos de que el caso contra su cliente fuera descartado. Una vez más, Donut tuvo que darle a su supervisor la mala noticia, que circuló por la cadena de mando, dio el campanazo en las altas esferas y Donut terminó con la mierda hasta el cuello. El caso fue descartado, el traficante dejado en libertad y Donut fue relevado de su cargo.

La juez federal redactó una orden dirigida al agente especial a cargo de Arizona, donde declaraba a Donut persona *non grata* que no podría comparecer, testificar o entrar nunca más a su corte. Donut fue trasladado a San Francisco en menos de un mes. Todo agente de la Aduana que comete este tipo de errores suele ser promovido. Pocos años después, fue trasladado a Washington D.C. y ascendido a GS-15. Solo alguien que trabaje con el gobierno puede pasar de a ser un agente de campo incapaz a ser ascendido a jefe lameculos en la oficina central.

Reírnos de nosotros mismos y de las situaciones desafortunadas que vivimos es algo que forma parte de la naturaleza humana. Muchas veces, estas situaciones son nuestro mejor método de aprendizaje, pues todos los días aprendemos de nuestros errores y de los ajenos. La idea es que estos errores no le cuesten la vida a nadie. Nos reímos de los problemas, pero nos aseguramos de tomar nota y de estar más atentos.

AMENAZAS DE MUERTE

LA norma para los nuevos agentes especiales es que deben trabajar al menos a 500 millas de su ciudad natal. Ricardo era la excepción a esta regla. Antes de ser un agente, trabajó como inspector de Aduanas en el Puerto de Entrada de la avenida Grand, en Nogales. Una de las principales razones que explica la gran corrupción en los puertos de entrada es el hecho de contratar a personas del lugar. La mayoría de los individuos nacidos y criados en una ciudad fronteriza como Nogales, Arizona, tienen parientes en ambos lados de la frontera. De acuerdo con la cultura mexicana, un primo segundo es tan cercano como lo es un hermano para la mayoría de los gringos. Es muy común que los habitantes de la frontera tengan familiares que trabajen con los narcotraficantes. He arrestado a hijos de varios inspectores de Aduanas por tráfico de estupefacientes.

Ricardo trabajaba como inspector y un amigo le propuso que

le dejara pasar cargamentos de marihuana por el Puerto de Entrada.

Ricardo era muy extrovertido y le gustaba bromear, beber e irse de fiesta. Su amigo sabía esto y le sugirió que salieran una noche. Se fueron de fiesta a uno de los clubes más frecuentados de la ciudad y le hizo la propuesta. Le dijo a Ricardo que estaba trabajando para un grupo de narcotraficantes, que necesitaban pasar una gran cantidad de droga y que estarían dispuestos a pagarle 30.000 dólares por cada cargamento que les dejara pasar por el Puerto de Entrada.

Ricardo se vio atrapado en el mismo dilema al que se enfrenta una gran cantidad de inspectores de Aduanas: seguir siendo amigos, no decir nada y mirar para otro lado, o hacer lo correcto. La corrupción en el Puerto de Entrada era un gran problema en esa época. Muchos de los inspectores son de ciudades fronterizas, tienen familiares a ambos lados de la frontera y muchos de ellos trafican drogas. "Déjame pensarlo", le dijo Ricardo a su amigo.

No tuvo que pensarlo mucho para tomar una decisión. No iba a traicionar su placa de policía ni el juramento que había hecho. Era un hombre honesto, había servido en Vietnam y estaba orgulloso de la confianza que el gobierno había depositado en él. No iba a renunciar a su carrera y a su trabajo duro por nada ni por nadie.

Ricardo sabía que otros inspectores de Aduanas dejaban pasar drogas. Había oído rumores y conocía a algunos que vivían más allá de las posibilidades que les ofrecían sus salarios. Sospechaba al menos de ocho compañeros. No era el único en hacerlo, pero era difícil capturarlos, ya que sus labores y deberes eran muy flexibles. Por ejemplo, no tenían que inspeccionar a todos los vehículos que pasaran por sus garitas, y muchos eran perezosos o hacían su trabajo a medias. Los narcotraficantes tenían a varios "observadores" en Border Tavern, un bar con vista al Puerto de Entrada.

Ricardo notificó el caso al Departamento de Asuntos Internos en Tucson y al Departamento de Investigaciones del Servicio de Aduanas.

La oficina de Asuntos Internos le adjudicó el caso a un agente de Tucson, quien le aconsejó a Ricardo que mantuviera la calma y luego coordinó un gran plan operativo. Don iba a tratar de capturar a todos los miembros de esta organización. Ricardo juró guardar el secreto, y señaló que no se lo diría ni a su esposa; debía esperar a que su amigo lo llamara de nuevo. Lo hizo menos de una semana después y le propuso que salieran. Ricardo le informó a Don y un grupo de agentes vino de Tucson para realizar labores de vigilancia. Ricardo llevaba una grabadora oculta en su cuerpo y recibió instrucciones sobre cómo proceder. Debía extraer tanta información como fuera posible sobre la organización ilegal, pero con mucho tacto. Ricardo siguió las instrucciones.

Su amigo le dijo que le daría 15.000 dólares por adelantado, y el resto cuando el cargamento pasara por el puerto. El amigo estaba feliz de tener a un inspector en el bolsillo, y no sabía que todo lo que decía era grabado. Acto seguido regresó a México para darle a su jefe la maravillosa noticia y alardear de su éxito. Ricardo pasó la mayor parte de la noche hablando con Don y traduciendo la conversación al inglés.

Dos días después, el amigo contactó de nuevo a Ricardo y le dijo que se reunieran en treinta minutos. A fin de ganar tiempo, Ricardo le respondió que estaba cuidando a sus hijos en casa, y llamó inmediatamente a Don, quien iría de Tucson a Nogales para presenciar el encuentro y realizar labores de vigilancia. Don le entregó un micrófono oculto a Ricardo. Todo transcurría como estaba previsto.

Don tenía en su poder una orden judicial para obtener los registros telefónicos del celular del narcotraficante, rastreó todas las llamadas e identificó todos los números. Un contacto que teníamos en la compañía telefónica nos dio todos los registros telefónicos en México. Don hizo una gran labor de vigilancia y, poco a poco la trampa quedó tendida.

El amigo de Ricardo le entregó los 15.000 dólares. Ricardo, a su vez, le dio a su amigo una placa personalizada para colocar en el parabrisas o en el parachoques para poder reconocerlo. El amigo lo llamó al día siguiente y le dijo que el primer cargamento cruzaría alrededor de las ocho de la noche. Don y su equipo decidieron hacer lo que se conoce como una vigilancia fija. Por lo general, el vehículo que lleva la droga es seguido por otro, para ver si es detenido en el Puerto de Entrada. En un sistema de vigilancia fija, cada agente está estacionado e informa sobre el vehículo y su ubicación.

El vehículo con el primer cargamento cruzó el Puerto de Entrada según lo acordado, y Ricardo se comportó con naturalidad. Los agentes siguieron el vehículo a Tucson y el cargamento fue llevado a un depósito clandestino, el cual fue mantenido bajo vigilancia. Esa noche, el amigo llamó a Ricardo para entregarle la otra mitad del dinero. La reunión fue grabada y quedó registrada en un video. Ricardo recibió el resto del dinero y le sugirió a su amigo que pasara tres cargamentos seguidos; el primer vehículo llevaría la placa personalizada y dos autos que irían detrás también estarían cargados con drogas.

El amigo aceptó entusiasmado y al día siguiente le pagó 50.000 dólares por los tres cargamentos. Ricardo llegó a la garita a las siete de la noche y el "observador", una persona puesta por los narcotraficantes en México para vigilar el Puerto de Entrada les ordenó a los vehículos que se dirigieran al carril tres, donde estaba Ricardo. Los tres autos cruzaron sin novedad, pero una trampa los esperaba en el camino. Don hizo que la patrulla de carreteras detuviera a uno de los vehículos y los dos restantes fueron seguidos mientras se dirigían a Tucson. Don y su grupo los estaban esperando con una orden de allanamiento en la mano. A continuación, Ricardo contactó a su amigo para pedirle el resto del dinero. El amigo llegó al lugar acordado, pero, para su sorpresa, se encontró con Don y con varios agentes.

Ricardo obtuvo el Premio del Comisionado por su labor. También obtuvo algo más valioso: la confianza de los agentes y, en particular, la de Don, que se convirtió en un agente especial auxiliar a cargo, y en el padrino de Ricardo.

Ricardo tenía una fuente excepcional. Se llamaba Héctor y le proporcionaba información detallada sobre los cargamentos que cruzaban por el Puerto de Entrada. Héctor estaba profundamente involucrado con los narcotraficantes y trabajaba con los dos bandos. Suministraba información suficiente para mantener satisfechos a Ricardo y a todos los jefes de la oficina, al mismo tiempo que coordinaba el paso de varias toneladas de droga por el Puerto de Entrada. Nos informaba de al menos dos cargamentos cada semana y trabajaba directamente para el cártel de Jaime Figueroa Soto. Era muy inteligente y los cargamentos de los cuales nos informaba pertenecían a otros cárteles; quería eliminar la competencia y pasar su propia mercancía. Uno de los principales narcotraficantes a quien delató fue Luis Villegas, un hombre encantador.

Luis era joven, apuesto, tenía unos veintitrés años y conocía a la mayor parte de los inspectores porque había estudiado con muchos de ellos en la escuela secundaria. Su labor principal era sobornar a inspectores corruptos. En esa época, se calculaba que los narcotraficantes habían sobornado por lo menos a diez inspectores para que los dejaran pasar drogas por los puertos de entrada.

Héctor fue una de las primeras fuentes en denunciar cargamentos que pasarían por el Puerto de Entrada, pero de nuevo, lo hacía para eliminar la competencia y para que su cártel monopolizara el contrabando de drogas. Héctor y Ricardo entablaron una gran relación, que contribuyó a impulsar la carrera de Ricardo. Héctor le daba la descripción exacta de los vehículos, los números de las placas y la hora en que cruzarían. No siempre sabía por cuál carril pasarían o quién sería el inspector, pero nos daba suficiente información como para realizar labores de vigilancia.

Dudamos en decirles a los supervisores sobre nuestra operación en el Puerto de Entrada. Sin embargo, el Director del Distrito supervisaba a todos los agentes de Arizona, así que le informamos a él, y también a la oficina de Asuntos Internos, pues se trataba de un empleado de ese departamento. A su vez, ellos debían pasarle la información al FBI, que perseguía a los empleados corruptos.

Esta operación era muy simple al comienzo, pero cada vez se hizo más grande, y el FBI y la Oficina de Asuntos Internos no tenían los recursos para realizar labores de vigilancia todos los días. Sin embargo, Ricardo recibió órdenes para informar en el instante en que se dispusiera a arrestar a un empleado.

Cuando Héctor llamaba, todos los agentes de la oficina comenzábamos a trabajar. Cubríamos la zona, dos agentes vigilaban el Puerto de Entrada para fotografiar el vehículo que iba con el cargamento mientras las unidades de vigilancia se desplazaban al norte de ahí; una de ellas se estacionaba en la avenida Morley, y yo hacía lo mismo en la esquina de la calle Crawford, donde comienza la Autopista Interestatal 19, justo antes de un Burger King.

Establecimos una rutina efectiva; seguíamos a los vehículos con drogas que cruzaban el Puerto de Entrada y deteníamos al conductor. En ciertas ocasiones, Asuntos Internos nos decía que soltáramos al conductor si cooperaba y nos daba información sobre inspectores corruptos. Esta operación duró más de nueve meses. Teníamos una rutina: Ricardo nos informaba que Héctor lo había llamado, e inmediatamente adelantábamos las labores de vigilancia.

Una tarde me dirigí a mi lugar habitual en el centro luego de recibir una de estas llamadas telefónicas. Me estacioné, recliné mi asiento y comencé a esperar. Unos diez minutos después, un automóvil se detuvo a la entrada del negocio donde me encontraba; una mujer bajó del vehículo y entró al negocio. Salió de nuevo unos cinco minutos más tarde, se acercó a la ventanilla del pasajero de mi auto y golpeó el cristal. Bajé la ventanilla y me dijo:

—No puede estacionar aquí, es solo para clientes.

—Señora, no hay señales de estacionamiento designados, es una calle pública y no estoy bloqueando la entrada —respondí. Ella se irritó; era obvio que había estado bebiendo.

—Será mejor que se vaya de aquí o llamaré a la policía —dijo.

Sonreí, le mostré mi placa y le dije cortésmente:

—Soy policía, gracias por avisarme.

La mujer se alejó furiosa. Vi cómo movía sus caderas mientras entraba de nuevo al negocio; tenía un gran trasero. Menos de quince minutos después, la vi regresar.

"¿Qué diablos le pasa a esta mujer? ¿Por qué no me deja en paz?", pensé.

Volvió a golpear la ventanilla del auto.

—Hable con mi hermana; está en teléfono —dijo.

—No necesito hablar con su hermana —respondí.

Entonces cambió su tono y sonrió con un brillo en los ojos.

—Por favor, habla con ella —repitió.

Me había hablado en un tono diferente, y su sonrisa era seductora. El instinto animal se despertó en mí. La miré, sopesando mis posibilidades. No era nada fea, el cabello le llegaba a la mitad de la espalda, sus pechos eran atractivos y se veía bien con sus tacones altos.

—Está bien —dije.

Llamé a las unidades por radio para que alguien cubriera mi lugar; René me dijo que lo haría, y que cubriría también la I-19. Agarré mi radio portátil y seguí a la mujer al edificio. Efectivamente, una vez adentro, ella me pasó el teléfono. Su hermana me preguntó cómo me llamaba.

—Me llamo Patricio.

Me preguntó si era un agente antinarcóticos de la Aduana.

—Sí —le respondí.

—Sé quién eres. Te he visto en el bar-restaurante Mr. C —dijo. También me dijo que se llamaba Sandra, que era despampanante y que cualquier hombre la desearía—. Déjame hablar con mi hermana de nuevo —añadió.

Le pasé el teléfono a su hermana, quien dijo llamarse María.

Agité la mano en señal de despedida y me dispuse a salir, cuando María dejó de hablar con su hermana.

—Espera un minuto —dijo riendo, colgó y se acercó a mí—. Lo siento, tomé un par de copas en el almuerzo.

—Está bien —respondí.

—Mi hermana me dijo todo acerca de ti —dijo, y comenzó a besarme en el cuello.

—Espero que te haya dicho cosas agradables —balbuceé.

—No —dijo sonriendo seductoramente.

"Ah, me encanta esa mirada", pensé. Sonreí sin decir palabra, y comenzamos a besarnos y a tocarnos; a fin de cuentas, soy de carne y hueso.

Llamé a René y le dije:

—Alfa 2106, estaré fuera del radio unos pocos minutos.

—10-4 —respondió René—. Cubriré tu ubicación.

Me reí.

"Si René supiera por qué me está cubriendo", pensé.

María fue hasta la puerta y la cerró con llave. Entonces, me tomó de la mano y me llevó a su escritorio, en la parte trasera de la tienda. Luego comenzó a desabrocharme los jeans. Allí estaba yo, apoyado contra la mesa y con los pantalones en las rodillas. Ella se desabrochó el vestido y lo dejó caer al suelo.

Los veinte minutos siguientes fueron locos y bestiales.

No hay nada como el sexo salvaje en medio de la tarde, sobre todo cuando debes estar vigilando. René me llamó por radio para hacer un chequeo de rutina.

—Código 4 reportándose, y estaré 10-8 en un par de minutos —balbuceé.

María y yo terminamos.

—Muchas gracias —le dije, me abotoné mis jeans y me dirigí a la puerta.

Yo había perdido la noción del tiempo. René había estacionado justo detrás de mi vehículo; estaba mirando y preguntándose dónde demonios estaría; sabía que no debía haberme alejado de mi vehículo. María se vistió a medias y me acompañó a la puerta, donde vi a René frente a su vehículo. Él me vio al mismo tiempo, al lado de María, con su vestido desabrochado. No era nada tímida y tenía descubiertos sus pechos y otras partes de su cuerpo. René abrió la boca, la miró a ella y luego a mí. Me dirigí a mi vehículo mientras René me miraba boquiabierto. Bajó la ventanilla y me preguntó:

—¿Acaso la conoces?

—Acabo de conocerla.

—¿Cuándo? —preguntó.

—Hace unos veinte minutos —respondí.

—¿Cómo diablos lo conseguiste? Cielos, eres el cabrón más afortunado que conozco —dijo asombrado.

Luego nos informaron por radio que nos preparáramos porque el auto sospechoso se acercaba al Puerto de Entrada. Subí a mi vehículo y comencé a realizar labores de vigilancia.

Todos mis compañeros comenzaron a pedirme detalles cuando René les dijo que me había visto con una mujer desnuda en la puerta de un negocio. Les dije que había que sacrificarse por el trabajo y hacer ciertas cosas por el bien del gobierno. Estaba seguro de que tendría un espacio en aquel estacionamiento en futuras labores de vigilancia.

—ESTARÉ en mi lugar de estacionamiento habitual —dije cuando llegó nuestra siguiente operación.

—Fíjate que no. Irás al Walgreens de la avenida Grand y Morley.

Mis protestas fueron recibidas con una mirada de desaprobación.

"Tendré que ir a Walgreens", pensé. El edificio tenía dos pisos y el costado sur de la segunda planta tenía una gran vista de todo el Puerto de Entrada.

Yo no sabía que Sandra, la hermana de María, terminaría siendo la novia de El Jaimillo, un traficante.

Después de incautar más de veinte cargamentos de marihuana y de cocaína que ingresaron por el Puerto de Entrada, lo cierto era que Asuntos Internos y el FBI no lograban detener inspectores corruptos, o al menos eso fue lo que se nos informó oficialmente. La realidad es que el FBI trata a otras agencias como una mierda, te dicen que son los encargados de recopilar información, pero no comparten ningún detalle de sus hallazgos. Ellos habían estado reuniendo registros bancarios y reclutando a algunos de los infractores detenidos por nosotros para que se infiltraran en los grupos que trataban de sobornar a inspectores corruptos. El FBI estaba haciendo de este un proyecto a largo plazo, y su objetivo era capturar a todos los inspectores deshonestos.

Sin embargo, se propagó el rumor de que Ricardo era el responsable de confiscar los cargamentos, y fue trasladado a Tucson, Arizona, donde fue asignado a la unidad de Investigaciones Aéreas con Don, lo cual no fue una sorpresa.

JIM era otro personaje de nuestra oficina. Era un violinista consumado que una vez tocó con la orquesta sinfónica de Nueva York. Hablaba español con fluidez, era el cómico del grupo y se le ocurrían muchas ideas excéntricas. En cierta ocasión, un hombre sospechoso de llevar heroína en su cuerpo fue detenido en el Puerto de Entrada. El hombre fue interrogado extensamente por otro agente, pero no confesó nada y exigió hablar con un abogado.

Normalmente, el interrogatorio habría terminado; Jim estaba cerca y fue al Puerto de Entrada.

Escuchó la versión del agente y concluyó que el hombre debía llevar droga en su cuerpo. Jim recurrió a una de sus ideas. Así que se buscó una bata médica y le pidió al agente que lo dejara hablar con el sospechoso.

Entró a la celda y se presentó como el Dr. Jim. Con su español fluido, le dijo al hombre que tenía que examinarlo antes de dejarlo en libertad. A continuación, Jim le palpó el latido del corazón, la espalda, el estómago, los brazos y la arteria carótida. Le dijo al hombre que su corazón latía de manera irregular y que era posible que se le hubiera reventado una de las cápsulas con heroína. Le sugirió llevarlo al hospital más cercano de México y le deseó que pudiera sobrevivir.

El hombre le preguntó a Jim si realmente pensaba que iba a morir. Obviamente, el buen doctor le dijo que sí.

El hombre pidió que lo llevaran a un hospital y Jim dijo que no podían hacerlo, puesto que él no admitía tener heroína en su cuerpo. El hombre pidió hablar con un agente y Jim salió de la celda. El hombre confesó haber ingerido 28 cápsulas de heroína y pidió que se las sacaran.

Esto habría sido genial, salvo que cuando alguien pide hablar con un abogado, los derechos Miranda establecen que el sospechoso no puede seguir siendo interrogado. El hombre fue llevado al hospital, donde le extrajeron las cápsulas y luego lo enviaron a la cárcel. Todo iba bien, hasta que su abogado apareció. Envió una citación para hablar con el médico del Puerto de Entrada. Jim recibió una suspensión de varios días sin salario debido a este incidente.

* * *

JIM era uno de esos tipos al que odias o amas. Era mujeriego y sedujo a muchas mujeres de Nogales, pues era apuesto y sabía ser encantador. Su esposa, que era hispana, no tardó en darse cuenta de sus infidelidades y se divorció de él. En el fragor de la disputa, Jim sostuvo que Ricardo y yo le habíamos proporcionado muchas de sus aventuras, lo cual le causó muchos problemas a Ricardo. Mi matrimonio ya se había ido a pique, así que no resulté muy afectado, pero Jim perdió algunos amigos debido a esto. Una regla de oro es que si te sorprenden en malos pasos, nunca delates a tus amigos. Ricardo todavía mantiene su amistad con Jim, pero yo he guardado distancia.

UNA vez, Ricardo necesitaba ir a una de sus reuniones mensuales de la Guardia Nacional. Su auto estaba averiado y le pidió a Jim que lo llevara. Los "guerreros de fin de semana" siempre se reunían en el estacionamiento para hacer unos cuantos ejercicios de calentamiento. Jim recogió puntualmente a Ricardo alrededor de las 5:30 a.m. Jim iba con zapatos deportivos y una bata de baño larga. Ricardo le dijo que se veía ridículo, pero Jim se disculpó, diciendo que no había tenido tiempo para vestirse.

Jim se detuvo frente a la puerta principal y comenzó a tocarles la bocina a todos los miembros de la guardia para llamar su atención. Ellos lo saludaron y vieron a Ricardo bajar del auto. Ricardo y los guardias llevaban trajes militares de fatiga, y se veían impecables. Jim tocó la bocina de nuevo, se bajó del auto, se quitó la bata y dejó al descubierto una camiseta rosada y unos pantalones cortos de seda que eran de su esposa. Se despidió como una mujer, y empezó a lanzarle besos a Ricardo y a decirle: "Te quiero; piensa en mí este fin de semana". Ricardo habría matado a Jim en ese instante si hubiera tenido un arma. Jim subió al auto y se marchó. Como era de esperarse, Jim les contó a todos los agentes, y cuando Ricardo llegó a su oficina, vio que habían colgado un par de bóxers de seda en la puerta para que todos los vieran. Jim fue trasladado a Tucson debido a sus locuras.

LA CARRETERA DE LA CUMBRE

UN peón de un rancho que vivía cerca de la Carretera de la Cumbre me había llamado a comienzos de la tarde. Me dijo que había visto a un traficante con cuatro caballos que llevaban marihuana. Había salido a buscar su ganado y vio al traficante cruzar la frontera por una puerta para caballos que había en el extremo de la Carretera de la Cumbre. Esta vía es un camino de tierra situado en la cima de las montañas de Atascosa, y va en dirección sur hasta la frontera internacional, donde hay una pequeña puerta para que los vaqueros y los rancheros pasen su ganado; los narcotraficantes también la utilizan para pasar drogas. Los rancheros mexicanos viven de 6 a 8 millas al sur de la puerta, tienen que llevar a sus caballos a la cima de la montaña por un terreno sumamente escarpado y tardan un día completo en recorrer las 8 millas que los separan de la montaña. El informante supuso que la marihuana había sido llevada a un lugar situado a lo largo de Ruby

Road, donde sería recogida. Yo había trabajado varias veces en esa zona y les informaba a otros agentes cuando iba hasta allá.

Esta área queda a 15 millas al oeste de Nogales, en un sector montañoso y desértico del Bosque Nacional de Coronado. Ruby Road va hacia el oeste desde la Interestatal 19, pasa por el lago Peña Blanca y luego se convierte en un camino de tierra de un solo carril que va por el extremo sur de la cordillera de Atascosa hacia Arivaca, Arizona, un antiguo pueblo minero que fue una comunidad *hippie* en los años 60. Uno de los caminos de tierra que salen de Ruby Road es conocido como la Carretera de la Cumbre, que recorre la cima de una montaña alta y termina en la frontera. Estacioné mi vehículo oficial y recorrí la conocida ruta de contrabando. En la academia federal yo había recibido formación para hacer seguimientos y había trabajado con los Lobos a la Sombra en una reserva indígena. Además, mi abuelo me había enseñado a seguir señales para cazar.

Inspeccioné los distintos senderos que cruzaban la Carretera de la Cumbre. Vi huellas recientes de caballos y las seguí unas 3 millas. Y mientras descendía por una curva pendiente, vi a un vaquero cabalgando.

No sé quién se sorprendió más, si él o yo; seguramente vio que yo lo seguía. Se dirigió hacia el sur para cruzar la frontera y resguardarse quizá en un rancho. Era muy probable que ya hubiera descargado la droga, pues tenía sus caballos en la cima del cañón. Yo sabía que el rancho mexicano más cercano a la frontera estaba a más de 10 millas, bajando por un terreno realmente agreste, y que él no llegaría antes del amanecer. Me acerqué al lugar desde donde lo había visto salir y vi 400 libras de marihuana escondidas debajo de unas ramas. Decidí no tocar la marihuana y esperar a que alguien la recogiera.

La calle Short, con vista a la frontera internacional en el fondo. Tom y yo esquivamos balas en esta colina. DE LA COLECCIÓN DEL AUTOR

Después de una redada. Acabábamos de entrar en este rancho a noventa millas al sur de Agua Prieta, México. Yo estoy recostado sobre el carro.

Una tonelada de cocaína hace de telón de fondo para una conferencia de prensa. FOTO CORTESÍA DE T. SAUSER

Mil doscientas libras de cocaína en el baúl de un carro.
FOTO CORTESÍA DE T. SAUSER

Miembros del ejército mexicano cruzan la frontera para regresar a México después de haber sido atrapados del lado estadounidense.

En esta bodega de productos en México, la oficina fue construida sobre un elevador hidráulico. Al elevarla aparecía una escalera que llevaba a un almacén de mil metros cuadrados donde se guardaba la droga. Allí encontramos cinco toneladas de marihuana. DE LA COLECCIÓN DEL AUTOR

Aquí aparezco mostrando la entrada a un escondite subterráneo de droga. Este se encontraba debajo de una bañera que se podía levantar. La habitación oculta contenía cientos de armas y millones de dólares en efectivo.
FOTO CORTESÍA DE T. SAUSER

Richard Cramer (otro agente) y yo sosteniendo rifles automáticos Steyr AUG/A3, estándares en esa época. También estamos disfrutando de una cerveza bien fría después de un largo día de trabajo.   FOTO CORTESÍA DE T. SAUSER

Llamé al informante cuando regresé a la oficina, y me comentó que había oído decirles a los narcotraficantes que esa misma noche irían por la droga. Les pedí ayuda a René, a Joe y a Tom. Yo iría caminando hasta el lugar donde estaba la marihuana, les informaría por radio cuando la recogieran y mis compañeros detendrían el vehículo. Era una operación simple.

Tom se apostó cerca de la Interestatal 19, en la última entrada a la zona residencial de Río Rico, mientras que Joe y René esperarían cerca del lago Peña Blanca. René me llevó al sitio donde estaba el cargamento. El lugar que yo había escogido no tenía señal de radio, pues estaba en un cañón muy profundo. René y yo encontramos señal después de intentarlo durante unos treinta minutos. Yo estaba en un acantilado, a unas 100 yardas del cargamento. No quería esperar allá, pero René me dijo: "Si te mueves, te quedarás sin señal de radio". Yo estaba solo en las montañas con un traje ninja camuflado y la cara pintada de negro.

René regresó al lado de Joe y, mientras, yo permanecía en la oscuridad a 12 millas de distancia. La oscuridad era total y la montaña proyectaba una sombra negra sobre el cañón. No podía ver el camino que estaba abajo y, peor aún, tampoco el escondite con la marihuana. Para tener éxito más tarde en la corte, yo tenía que saber a ciencia cierta si un vehículo recogía la droga y quién la cargaba.

Le dije a René que buscaría otro lugar con mejor visibilidad. Me encantaba cuando él se volvía un manojo de nervios.

—Buscaré otro sitio y te llamaré cuando vea algo —le dije.

René me gritó por radio su frase habitual:

—No te muevas de tu ubicación.

Apagué mi radio en señal de respuesta.

Joe no podía dejar de reírse; sabía que, al margen de lo que dijera René, yo iría a ver quién recogía la droga. René continuó despotricando de mí: me llamó irresponsable y loco de mierda y preguntaba por qué siempre hacía lo mismo.

Joe se limitaba a sonreír; le encantaba cuando René estaba molesto, pues se ponía rojo y muy nervioso, y Joe lo provocaba cada veinte minutos, diciéndole que comprobara si yo tenía el radio encendido.

Bajé en medio de la oscuridad absoluta y encontré un lugar a unos 30 pies del cargamento, desde donde tenía una gran panorámica de la carretera. Me escondí detrás de una roca, entre dos arbustos. Me acuclillé, dejé la escopeta en mi regazo y esperé.

Probé mi radio pero no había señal. Si alguien recogía el cargamento, yo regresaría a la colina, daría la descripción del vehículo y dejaría que las otras unidades lo detuvieran. No tuve que esperar mucho tiempo. En menos de una hora oí un vehículo que venía por el camino rocoso. Vi a dos hombres bajar de un camión, y uno de ellos empezó a gritar en español: "Luis, venga". Los sujetos recorrieron el lugar por unos diez minutos y se marcharon. Vi que el camión tenía una placa de Frontera Sonora.

Supuse que Luis, el vaquero, debía reunirse con ellos. Era obvio que no sabían dónde estaba la droga.

"¿Y ahora qué?", pensé. Sería mejor ayudar a esos pendejos a encontrar la marihuana y luego arrestarlos. Bajé al escondite y dejé los bultos a unos 15 pies de la carretera. Sentí una mezcla de sudor de caballo y de marihuana. Mis fosas nasales estaban desbordadas del olor, pero estaba seguro de que los hombres volverían. Hasta un ciego podía encontrar ese cargamento de marihuana; el olor de la droga se esparcía a través del cañón y ellos podrían olerla a 100 pies de distancia.

Volví a mi escondite, me cubrí con ramas y esperé. Menos de una hora después oí el sonido de un camión y vi dos juegos de luces. Efectivamente, los dos camiones llegaron y se estacionaron a 40 pies de la marihuana. Cuatro hombres bajaron de los dos camiones; uno de ellos llevaba un AK-47. Enseguida me tensé y mi ritmo cardíaco se incrementó diez veces. Sentía los nervios de punta. Yo estaba escondido entre los arbustos a unos 30 pies de los cuatro traficantes. Habría preferido estar detrás de una roca, pues los arbustos no me protegerían de las balas.

Los narcotraficantes estaban buscando al vaquero que había traído la droga desde México y lo insultaban a todo pulmón en español, diciéndole: "Chingado, Luis, ¿dónde está? Venga". Pero Luis se había ido hacía mucho tiempo.

Un tipo armado con una pistola empezó a caminar directamente hacia mí. Yo estaba en cuclillas en medio de los arbustos.

"Mierda, no puede verme, ¿verdad?", pensé.

Tenía mi escopeta calibre 12 entre mis piernas y esperé inmóvil, sabiendo que solo tendría una oportunidad de dispararle y correr para cubrirme antes de que el tipo me disparara con el AK-47; podía matarme fácilmente si me descubría. El tipo se acercó a menos de 5 pies del arbusto, y le apunté al estómago con la escopeta. Yo tenía dos pistolas, una 45 en una pistolera del hombro y un revólver 38 en el tobillo, y sabía muy bien que se armaría un verdadero tiroteo si le disparaba. A esa distancia, mi escopeta no podía competir con un rifle de asalto AK-47.

El hombre caminó hasta la parte delantera de los arbustos. Pensé que iba a empezar a dispararme. Estaba dispuesto a pegarle un tiro en los intestinos si oía algún sonido metálico, como el de un cerrojo hacia atrás o un seguro descorrido.

"No, no me puede estar pasando esto", pensé.

Y entonces me apuntó con su salchicha. Yo no iba a permitir por nada del mundo que ese cabrón se orinara en mi cabeza. Comencé a imaginar cosas. Lo mataría y luego diría que lo vi apuntarme con algo redondo y brillante que parecía ser el cañón de una pistola.

Muchas cosas pasan por tu mente en milésimas de segundo, y justo antes de que el tipo orinara varias cervezas y yo me dispusiera a volarle la salchicha de un balazo, uno de los hombres le gritó y él respondió que iba a orinar.

Para mi gran alivio, el tipo orinó en otro lado. Sentí el hedor de su orina en la oscuridad. Los otros pendejos llamaron de nuevo a Luis. Yo no podía creerlo: la marihuana estaba a 20 pies de ellos. Estos idiotas ni siquiera se molestaban en mirar a su alrededor.

Gritaron un poco más y se alejaron. Subí a la montaña sin perder un solo segundo, y llamé por radio para que detuvieran el vehículo.

Las unidades interrogaron a los cuatro individuos y arrestaron al pistolero mexicano por posesión de arma de fuego.

Luego fuimos a Denny's, el único restaurante que abría toda la noche, para tomar un café y hablar sobre los sucesos del día. Les conté que el vaquero estuvo a punto de orinar sobre mí.

René repetía su mantra: "Te dije que no te movieras, pero nunca haces caso. Uno de estos días te van a matar".

Joe había molestado mucho a René, preocupándolo con el asunto del radio. Dijo que cada vez que René le hacía una pregunta difícil, él le respondía que yo no tenía señal de radio, y René despotricaba de mí durante cinco minutos por descuidar mi seguridad.

* * *

EL lado oeste iba del Puerto de Entrada en la calle West International al Puerto de Entrada Mariposa. En el lado mexicano hay un camino paralelo a la frontera. Al final de este, y al lado de un cementerio, hay un enorme tubo de concreto que llega a Estados Unidos. Es tan grande que un camión puede circular por su interior. Cientos de tuberías de 3 pies salen desde allí a todos los sectores de la ciudad de Nogales.

En la esquina de las calles West International y Dunbar había un conjunto de seis apartamentos que los narcotraficantes alquilaban con frecuencia. Por lo general, uno de ellos permanecía desocupado, y era un lugar excelente para observar. Desde la fachada frontal, yo podía ver el callejón sin salida y las casas a lo largo de la calle West International, la zona conocida como Los Corrales, así como la calle Dunbar. Por razones desconocidas hasta ese momento, el apartamento más utilizado por los traficantes era el de en medio, en la primera planta. Las cerraduras eran muy fáciles de abrir.

Yo estacionaba en la calle, caminaba hasta la entrada, sacaba mi dispositivo de intercepción y subía a los apartamentos del segundo piso. Varias fuentes nos hablaban constantemente sobre el apartamento de abajo; yo veía desde el segundo piso a un traficante que llevaba paquetes de marihuana a los vehículos. El auto salía con la droga y nuestros agentes la incautaban y arrestaban a los delincuentes.

Esto ocurría una o dos veces por semana, y la fuente me informaba que los narcotraficantes iban a sacar más droga del apartamento. En esa época, creíamos que los narcotraficantes cruzaban la cerca y llevaban la marihuana al apartamento. Esperaban a que llegara un auto y luego lo cargaban. Varios meses después, decidimos entrar ahí y arrestar a todos los ocupantes cuando cargaran un vehículo con drogas.

Teníamos dos opciones: la primera era obtener una orden en Tucson y allanar el lugar una vez que el vehículo saliera con el cargamento; la segunda era arrestar a los narcotraficantes mientras cargaban el auto y entrar al apartamento en caso de ser necesario. Elegimos la segunda opción. Los tomaríamos por sorpresa y los arrestaríamos a todos. Reunimos a nuestro grupo luego de ultimar los detalles de nuestro brillante plan operativo. Dos agentes permanecerían en el estacionamiento de atrás y asegurarían ese lado, y otra unidad de dos hombres bloquearía la calle del frente y detendría a cualquier persona que tratara de correr a la frontera. Nosotros iríamos al apartamento vacío, esperaríamos adentro y los arrestaríamos a todos.

Todas las unidades tomaron posiciones a eso de las nueve de la noche. El vehículo llegó y el conductor entró al sitio. Entramos en acción al cabo de quince minutos. Tres tipos salieron del apartamento y comenzaron a echar bultos de marihuana en el maletero del vehículo.

— ¡Ahora! —ordené.

Las unidades móviles se apresuraron a tomar su posición, salimos corriendo y bajamos las escaleras. Un traficante se dirigió a la valla fronteriza, otros dos regresaron al apartamento y los perseguimos.

—¡Alto, Policía! —les grité.

Los dos sujetos salieron corriendo por la puerta trasera y fueron capturados por la unidad que estaba atrás. La entrada del apartamento estaba oscura, pues no había luces en el pasillo ni en el porche. Vi a un traficante desaparecer en la oscuridad del apartamento. Me precipité a la habitación en medio del fragor y caí de rodillas. Les había gritado a los agentes que estaban detrás de mí que tuvieran cuidado, pero entraron y me dieron varios golpes fuertes en la espalda.

No podía moverme, y al principio creí que se trataba de una trampa, pues había caído en un agujero de 3 pies. ¿Qué demonios había sucedido? Alguien encendió las luces del apartamento. Pensé que me había fracturado las piernas, y como si fuera poco, los agentes me golpearon como a un saco de boxeo. Salí del agujero y luego de interrogar a los traficantes, supimos que estaban cavando un túnel desde México a Estados Unidos.

Era un túnel rudimentario de aproximadamente 18 pies de largo y 3 de diámetro, conectado a un drenaje de agua en el borde de la calle. Lo recorrimos hasta el final y vimos que llegaba al gran túnel del alcantarillado en México. Le echamos unas cuantas bolsas de cemento mezclado con agua y pensamos que lo habíamos sellado. ¿Quién habría pensado que este sería el futuro del contrabando de drogas en Arizona? No nos imaginábamos que este mismo apartamento sería utilizado decenas de veces en los años siguientes.

PDE MARIPOSA / ZONA FRANCA

LA Zona Franca Internacional se encuentra justo al oeste del Puerto de Entrada Mariposa. Tiene el tamaño de un centro comercial grande, con dos calles de extensión y más de tres docenas de bodegas. Los camiones entregan y recogen mercancía las veinticuatro horas del día, y su ubicación es privilegiada para los traficantes, pues una de sus calles llega literalmente hasta la valla fronteriza. La Zona Franca era realmente una zona de contrabando a un lado del Puerto de Entrada de Estados Unidos.

Un camino de tierra pasaba por detrás de la estación de Aduanas de México y bajaba por la colina hacia el costado sur de la Zona Franca. Se trataba de un área despejada, con algunos árboles y un corral de ganado. Los contrabandistas se escondían en una de las casas o en los árboles y esperaban una señal para cruzar.

Al comienzo, los contrabandistas pasaban a Estados Unidos después de cortar la cerca de alambre de púas y atravesaban la

Zona Franca. Esto ocurría a plena luz, dos o tres veces al día, y constantemente perseguíamos vehículos.

El gobierno estadounidense decidió hacer algo al respecto, y una Caterpillar DC-10 cavó una gran zanja frente a la Zona Franca. Tenía unos 10 pies de profundidad por 10 pies de ancho. Todos creímos que los malditos narcotraficantes mexicanos ya no podrían cruzar la frontera por ese sector.

Nuestra suposición se hizo añicos casi un mes después. Una fuente me dijo que un cargamento pasaría por la Zona Franca. No tenía más información, y supuse que pasarían la droga a pie y luego la cargarían en una camioneta. Yo tenía tiempo libre, y decidí supervisar la zona. Vi dos autos desplazarse lentamente por la colina en la zona de aduanas de México; ellos también estaban supervisando. Un auto pasó por allí y el otro observó estacionado bajo un árbol.

A continuación, una camioneta con varios hombres se detuvo junto al vehículo que estaba debajo del árbol, pero luego se dirigió a la valla fronteriza, y cuatro tipos bajaron y cortaron rápidamente el alambre de púas. A continuación, corrieron a la camioneta y sacaron dos rampas metálicas de gran tamaño y las colocaron rápidamente sobre la zanja, como si pertenecieran a un equipo de fórmula uno en una parada en pits. Las rampas eran semejantes a las que se utilizan para cambiar el aceite de los autos. Observé con incredulidad la rapidez y eficacia de estos tipos. Habían colocado las rampas en un instante para que el auto que esperaba bajo los árboles cruzara la frontera. El conductor del vehículo no lo pensó dos veces. Se puso en marcha en el instante en que vio las rampas y pasó la frontera por la Zona Franca. Pedí ayuda por radio y empezamos a perseguirlos en Mariposa Road. Detuvimos el vehículo con el cargamento de droga.

Esta situación se repitió con mucha frecuencia durante el próximo par de meses, cuando uno o dos autos pasaban por la rampa. A veces deteníamos los vehículos, pero en otras ocasiones hacían un giro en U y regresaban a México directamente a través de la aduana mexicana, cuyos agentes los perseguían, aunque no la mayoría de las veces, dependiendo de si les habían pagado o no.

Cuando les perdíamos el rastro a los narcotraficantes, solíamos reaccionar con rapidez e instalábamos una cámara a control remoto en el Puerto de Entrada, dirigida a la Zona Franca y a la zanja. También la utilizábamos en la oficina para monitorear y detener los cargamentos de droga. Además, reclutamos una fuente que trabajaba en una de las bodegas de la zona comercial, quien nos informaba sobre el contrabando de drogas, pero un día, un narcotraficante le apuntó con un arma y le dijo que guardara silencio, pues de lo contrario lo mataría. La fuente no volvió a llamar a la oficina después del incidente.

En la Zona Franca se sentía una atmósfera extraña en la noche, y era difícil ver a los narcotraficantes entre tantos edificios y vehículos. Se camuflaban entre los arbustos y los vehículos, y luego guardaban la droga. En el lado mexicano de la frontera había una meseta, que los narcotraficantes utilizaban para observar sus operaciones de contrabando. En varias ocasiones vimos a varios hombres vigilar con rifles y visores.

Durante el apogeo del narcotráfico en la Zona Franca, llamamos a otras agencias para que nos ayudaran en nuestras operaciones nocturnas, pues no podíamos confiscar todos los cargamentos.

Una noche, me estacioné frente a una bodega donde había varios vehículos. Recliné mi asiento y vi a un grupo de narcotraficantes en el lado mexicano, esperando que alguien les avisara para cruzar la frontera. Habían enviado a un explorador a recorrer la zona y avisarles si había algún agente de la ley. Estos exploradores utilizaban radios para comunicarse con las mulas, y les decían que cruzaran cuando creían que la zona estaba despejada.

Nuestros agentes estaban apostados en la carretera y en la Zona Franca. Teníamos información de que una camioneta iba a ser cargada con 2 toneladas de marihuana.

Yo estaba estacionado a unas 50 yardas de una patrulla de la Aduana. Queríamos ver cuál de los vehículos era cargado con droga. La visibilidad era buena, pues la luna estaba en fase creciente. Vimos a un hombre sentado con un rifle junto a un árbol en la cima de una colina en México. No podíamos ir a pie hasta allá, pues nos arriesgaríamos a ser blanco de francotiradores. En esa época, se había desatado una violencia en México como no se había visto en varios años.

Vimos a dos exploradores llegar caminando a la zona y tomar caminos separados. Uno de ellos subió por la colina, y el otro recorrió la Zona Franca para asegurarse de que no hubiera agentes de la ley. Estos exploradores eran muy cuidadosos e inspeccionaron toda la zona.

Uno de ellos se acercó a una fila de vehículos y camiones estacionados, que recorrió de un lado a otro, pero no pareció notar nuestra presencia, y cuando llegó al final de la calle comenzó a hablar por radio.

Luego, como si nada, se devolvió en dirección a México, giró la cabeza y observó atentamente; creí que no me había visto, pues siguió caminando. Lo vi dirigirse a la camioneta de un oficial de la Patrulla de Aduanas y mirar hacia el interior. Sacó su pistola, pero el oficial le disparó primero, a través del cristal del parabrisas delantero. El oficial llevaba un revólver 357 de seis balas y le disparó tres veces. Yo ya me había bajado de mi vehículo y corrí hacia ellos. Disparé desde unas 40 yardas, pero erré el blanco.

El hombre cayó al suelo, pero se puso de pie y corrió a toda velocidad hacia México. Le pregunté al oficial si estaba bien. Asintió y me dijo: "¡Agárralo!".

Lo perseguí unas 50 yardas y me detuve al ver que había pasado a México; sabía que sería demasiado arriesgado perseguirlo. También me acordé del hombre armado que estaba en la colina. Busqué refugio y observé la cima; no vi nada y regresé para ayudar al oficial de la Patrulla de Aduanas.

Era como si todo el mundo hubiera desaparecido en las sombras. Todo parecía indicar que esa noche no pasarían más cargamentos de droga por aquella zona. Subimos a nuestros vehículos y nos dirigimos a la oficina. El oficial de la Patrulla de Aduanas permaneció casi media hora completamente sordo. Había disparado tres balas desde la cabina de su camión y, sin embargo, el parabrisas estaba intacto. Una bala se había alojado en el capó de su camioneta.

EL Puerto de Entrada Mariposa, del Departamento de Aduanas de Estados Unidos, ofrece más oportunidades para el contrabando que el desierto. Abre todos los días a las 6 a.m. y cierra a las 10 p.m. Así que durante un período de ocho horas, desde las 10 p.m. hasta las 6 a.m., los vehículos iban hasta la garita como si fueran a dar la vuelta, paraban un momento para recoger varios paquetes con droga y se marchaban a toda velocidad. Si eran detectados, se dirigían tan rápido como podían al Puerto de Entrada de la avenida Grand. Los agentes de Aduanas mexicanos estaban sobornados y los ayudaban con estas actividades de contrabando.

Una noche, nos enteramos de que un agente de la Patrulla Fronteriza estaba recogiendo los cargamentos en el Puerto de Entrada Mariposa. Actuamos con mucha discreción y tratamos de cambiar el nombre de las vías y de las posiciones de nuestra vigilancia, ya que los agentes de la Patrulla Fronteriza podían escuchar nuestra frecuencia de radio. Después de vigilar un par de horas, vimos a un agente de la Patrulla Fronteriza recorrer Mariposa Road. Lo hizo por lo menos en dos oportunidades y luego se marchó. Poco tiempo después, observamos a otra unidad recorrer las calles y los estacionamientos, pero cancelamos la operación cuando una de nuestras unidades fue detectada.

El agente de la Patrulla Fronteriza había sido investigado varias veces y se decía que había robado paquetes de cargamentos confiscados. Posteriormente fue sorprendido con cocaína, y *todavía* conserva su puesto de trabajo. También fue acusado luego de ocasionar un accidente de tránsito y escapar. Sin embargo, fue absuelto, porque el oficial del Departamento de Seguridad Pública tomó una muestra de sangre de su vehículo sin tener una orden judicial. Su ex esposa reconoció que él había robado una gran cantidad de marihuana, pero el hombre sigue trabajando hoy en día y vive en una casa grande y suntuosa de Nogales. Hasta el día de hoy, todavía me pregunto qué conexiones tendrá con los altos mandos de la Patrulla Fronteriza. ¿Serán corruptos la mayoría de los jefes de la Patrulla Fronteriza? Una de las grandes disputas en las investigaciones era que cuando se descubría a un empleado federal corrupto, el FBI intervenía y reclamaba su jurisdicción. El FBI puede ser bueno para hacer algunas investigaciones, pero dejaba mucho qué pensar en términos generales.

Siempre que pienso en el FBI me acuerdo de un refrán: "Prefiero tener una hermana trabajando en un prostíbulo, que un hermano trabajando en el FBI".

UNA noche, Tom siguió un vehículo más allá del lago en Ruby Road y observó que giraba hacia el sur, para tomar la Carretera de la Cumbre. Luego de examinar la licencia, concluyó que el vehículo era de Phoenix y que había sido robado, aunque no figuraba como tal. Muchas veces, los autos robados no aparecen en el sistema de manera oportuna, y como la frontera solo está a una hora y media de Phoenix, una gran cantidad de vehículos son llevados a México, o son utilizados para recoger cargamentos en la frontera antes de que sean reportados como robados en la base de datos. Tom decidió esperar a que la camioneta se pusiera en marcha para detenerla, pero lo llamaron para que regresara a la oficina. Volvió a buscar información sobre el vehículo alrededor del mediodía, y ya aparecía como robado. Tom tenía que escribir muchos informes, así que se olvidó de la camioneta.

Yo me dirigía a la Carretera de la Cumbre a eso de las 3 de la tarde. A veces, la única manera de descansar del maldito trabajo era salir y dar una vuelta. La presión de un matrimonio con problemas y el trabajo constante terminan por pasarte factura, y un paseo tranquilo por las montañas te ayuda a relajarte. Recorrí Ruby Road, giré al sur por la Carretera de la Cumbre y vi una vieja camioneta Ford verde con cabina a unos 100 pies de la puerta para caballos. Inspeccioné la zona, pues no había ninguna razón para que esa camioneta estuviera allí. Investigué la placa y vi que era robada.

Decidí hacer algo realmente estúpido. Saqué mi rifle AR-15

con culata plegable y entré a México por la puerta para caballos. Yo había sobrevolado la zona anteriormente, pero decidí inspeccionar el terreno, pues creía que el conductor estaba en territorio mexicano. Tuve mucho cuidado y me moví muy despacio, mirando con mis binoculares a mi alrededor. Observé toda la zona desde la cima de la montaña y vi los ranchos en el valle mexicano.

Caminé un par de horas y encontré una enorme cueva de unos 10 pies de alto, 16 pies de ancho y más de 40 pies de profundidad. Era una madriguera donde se resguardaban los traficantes mexicanos, y también un depósito de drogas. Me sorprendió el tamaño de la cueva, pero más aun el hecho de ver que todo el piso estaba cubierto con sacos de yute. Debían ser más de 1.000.000; estaban apilados y tenían 1 o 2 pies de altura. La cueva no se podía ver desde los Estados Unidos y tampoco podía verse desde el aire. Yo había sobrevolado la zona en numerosas ocasiones a bordo de un helicóptero Black Hawk y nunca la había visto.

"¡Cabrones!", pensé. Mi temperamento irlandés hirvió en mi interior. Quería que esos pendejos supieran que yo había descubierto la cueva, y decidí prenderle fuego. Encendí un maldito cerillo tras otro, recogí ramas grandes y pequeñas y la cueva quedó envuelta en llamas. El olor era nauseabundo.

Regresé a mi camioneta y comencé a pensar en la llamada "guerra contra las drogas"; concluí que esos cabrones nos estaban ganando esta guerra. Era casi de noche y alguien estaba esperando para cargar la pinche camioneta. Apreté el gatillo y le descargué las 30 balas de mi rifle. Cualquier persona que estuviera a 5 millas habría oído el sonido de las balas calibre 223 desgarrar el metal de la camioneta. Seguramente le había averiado el motor y el radiador, y me consolé al saber que quedaría inservible. Los narcotraficantes seguramente vieron los disparos desde México, y debían tener a un explorador observándome desde algún lugar.

Tom regresó al día siguiente al lugar y vio que la camioneta estaba llena de balazos. Él sabía que yo había salido de la oficina el día anterior, pero no habíamos hablado desde entonces. También sabía que yo estaría con la mierda hasta el cuello si era reportado. Yo había informado sobre el descubrimiento de la cueva y me dijeron que permaneciera alejado de México. René se despachó conmigo. Era muy protector y me preguntó: "¿Acaso quieres morir? ¿Por qué cometiste la locura de ir solo hasta allá?".

Tom estaba presente y guardó silencio, pues sabía muy bien lo que había sucedido. Aún podía ver el humo salir del territorio mexicano y sabía que lo más seguro era que yo le hubiera prendido fuego a la maldita cueva.

Es difícil no perder la paciencia en la batalla contra el tráfico de drogas. La frustración es abrumadora y te engulle. No solo estás luchando contra los traficantes, sino también contra la voluntad del pueblo estadounidense, contra todo el sistema de justicia, contra la Corte liberal del 9° Circuito, contra los abogados defensores y contra Washington, D.C. Los narcotraficantes tienen todo el tiempo del mundo para lidiar con los agentes. Además, tienen mejores equipos de vigilancia, más personal y mejores vehículos. Los agentes están a merced de los legisladores, quienes creen que las agencias antinarcóticos deberían o no tener un presupuesto dependiendo del año y del Congreso.

LOBOS A LA SOMBRA

SELLS, Arizona, es un pequeño pueblo situado una hora al oeste de Tucson, en la Nación Tohono O'odham. El territorio de esta nación tiene 2,8 millones de hectáreas y 76 millas de frontera con Sonora, México. En 1972, gracias a una ley del Congreso, el gobierno federal y la Nación India acordaron crear una Unidad de Patrulla de Aduanas de la que formaran parte nativos americanos, llamada Lobos a la Sombra. Por lo menos una cuarta parte de sus miembros debían ser nativos americanos, provenientes de nueve tribus, incluyendo los Tohono O'odham, Navajo, Sioux, Lakota, Pies Negros, Omaha y Yaqui. Esta división de la Aduana de Estados Unidos estaría integrada por tres agentes de aduanas especiales y dieciséis oficiales americanos nativos pertenecientes a la Patrulla de Aduanas.

El nombre, Lobos a la Sombra, hacía referencia a la forma en que los lobos actúan en manadas para localizar a sus presas. Los oficiales de la Patrulla de Aduanas diseñaron la insignia, donde se veía a un lobo en la sombra de una montaña.

Los Lobos a la Sombra tienen que utilizar el canal repetidor en esa zona, debido a que la señal de comunicación es casi inexistente. El antiguo centro de comunicaciones, conocido como Sector, estaba ubicado en la Florida y funcionaba las veinticuatro horas. Manejaba todo lo relacionado con los vehículos, incluyendo los registros y las licencias de conducir; era un centro de información nacional sobre la delincuencia para personas buscadas, y el salvavidas de los agentes de Aduanas. Sector llamaba para apoyarlos, evitar que se acercaran a un sospechoso armado y peligroso y ayudaba a los oficiales que sufrieran ataques.

Inicialmente llamábamos a Sector utilizando un distintivo, el cual designaba a la oficina y al agente u oficial de patrulla, como por ejemplo "A-2102", donde "A" significaba agente, "P-2100" el código de la oficina de Nogales y "02" el número del agente. Sector sabía que 2100 era el número de la oficina de Nogales, y que 2102 era el número de un agente específico de la oficina, y tenía una lista mecanografiada con todos los agentes. Una noche, una unidad Sells Papa llamó a Sector para reportar un avión que volaba hacia el norte, supuestamente sobre la frontera internacional. Sector no escuchó el número específico de la unidad; simplemente le preguntó por el avión y a qué altura volaba, con la esperanza de ir al aeropuerto y verificar las llegadas internacionales. Entonces, la unidad Papa dijo: "Sector, avión tan alto que parece un mosquito".

A continuación, la unidad Papa agregó: "No importa; estoy jodido".

Sector llamó de inmediato por radio y le pidió a la unidad Papa que se identificara. "¿Cuál es su distintivo de llamada?".

La FCC y las normas aduaneras prohibían decir palabras vulgares. La unidad Papa llamó de nuevo por radio y dijo, para que todas las oficinas de Arizona escucharan: "Sector, no estoy tan jodido".

EL contrabando en la reserva es tan activo como en cualquier parte del distrito. Los Lobos a la Sombra eran rastreadores consumados y tenían que serlo, pues las personas a quienes seguían también eran nativos americanos.

Los Lobos a la Sombra les decían "Personas Alfombra" a los contrabandistas de la reserva. Recibían este nombre debido a que usaban pedazos de alfombras en sus zapatos para no dejar huellas. Sells está en un desierto seco y arenoso, y alguien podía dejar un rastro inconfundible si caminaba con zapatos normales. Las Personas Alfombras utilizaban pedazos de alfombra en cada pie, dejando una marca plana en la arena que era difícil de detectar, así como sucede con los zapatos de nieve. También barrían con ramas para ocultar incluso las huellas de las alfombras.

En 1984, un oficial de la Patrulla de Aduanas llamado Glenn Miles, estaba siguiendo un sendero por una zona conocida como La Maldición, y sorprendió a unas Personas Alfombra cargando drogas en un vehículo que había cruzado la frontera ilegalmente. Pidió ayuda por radio y trató de arrestar a los sospechosos y detener el vehículo. Fue asesinado a tiros y su muerte quedó impune, como las de Bud y Bo. Para saber lo que ocurrió exactamente, uno solo se puede basar en la experiencia. Miles fue encontrado sin vida en la arena del desierto. Había huellas de pies y de neumáticos de un vehículo que iba de la frontera hacia el norte.

René y yo habíamos trabajado en una operación en el desierto con Miles en la que habíamos utilizado una casa rodante como centro de operaciones. Disfrutábamos de las actividades al aire libre y preparábamos filetes de carne que habíamos traído de la ciudad. Fue una experiencia maravillosa. Hablábamos de los narcotraficantes que perseguíamos y nos reíamos de las cosas descabelladas que nos sucedían. René y yo dormíamos en la casa rodante, pero Miles decía que era indio y dormía bajo las estrellas. Una mañana vimos que los coyotes habían saqueado los alimentos que teníamos en la nevera portátil y nos despachamos con Miles. "¿Cómo es posible que seas indio si dejaste que los coyotes entraran al campamento y se robaran la comida?", le dijimos.

Miles era muy apreciado y todos los agentes recibieron órdenes de ponerse en contacto con todas las fuentes e informantes para tratar de adquirir información sobre su asesinato. Layne me citó a su oficina y pasamos la mitad de la noche llamando a los informantes para ver si alguien sabía cualquier cosa sobre lo sucedido. Les pedí a las fuentes que trataran de encontrar a los responsables, pues queríamos capturar a los asesinos, y hacer justicia tras la muerte de uno de nuestros hombres. Nos íbamos a reunir por la mañana con la Policía Judicial Federal (PJF) de México en Sasabe, Arizona. Alguien dijo que los asesinos vivían al otro lado de la frontera, en el pequeño pueblo mexicano de Sasabe, Sonora. Salimos temprano, llegamos allá antes del amanecer y esperamos a que la PJF llegara al Puerto de Entrada. El inspector de supervisión nos estaba esperando. Estábamos preparados para cualquier cosa, vestidos con trajes negros tipo *swat* con insignias de la Aduana y chalecos a prueba de balas. Yo tenía dos pistolas con cargadores adicionales, una escopeta con el cañón recortado y una hilera de proyectiles. Los otros agentes también llevaban dos pistolas y armas largas. Éramos doce agentes, y cuatro de la PJF.

Estábamos preparados para un enfrentamiento a gran escala, y cada uno tenía fácilmente más de ciento cincuenta cartuchos de munición.

Pasamos a México tan pronto amaneció y condujimos media milla hasta Sasabe, Sonora. Estacionamos en la plaza, bajamos de nuestros vehículos y empezamos a inspeccionar las calles. El pueblo consistía en una calle principal de unas 100 yardas de largo, con pequeñas tiendas a ambos lados. Patrullamos mientras la Policía Judicial Federal mexicana hacía preguntas. Los habitantes no tardaron en salir a la calle, nos miraron de reojo y ya.

—¿Qué diablos está sucediendo? Estas personas ni siquiera están asustadas, es como si todos los días vieran gente con armas —me dijo René.

Miré a mi alrededor. Mi compañero estaba en lo cierto. Ni una sola persona nos miraba asombrada. Era una sensación espeluznante.

"¿Acaso los habitantes de este pueblo están acostumbrados a ver gente armada?", pensé.

—Esto no me huele nada bien —agregó René.

Después de patrullar dos horas el pueblo y de registrar un par de casas, concluimos que los sospechosos no se encontraban allí y suspendimos la operación.

Esa misma semana, el comandante de la PJF en Hermosillo, Sonora, me dijo que alguien le había dicho que uno de los sospechosos vivía en Santa Ana, Sonora. Iríamos de nuevo a México para ayudar a la PJF. Santa Ana está situado a unos 125 kilómetros al sur de Nogales, Sonora, y es conocida por ser una de las ciudades con mayor tráfico de drogas. Tiene más narcotraficantes per cápita que cualquier ciudad del estado de Sonora. Se parece a una escena de la película *Romancing the Stone*, donde Michael Douglas y Kathleen Turner se encuentran con un traficante de drogas, y el río inunda todo el campo y las tierras de cultivo. Solo que allí, todos los habitantes tienen camionetas 4X4 para transportar narcóticos. A la PJF no le gusta patrullar mucho esa zona debido a que todos los policías locales están sobornados. Llamarle corrupción es prácticamente un eufemismo.

Años después tuve la oportunidad de sobrevolar esa zona en un helicóptero militar mexicano y me sorprendió ver más de un centenar de pistas donde las avionetas aterrizaban con cargamentos de drogas, los cuales eran recogidos por camionetas 4x4 y caballos.

Nuestro grupo recibió instrucciones para esperar a los agentes de la policía federal mexicana. El plan era reunirnos en la oficina de Nogales, salir al amanecer y hacer redadas en las casas de los sospechosos. Layne, Carlos, Joe y yo fuimos escogidos para reunirnos con la PJF en México. El encuentro se aplazó hasta la medianoche, cuando ellos llegaron al PDE y nos acompañaron a nuestra oficina.

El grupo estaba conformado por cinco agentes de la PJF y tres "madrinas" que harían el trabajo sucio; ese es el nombre que reciben los informantes o delincuentes capturados por la PJF, quienes tienen que trabajar con ellos a cambio de no ir a la cárcel. Llevan los mismos trajes ninja negros y portan las mismas armas, pero no tienen insignias. Se les consideraba como prescindibles, o como carne de cañón. Eran los primeros en entrar a las casas y en recibir disparos durante las redadas.

Llegaron en una van grande luego de ser retenidos por el Ejército Mexicano en un punto de control en las afueras de Nogales, Sonora. El ejército les confiscó sus armas largas y sus rifles AK-47 y AR-1. Es algo que suelen hacer las unidades que reciben sobor-

nos cuando un grupo de oficiales armados de la PJF llega proce-
dente de otra zona; el ejército cree que la PJF hará una redada y
les confisca las armas para proteger a los traficantes, no sin antes
llamar al capo. Unos años más tarde, mientras estaba asignado a
México, la policía local de Los Mochis, Sinaloa, me retuvo por
espacio de tres horas en una autopista, y el tráfico tuvo que ser
desviado debido a un tiroteo.

El grupo solo estaba armado con unas pocas pistolas y tenía
miedo de asaltar el bastión de los narcotraficantes en Santa Ana.
Les ofrecimos armas largas. Justo cuando yo pensaba que las
cosas no podían estar más fuera de control, finalizamos el plan
operativo y nos dispusimos a ir a México para hacer una nueva
incursión.

Decidimos ir en auto 100 millas al este de Douglas, Arizona,
y cruzar a Agua Prieta, México, para evitar el control militar, y
luego tomar el camino de un solo carril a lo largo de la Sierra
Madre hacia la ciudad de Magdalena, México. Viajaríamos cuatro
horas antes de irrumpir en las residencias de los sospechosos.
Normalmente, ir de Nogales, Sonora, a Magdalena por la Autopista 15 tarda unos cuarenta y cinco minutos.

Nuestro grupo estaba conformado por dos agentes de Estados
Unidos y por un agente de la PJF, que iban en nuestro vehículo,
mientras los demás oficiales de la PJF iban en la van. Pasamos por
Douglas, Arizona, llegamos a Agua Prieta sin ningún incidente, y
luego condujimos toda la noche hacia la ciudad de Magdalena.
Estaba nevando en las montañas de la Sierra Madre y el viaje se
hizo más largo. Echamos gasolina y nos dirigimos a Santa Ana.
No había amanecido todavía, y desayunamos a eso de las seis.

Una patrulla local se estacionó detrás de mi vehículo, mientras
esperábamos instrucciones en una calle lateral. Yo conducía un

Chevrolet Caprice recién incautado de color marrón, con las ventanillas oscuras y placas de Arizona, registradas bajo un nombre ficticio.

La PJF confirmó rápidamente la residencia del primer sospechoso. Era una casa vieja y pequeña, ubicada en un terreno de cinco hectáreas, con cercas de alambre de púas y una puerta con candado para impedir la entrada. El comandante de la PJF apostó a sus hombres alrededor de la casa. Recibimos órdenes de permanecer en nuestros vehículos, pues los agentes estadounidenses no pueden emprender acciones legales en México, a menos de que sus vidas corran peligro.

El comandante de la PJF les ordenó a las madrinas entrar a la casa, y estas irrumpieron a toda velocidad con sus rifles AR-15, listas para disparar. Una madrina le dio una fuerte patada a la puerta y cayó de espaldas. Los ocupantes de la casa empezaron a disparar sus armas automáticas. Todo el mundo pensaba que el pobre tipo que hacía de madrina había sido asesinado a tiros. Se produjo un tiroteo infernal, pues todos los agentes de la PJF abrieron fuego contra la residencia. Fue una verdadera batalla.

Yo estaba detrás de mi vehículo, apuntándole con mi escopeta a la casa al igual que los otros agentes; creíamos que nos enfrentaríamos en un tiroteo a gran escala con los traficantes. Los agentes de la PJF le dispararon al menos cien balas a la residencia, que quedó casi en ruinas y con todas las ventanas destrozadas.

El comandante les ordenó a sus hombres que dejaran de disparar, y cuando el humo se disipó, vimos una mano en el aire. Era la madrina, como si se estuviera levantando entre los muertos. Nadie le había disparado; simplemente cayó al suelo debido al impulso al abrir la puerta. Había apretado el gatillo por accidente, disparando una ráfaga en el aire mientras caía al suelo, y luego permaneció inmóvil por temor a ser asesinado mientras todos los agentes le disparaban a la casa.

"Mierda, esta operación ha tenido un gran comienzo", pensé.

Solo un militar veterano podría haber entendido lo que era estar en semejante tiroteo.

Tratamos de no reírnos de la PJF, pero ellos tenían sentido del humor y se rieron de sí mismos. Nos reagrupamos en menos de una hora y fuimos a la residencia de otro sospechoso, quien llegó en su vehículo y fue subido rápidamente a la van mientras el comandante pensaba en cómo irrumpir en la casa.

Nos dirigimos a una zona aislada de la ciudad y recibimos órdenes de esperar a que el PJF se alejara un poco con el sospechoso. Escuchamos unos gritos y alaridos, luego un silencio, y de nuevo más gritos y alaridos por unos veinte minutos más. El comandante regresó y nos dijo que el interrogatorio había sido efectivo y que el sospechoso había suministrado más información.

Yo había oído historias brutales sobre los interrogatorios de la policía federal mexicana. Entre las técnicas utilizadas estaban los golpes, las picanas eléctricas, los cables eléctricos y otras formas de tortura, tal como se ve en las películas. El sospechoso tenía los hombros y la cabeza mojados. Inmediatamente supe que le habían aplicado la versión mexicana del submarino, una forma de tortura. Fue la primera vez que vi la forma como la policía mexicana hacía interrogatorios. Durante mi estadía en México, fui testigo de decenas de otras formas únicas e interesantes de realizar interrogatorios.

En la versión mexicana del submarino, la PJF utilizaba soda, agitaba fuertemente la botella y le arrojaba chorros de soda por la nariz al sospechoso mientras este permanecía amarrado. El interrogado cree que se está ahogando y por lo general confiesa con bastante rapidez. La PJF me dijo que cuando un sospechoso es realmente desagradable y no colabora, le agregan chile chiltepín a la soda. Este chile, pequeño como un guisante, es tan picante que quema la piel con el simple acto de tocarlo.

El primer sospechoso fue conducido al pequeño espacio que hay entre el espaldar del asiento trasero y la puerta de atrás de la Ford Bronco de Layne. Cuando intentó levantar la cabeza, un agente de la PJF le dio un golpe con su rifle. No nos contaron toda la historia; solo que el sospechoso había confesado conocer a alguien que podría tener información sobre el asesinato. Fue detenido por precaución, o para ver si le había dado información falsa al comandante. Hicimos dos redadas en otras residencias en Santa Ana, y otros dos sospechosos fueron detenidos e interrogados. También fueron subidos a la camioneta de Layne y golpeados. Recibimos órdenes para seguir a la PJF. El comandante se dirigió a una casa porque uno de los sospechosos le dijo que era un depósito de drogas. La residencia estaba abandonada, pero hicimos una búsqueda rápida y no encontramos nada.

Eran las últimas horas de la tarde y necesitábamos descansar. Joe y yo estábamos en la cocina de la casa, sentados en unas sillas viejas, cuando oímos un sonido extraño, semejante al gong que utilizan los monjes chinos para llamar a la oración. Decidimos averiguar su procedencia después de escuchar el mismo sonido unas tres o cuatro veces. Salimos a la parte trasera de la residencia y dos agentes de la PJF estaban interrogando a uno de los sospechosos. Le hacían una pregunta, y dependiendo de la respuesta, un agente lo golpeaba en la cabeza con una olla grande, produciendo el sonido que habíamos escuchado. Es imposible no amar las innovadoras técnicas de interrogación de la PJF. Mientras tanto, el otro sospechoso estaba recibiendo el acostumbrado "bautismo" mexicano con soda.

Esto tardó cerca de una hora; enviamos a una de las madrinas a comprar tacos y organizamos un picnic agradable. Los tres sospechosos estaban arrodillados y mirando al suelo del pequeño compartimento de la camioneta. Fuimos a otra residencia en Altar México, al oeste de Santa Ana, y la escena pareció repetirse: más sospechosos fueron detenidos, interrogados de varias formas y subidos a la parte trasera de la camioneta. Nos preguntamos cuántos mexicanos cabían en la parte trasera. Los tipos parecían sardinas en lata, agachados y temerosos de moverse porque sabían que serían golpeados, algo que el guardia de la PJF hizo con bastante frecuencia solo por placer.

Finalmente, después de un día largo y agotador, nos dirigimos al sur de Sasabe, Sonora, al pueblo donde habíamos comenzado nuestra búsqueda unas semanas atrás. En última instancia, se determinó que la información proporcionada por el sospechoso a la PJF no era válida. El comandante estaba seguro de que los cinco sospechosos habían dicho la verdad. Yo habría confesado cualquier cosa si él me hubiera echado la pinche soda en la nariz. Empezaba a oscurecer y el Puerto de Entrada de Sasabe estaba cerrado. Afortunadamente, nos contactamos con el Director del Puerto de la Aduana de Estados Unidos, quien dijo que nos abriría la puerta. ¿Qué demonios íbamos a hacer con los sospechosos? Nosotros no los queríamos y la PJF tampoco, así que abrimos la puerta de la Bronco y les dijimos que se largaran. El primer sospechoso había estado agachado más de doce horas, el segundo más de ocho, y los otros dos alrededor de cuatro.

Los dejamos en el desierto, a unos treinta minutos de Sasabe,

Sonora. Dos de ellos escasamente pudieron bajar por sus propios medios, y tuvimos que sacar a los otros tres. Dos agentes los levantaron literalmente de la Bronco, donde habían estado arrodillados tanto tiempo que no podían permanecer de pie ni mover las piernas. Fueron dejados en el suelo como pequeñas estatuas de un jardín, excepto que no podían sentarse o ponerse de pie y cayeron de lado, pues habían perdido toda la circulación sanguínea en sus piernas. Les dimos una botella de agua a cada uno y nos alejamos sin mirar atrás.

Había sido una jornada muy larga, pues habíamos trabajado casi cuarenta y ocho horas seguidas y teníamos que conducir dos horas más. Nos dirigimos sin más preámbulos al Puerto de Entrada de Sasabe, y luego nos fuimos a dormir a nuestras casas.

Los narcotraficantes mexicanos estaban fuera de control, y la violencia no tenía precedentes. Se estaban enfrentando entre sí en las calles de Nogales, Sonora, y matando a grupos rivales en bares y clubes nocturnos a lo largo de Obregón, la calle principal. Cuando los narcotraficantes luchan por el control de un lugar, lo hacen dejando una larga estela de violencia. Por lo general, no nos importaba si se mataban unos a otros; eso reducía el número de narcotraficantes con los que tendríamos que lidiar. Hasta el día de hoy, el asesinato de Miles sigue impune.

PUERTO DE ENTRADA MORLEY

LOS narcotraficantes parecían estar siempre tres pasos por delante de nosotros, sin importar las fuentes que tuviéramos. Pasaban numerosos cargamentos de drogas por túneles, cañones, depósitos clandestinos y otros lugares antes de que lo supiéramos. Uno de estos lugares estaba justo debajo de nuestras narices, en el Puerto de Entrada de la avenida Morley, unas 100 yardas al este de la garita de la avenida Grand. Los narcotraficantes llevaban por lo menos dos semanas utilizando esa garita y habían pasado de ocho a diez vehículos por semana con cerca de 400 libras cada uno.

Habían cortado toda la malla de la cerca entre dos postes metálicos, exactamente tres estacionamientos al este de la pequeña puerta peatonal de Aduanas de Estados Unidos en la avenida Morley. Este corte era invisible desde el lado estadounidense de la frontera. Por suerte, una fuente me llamó para avisarme de la forma en que operaban los traficantes.

Compartí esta información con los agentes de la oficina y realizamos labores de vigilancia esa misma tarde. Vimos que todo sucedía como lo había descrito la fuente. Alrededor de las tres de la tarde, un vehículo de la policía de Nogales, Sonora, estacionó junto a la valla, en el lado mexicano de la frontera. Luego, a eso de las seis, el policía movió su vehículo para que pasaran los contrabandistas.

Dos policías mexicanos llegaron en una patrulla marcada con el número 32 en el techo y en las puertas. Pertenecían a la policía de Tránsito, conocida por robar a turistas o pedirles sobornos, o "mordidas", como se dice en la frontera. Estacionaron a un lado de la valla y caminaron, como si estuvieran patrullando a pie. Los negocios del lado mexicano se reducen a bares de dudosa reputación, clubes de striptease y salones de masaje que ofrecen otros servicios con un final feliz. Al otro lado de la calle, y a un lado de la garita fronteriza, hay un club de striptease llamado Mr. Cherries. Los policías corruptos entraron a tomarse unas copas y salieron para mover su patrulla. Este bar es frecuentado por una gran cantidad de traficantes, pues tiene una vista perfecta del Departamento de Aduanas y pueden ver a través de sus ventanas oscuras a todas las personas que cruzan la frontera durante el día.

René se apostó en el segundo piso del edificio de la Aduana, para poder tomar fotos de la operación y dar la descripción de los vehículos que cruzaran. Después de las 5:30 p.m., les informó a las unidades que los policías de tránsito habían salido del bar y estaban hablando con tres hombres que esperaban junto a la valla. Los policías se marcharon pocos minutos después y otro vehículo tomó su lugar en el estacionamiento. Las tiendas de la avenida Morley comenzaron a cerrar a las seis en punto, los compradores se marcharon y varios vehículos llegaron para recoger a los empleados, como sucede en los centros comerciales a la hora del cierre. Los inspectores de la Aduana asignados a la puerta de peatones la cerraron con llave y regresaron al Puerto de Entrada de la avenida Grand.

Luego, justo delante de nosotros, tres hombres agarraron dos vigas de madera de 2x4, los introdujeron en la parte inferior de la valla y la levantaron, permitiendo que cualquier vehículo pasara a Estados Unidos a través del espacio libre entre los estacionómetros. Los narcotraficantes habían hecho una rampa en el lado mexicano y habían apilado la tierra en el lado de Estados Unidos para que los autos no se atascaran. Tengo que darles crédito a los narcotraficantes por pensar siempre en nuevas formas de introducir drogas a Estados Unidos.

El auto se mezcló entre el tráfico y comenzamos a perseguirlo. René dio la descripción del vehículo pero no pudo ver la placa. Algunas veces, cuando describes el vehículo y dices que es un Chevrolet Impala blanco, parece como si hubiera diez; eso fue lo que sucedió aquel día. Perseguimos tres autos hasta encontrar al conductor con la gorra azul de béisbol que coincidía con la descripción de René.

Después de seguir el vehículo hacia el área de Río Rico, le dijimos a la Patrulla de Carreteras que lo detuviera en la Interestatal 19. No queríamos pararlo y dejar que los narcotraficantes supieran que los agentes antidrogas estaban implicados en la operación. Es el juego del gato y el ratón que debemos jugar, pues si los narcotraficantes descubren que detenemos uno de sus vehículos, inmediatamente suponen que un soplón los ha delatado y cancelan su operación. Pero si los detiene la Patrulla Fronteriza o una unidad del DPS, creen que se trata de una parada al azar por una infracción de tránsito.

Al día siguiente analizamos nuestro plan de operaciones en la oficina. Decidí que el mejor lugar para observar sería desde el interior del pequeño edificio de la Aduana. Le informé al Director del Puerto, quien me dio permiso para permanecer allí cuando salieran los inspectores de la Aduana.

René, que siempre pensaba en la seguridad, insistió en que una unidad permaneciera estacionada en la calle y estuviera preparada en caso de que los narcotraficantes descubrieran que yo estaba en el edificio y me dispararan con fusiles AK-47 o con un lanzagranadas. Me encantaba burlarme del instinto maternal de René, pero yo sabía que él siempre pensaba en todas las situaciones posibles.

Me estacioné en el Puerto de Entrada de la avenida Grand y entré al edificio de la Aduana a las cinco de la tarde. Los inspectores me conocían y ya habían sido informados de mi presencia. El edificio tenía un cuarto de baño con una pequeña ventana que daba al este, desde donde podía ver perfectamente quién cruzaba la frontera, así como las placas de los vehículos; era un punto de vigilancia ideal. Permanecí de pie sobre el excusado y vi a los traficantes. Esa noche pasaron dos vehículos, uno a toda velocidad detrás del otro. Les informé a las unidades de vigilancia y empezaron a perseguirlos fuera de la ciudad. Uno se dirigió a Tucson y el otro fue detenido sin incidentes por el DPS.

Toda operación tiene un final. Después de decomisarles seis vehículos, los contrabandistas se dieron cuenta de que algo andaba mal y en vez de cruzar todos los días, como lo hicieron las dos primeras veces, esperaron tres días para pasar otro vehículo con drogas; lo confiscamos y ellos esperaron una semana antes de volver a intentarlo. Una vez más, les decomisamos otros dos vehículos. Ellos sabían que los estábamos siguiendo y dejaron de cruzar. René se preocupaba por mi seguridad cuando yo entraba al edificio de la Aduana. Dijo que los narcotraficantes probablemente abrirían fuego contra el edificio y me matarían.

Los narcotraficantes son muy activos en la zona del Puerto de Entrada Morley. Cada pocos meses, una fuente nos daba nueva información sobre vehículos con droga a lo largo de la valla fronteriza. En una ocasión, cavaron un agujero de 6 pies a través del concreto para pasar a Estados Unidos. Otro truco que utilizaban era conducir un vehículo por la avenida Morley y estacionar sobre el colector de aguas pluviales, mientras alguien esperaba abajo para cargar la droga. También lanzaban paquetes de marihuana a camionetas que tenían agujeros en el piso. Los narcotraficantes siempre están pensando y adaptándose a nuestros métodos, y se nos han adelantado mucho.

Cualquier persona que vaya a Nogales verá decenas de cámaras instaladas en toda la ciudad y unidades de la Patrulla Fronteriza y de la policía en casi todas las esquinas. Sin embargo, los narcotraficantes observan el movimiento de las cámaras y aprovechan cuando estas enfocan hacia otro lado. Ellos saben cuál agente está trabajando y cuál está leyendo el periódico en su patrulla.

Los narcotraficantes también aprovechan los movimientos de las unidades de la policía, y esperan los cambios de turno. El turno de día es de 8 a.m. a 4 p.m., y el siguiente es de 4 a12 p.m., así que mientras la patrulla fronteriza regresa a la oficina, los narcotraficantes tienen media hora para pasar toneladas de narcóticos.

La red de inteligencia de los narcotraficantes es realmente increíble. Nadie pensaría que tienen un sistema de verdad, pero el hecho es que tienen informantes que son amigos de amigos, familiares y esposas de miembros de todas las agencias que representan la autoridad.

TRABAJANDO EN MÉXICO

EL gobierno mexicano lanzó la Operación Cóndor a finales de los años 70 para combatir el trafico de drogas. Diez mil soldados fueron enviados a la Sierra Madre Occidental, a los estados de Sinaloa, Sonora, Durango y Chihuahua. En esa época, la mayoría de los capos vivía en grandes haciendas y cultivaba y cosechaba marihuana sin ningún problema. Cuando el Ejército Mexicano allanó las aldeas, la mayoría de los peces gordos se fue a las grandes ciudades. Las redadas fueron infructuosas y el general del Ejército que dirigía la Operación Cóndor fue detenido por ayudar a los narcotraficantes. Varios agentes de la DEA y de la Aduana de Estados Unidos fueron a México para colaborar en estas operaciones.

A finales de noviembre de 1984, las autoridades mexicanas recibieron información de la DEA acerca de una gran plantación de marihuana llamada "El Búfalo", en el estado de Chihuahua. Tenía aproximadamente doce kilómetros cuadrados, y más de doce mil personas cultivaban y recolectaban la marihuana. Cualquier persona que intentara salir de allí era asesinada y realmente era un campamento de trabajos forzados. Rafael Caro Quintero, quien trabajaba para Ángel Félix Gallardo, el padrino de los capos de la droga en México, era el dueño de la hacienda.

Caro Quintero también tenía cultivos de marihuana en Zacatecas, Chihuahua, Sonora, Durango y Sinaloa, donde trabajaban más de 40.000 campesinos de México, Bolivia y Honduras. Enrique Camarena, un agente de la DEA, y Alfredo Zavala, un piloto mexicano, le habían informado a la policía judicial federal de México sobre este cultivo. Los narcotraficantes no tardaron en enterarse de esto, pues les pagaban a las autoridades mexicanas para que los protegieran.

Enrique Camarena y Alfredo Zavala, su informante confidencial, fueron secuestrados en Guadalajara, México, el 7 de febrero de 1985. El gobierno mexicano no hizo nada para detener a los responsables.

Pero el gobierno de Estados Unidos actuó con rapidez, denunció el secuestro e inició la Operación Detener y Confiscar. A continuación, el Comisario de Aduanas William Von Robb, ordenó que todos los Puertos de Entrada en la frontera suroeste de Estados Unidos fueran cerrados por un período de veinticuatro horas y el comercio se paralizó. La DEA señala que esta medida obligó al gobierno mexicano a cooperar con la investigación sobre el secuestro de Camarena.

Todos los agentes de nuestra oficina fueron asignados a los Puertos de Entrada; hicimos guardia, con uniformes de ataque y armas automáticas. Las filas del tráfico en México para entrar en Estados Unidos eran de varias millas y todo el mundo estaba enojado. Las filas de los camiones con productos agrícolas eran de 5 millas. Pero veinticuatro horas después, las autoridades mexicanas comprendieron que Estados Unidos no iba a tolerar el secuestro de sus agentes, sin importar en qué país hicieran esto. Durante dos semanas después de abrir de nuevo los Puertos de Entrada, todos los vehículos que entraban a Estados Unidos fueron inspeccionados minuciosamente en el carril principal, causando grandes retrasos en los cruces internacionales.

Los dos cuerpos semienterrados de Camarena y de Zavala fueron encontrados aproximadamente un mes después de su secuestro; habían quedado irreconocibles. El informe oficial señaló que fueron torturados durante varios días: tenían los dedos, brazos y piernas fracturadas, lesiones internas y cortadas en todo el cuerpo, y habían sido mantenidos con vida por un médico durante el brutal interrogatorio al que los sometieron los narcotraficantes y la policía federal mexicana.

Este incidente desató una guerra territorial entre el gobierno mexicano y el estadounidense. Los medios de comunicación recibieron información acerca de los viejos capos de la droga y de sus relaciones con los políticos y agentes federales mexicanos, mostrando así el nivel de corrupción que había en México. Varios comandantes, agentes y policías de la PJF fueron encarcelados. El director de la PJF en Guadalajara fue enviado a prisión después de ayudar a Caro Quintero a escapar a Costa Rica. Quintero fue capturado el 4 de abril de 1985. Se estima que su fortuna superaba los 650 millones de dólares en el apogeo de su carrera delictiva.

En agosto de 1985, el Servicio de Aduanas decidió suministrarnos ayuda en nuestras operaciones en México tras la muerte de Camarena. Un total de ocho agentes fueron seleccionados para una asignación provisional en ese país y ayudar en la investigación y el desarrollo de inteligencia relacionada con narcóticos. Los agentes fueron elegidos por su capacidad para realizar investigaciones de narcóticos y para conformar y reclutar fuentes de información, o informantes. El agente especial a cargo me escogió para ser el afortunado o desafortunado en realizar esta tarea, dependiendo de cómo veas las cosas.

El asistente agregado de Aduanas y dos agentes especiales de alto nivel viajaron desde la Ciudad de México a Estados Unidos para informarme sobre mis derechos y responsabilidades en México. Yo trabajaría en equipo con un agente especial con gran experiencia, recopilando y analizando inteligencia para apoyar a la DEA en su búsqueda de los responsables del secuestro y la muerte de Camarena. Ya se había determinado que Rafael Caro Quintero era el autor intelectual del asesinato, pero la DEA estaba persiguiendo a todos los miembros de su organización.

Nos asignaron la cobertura de los estados mexicanos de Sonora, Chihuahua y Sinaloa. Nuestra misión consistía en llevar a cabo investigaciones relacionadas con narcóticos en las organizaciones que operaban en estos lugares. Trabajaríamos con la DEA cuando fuera necesario y compartíamos su oficina, pero ellos serían el organismo principal en la investigación sobre el asesinato de Camarena. Trabajar con narcóticos era mi especialidad, así que me sentí encantado de ser escogido. Me dijeron que permanecería entre seis meses y un año en México, dependiendo de las investigaciones.

René dijo que yo estaba totalmente loco por haber aceptado; había leído todos los informes de inteligencia y boletines de nuestra sede, así como los periódicos mexicanos, y todos los días escuchaba las noticias. Me dio su consabido sermón sobre la seguridad y me dijo que si yo me iba a México, era porque quería que me mataran. "No hay agentes de respaldo en México, no hay comunicaciones de radio, toda la policía federal mexicana (PJF) y las fuerzas policiales locales están sobornadas", señaló. Según él, si los narcotraficantes no me mataban, lo haría la PJF.

Me imaginé que encontraba a El Quemado y que me vengaba de él. Siempre pensé que nuestros caminos volverían a cruzarse algún día y que nos enfrentaríamos en el desierto de Sonora como dos pistoleros del oeste. Pero yo sabía que nos encontraríamos realmente en algún callejón oscuro o depósito clandestino. También sabía que no dudaría en dispararme por la espalda.

Comenzó a circular un rumor, según el cual Layne, Carlos, René, Joe, Tom y otros agentes de la oficina estaban recolectando dinero para mi viaje. Me pareció que era un gesto encomiable por parte de mis compañeros, y le pregunté a René si me iban a dar un regalo sorpresa.

"¿Un regalo? Claro que no; no es un regalo. Compraremos un seguro de vida por si te matan. Y nos vamos a dividir los 250.000 dólares entre nosotros", me dijo René.

Mis compañeros querían que no me pasara nada, pero creían que las probabilidades de que algo malo sucediera eran altas. Pensé que podrían hacer buen uso de ese dinero.

Yo tenía un Chevrolet Caprice 1984 que le había confiscado a un narcotraficante de Nogales, Sonora. Tres agentes irían a Hermosillo, México, y otros dos viajarían a la Ciudad de México. Cruzamos la frontera sin ningún incidente y tomamos la Autopista 15, que va de la frontera a la Ciudad de México. Esta es la razón principal por la que Nogales, Arizona, es un centro tan importante en materia de narcóticos, ya que la Autopista 15 pasa por todos los estados donde se cultiva marihuana: Michoacán, Ja-

lisco, Sinaloa y Sonora. Su temporada de cosecha coincide con la
de los vegetales de invierno que se exportan desde México a Estados Unidos. Ese país exporta más del 75% de nuestros vegetales
de invierno entre noviembre y mayo.

Yo asistía a eventos y fiestas frecuentadas por los propietarios
de las principales empresas agrícolas, y si no me conocían y me
preguntaban en qué trabajaba, yo les decía que en el negocio de
"hojas verdes". Ellos pensaban en ese nombre y luego preguntaban
dónde estaba la sede de la empresa Hojas Verdes; luego me seña-
laban y se reían. Al final de mi carrera, casi todas las empresas de
vegetales de Nogales habían oído mi nombre.

Le pregunté al agregado qué tan largo era el camino a Hermosillo y me respondió que doce cervezas. Me dijo que me detuviera
en el primer puesto de cerveza Tecate en Imuris, una pequeña
aldea de 400 habitantes. México puede ser un país subdesarro-
llado, pero todas las aldeas, pueblos y ciudades que tengan al
menos cinco habitantes tienen puestos de cerveza. El agregado
compró dos paquetes de seis botellas de cerveza Tecate helada. En
este país, siempre te venden la cerveza en una bolsa de plástico
con hielo, para que se mantenga fría. Allí estaba yo, conduciendo
por la carretera con una cerveza Tecate fría en la mano.

"De modo que así es como se trabaja en México. Me encanta",
pensé.

El agente de Aduanas con quien yo trabajaba era de El Paso,
Texas, y dentro de pocos meses cumpliría cincuenta y cinco años,
que en esa época era la edad de jubilación obligatoria para los
agentes. Él esperaba algún tipo de extensión que nunca llegó a
suceder. Poco después supe que él no era del agrado del personal
en México y mucho menos de sus compañeros en El Paso. No
pasó un mes antes de que supiera por qué. Al llegar a Hermosillo,

nos reunimos con el agente de la DEA a cargo, y después de nuestra última reunión informativa, el asistente agregado y el agente principal viajaron a la Ciudad de México.

Al día siguiente me sentí contento y emocionado con mi nuevo trabajo. Yo sabía que el gobierno mexicano no estaba ayudando a la DEA con la investigación del asesinato, así que los organismos estadounidenses debían adquirir fuentes de información para identificar a los narcotraficantes. Los tres capos principales de la droga, Amado Carrillo Fuentes, Rafael Caro Quintero y El Chapo Guzmán, eran los objetivos principales de la DEA en esa época. Esperé pacientemente a que mi compañero me diera algún tipo de orientación. Llevaba cinco años en el país y yo estaba seguro de que debía de estar bien informado.

Todos los días me reunía con Bill, el agente de la DEA a cargo, para mantenerme al tanto de la situación. Sin embargo, el agente principal tenía otros planes. Parecía estar de vacaciones; todos los días se despertaba tarde, desayunaba, leía el periódico y, por lo general, se reunía con la PJF casi a las once de la mañana. A continuación, almorzaba copiosamente a las dos de la tarde, tomaba varios martinis y luego descansaba. Ese tipo me estaba matando de aburrimiento. Me parecía inútil y perezoso, así que empecé a ir a la oficina de la DEA a asistir a entrevistas con sus agentes y a aprender de ellos. Al cabo de veinte días, me dijeron que fuera a la Ciudad de México porque el agregado de Aduanas quería reunirse conmigo.

Llegué a la Ciudad de México y fui conducido directamente a la oficina del agregado; era grande y espaciosa, y con una linda vista de la plaza de la Zona Rosa. El agregado era un tipo relajado, iba vestido de traje, como se acostumbra en todas las embajadas, pero se notaba que era un agente de campo. Me dijo cordialmente que me sentara, me preguntó si quería tomar una copa y sacó un buen whisky. No se anduvo con rodeos. Me preguntó qué diablos estaba pasando en Sonora, pues no había recibido un solo informe. "Me han dicho que eres un buen agente encubierto antinarcóticos. ¿Qué demonios está pasando allá?"

Entonces le conté la vida que llevaba mi compañero, le dije que lo sentía, pero que él era el agente principal y me habían dicho que él estaba a cargo.

El agregado dijo que el agente era un pedazo de mierda, que no había hecho absolutamente nada durante toda su carrera, y mucho menos en México. Luego me informó que yo estaría bajo su cargo a partir de ese momento. Dijo que iba a trasladar al agente principal de nuevo a la Ciudad de México.

El agregado me miró con seriedad y me dijo: "Quiero que empieces a trabajar, quiero ver algunos avances en esta investigación y en cualquier otra relacionada con estupefacientes". Quería presionar al gobierno mexicano y hacerles saber que el Servicio de Aduanas de Estados Unidos estaba trabajando en México.

Esa noche tuve una cena con los agentes de la Ciudad de México, quienes me dijeron cómo debía trabajar. No tenía ni idea de lo que vendría. Me habían dado órdenes y me las tomé muy en serio, pues me consideraba un buen soldado.

Volé a la mañana siguiente y regresé al hotel para cambiarme de ropa y asistir a la reunión de la DEA. El agente principal estaba haciendo el *check out* en el vestíbulo del hotel y me lanzó una mirada penetrante. Me preguntó en un tono desafiante qué había sucedido en la reunión; lo habían llamado la noche anterior para decirle que empacara y regresara a la Ciudad de México. Se puso agresivo, me acerqué a él y le dije: "Oye pendejo, tú tienes tus órdenes y yo tengo las mías". Por suerte, ya no tenía que preocuparme por ese perezoso de mierda.

Empecé a trabajar de inmediato y me reuní con todas las agencias policiales de México, tratando de hacer contactos y de reclutar informantes. Una de las peores fuentes que encontré, y que por desgracia contraté, fue un excomandante de la PJF, a quien le decían "Tony El Ciego". Este individuo interceptaba las conversaciones telefónicas de muchas personas por medio de unos equipos que había comprado en una tienda de espionaje en Nueva York. Comenzó a traerme docenas de casetes con conversaciones de los principales narcotraficantes. Era un informante de carrera, y trabajaba con cualquiera que estuviera dispuesto a pagarle. Posteriormente me enteré de que estaba trabajando al mismo tiempo para el FBI, la ATF, la DEA y para mí, y a las tres agencias les daba la misma información.

Tony El Ciego había conformado y reclutado a su propio grupo de subfuentes para recopilar información que él negociaba por un pago. Él se quedaba con la mitad, y les daba la otra mitad a sus subfuentes. Su mayor error era decirles a todos que era un subagente del gobierno de los Estados Unidos. Tenía su propio chofer y guardaespaldas, y como había sido comandante, tanto él como su chofer andaban armados. Sin embargo, sus grabaciones eran efectivas y la información que obtuvimos a partir de ellas fueron invaluables para la DEA en el caso de Camarena.

No tardé en conseguir más fuentes y en hacer que la PJF y el Ejército Mexicano decomisaran algunos cargamentos que iban hacia Arizona. Sentía que me estaba adaptando a mi entorno y comportándome como un mexicano. Utilizaba la indumentaria de los vaqueros de Sinaloa: sombrero de paja blanco y botas y cinturones de cuero de animales exóticos. Me dejé crecer el cabello y la barba. Empecé a actuar y a pensar como los policías mexicanos.

Cargaba dos armas de fuego, una Smith and Wesson calibre 38 en la pistolera y una Colt 45 automática y liviana. Yo era un agente temporal en México y no tenía pasaporte diplomático; no lo sabía en ese momento, y la Embajada nunca me informó que yo no tenía inmunidad diplomática, es decir, que podía ser arrestado y recibir cargos penales, ya que portar un arma en México conlleva una condena automática de cinco años de prisión.

Le pedí a la Embajada que me consiguiera una placa de Sonora, México, para mi vehículo. Yo no tenía oficina, y la de la DEA estaba en el séptimo piso del edificio de un banco en el centro de Hermosillo. Era relativamente segura y tenía un estacionamiento subterráneo.

Yo debía llamar a la Ciudad de México una vez por semana y darles un informe sobre mi progreso. Enviaba mis informes escritos con la correspondencia de la Embajada. Trabajaba solo en México, sin supervisión alguna, y me exigía hasta el límite de mi mente y de mi cuerpo. Ahora que pienso en esa situación, me parece ridículo y absurdo que un agente trabajara en esas circunstancias. Cambiaba de hotel con frecuencia por razones de seguridad, modificaba mis hábitos constantemente y no frecuentaba los mismos lugares, por lo que, naturalmente, me familiaricé con todos los bares de la ciudad.

Me acostumbré a la vida rápida en México. Recorrí los estados de Sonora y Sinaloa y adquirí una red de fuentes. Empecé a trabajar con Christian Peralta, comandante de la PJF. Me pareció que habíamos desarrollado una buena relación de trabajo. Sin embargo, nunca he confiado en nadie y siempre estaba alerta. Traté de recordar todas las reglas fundamentales: no utilizar nunca las mismas rutas de viaje, no comer en los mismos restaurantes ni propiciar comportamientos que me condujeran a una emboscada. Llamaba para que limpiaran mi habitación antes de salir por la mañana y pegaba un pequeño pedazo de cinta trasparente en la puerta para ver si alguien había entrado durante mi ausencia; no iba a permitir que mis compañeros de oficina se hicieran ricos gracias a mi cadáver. Decir que yo era prudente era quedarse corto.

Le pasé al comandante Peralta la información obtenida de las fuentes y él comenzó a tomar nota, allanó algunas casas y decomisó numerosos cargamentos de marihuana gracias a mi información. También aprendí que beber en México tenía un nuevo significado; era una especie de competencia deportiva: el Macho mexicano *vs* el Loco irlandés. Me encontraba en forma y el consumo de licor se estaba convirtiendo en una segunda naturaleza para mí. Pensé en la vieja frase: "Dios inventó el licor, así que los irlandeses no gobernarán el mundo".

Una noche, después de confiscar dos toneladas de marihuana en una camioneta, el comandante Peralta me llamó para invitarme a cenar. Quedamos de encontrarnos a las nueve en el restaurante Sonoran Steakhouse. Llegué temprano, pues soy estadounidense, pero llegar tarde es normal en México, ya que es una costumbre de tipo cultural; no hay ningún problema en llegar con media hora o una hora de retraso. A mí me parece normal llegar diez minutos antes de una reunión. Tuve que esperar en todas mis citas y reuniones en México y nunca me acostumbré. Esperé cuarenta minutos al comandante, y me tomé un par de rones con Coca-Cola. El comandante llegó con un séquito, tal como era su costumbre, con su conductor y varios guardaespaldas. El subcomandante venía por lo menos con cuatro agentes en otro vehículo en calidad de guardaespaldas.

Los guardias bajaron del vehículo con fusiles AK-47, vestidos con trajes de ninja negros, seguidos por el comandante. Cuatro hombres permanecieron afuera de los vehículos, y dos se apostaron detrás de la mesa para protegerlo. Solo el comandante y el subcomandante se sentaron a la mesa. La cena comenzó con un trago de tequila seguido de otro, y luego pedimos whisky Buchanan's mientras esperábamos las carnes. No sales corriendo después de la cena, así que tomamos otros dos whiskys y una copa de coñac alrededor de la medianoche. Era un viernes y nos sentíamos cómodos. El comandante sugirió que fuéramos a su bar favorito. Tuve una ligera sensación de que me estaba tendiendo una trampa, pero el licor me había relajado y acepté.

El comandante le dijo a uno de sus guardias que condujera mi vehículo y se dirigiera a un club conocido como el Boxeo. Nos estacionamos frente a la entrada, los porteros del club nos gritaron que moviéramos nuestros vehículos, y los guardias del comandante se bajaron con sus AK-47 y les dijeron que se callaran y dejaran de molestarnos. Los empujaron a un lado, entramos y nos sentamos en una mesa cercana a la pista de baile; era la réplica exacta de un cuadrilátero de boxeo. El bar estaba lleno de gente y de muchas mujeres solteras. Un mesero llegó rápidamente a la mesa y el comandante ordenó una botella de brandy, que nos trajeron acompañada de Coca-Colas y de una jarra de hielo.

Cada copa requería de un brindis: uno por la salud, otro por el éxito y varios por las mujeres; brindamos por todo. Tomamos la primera botella con rapidez, el comandante sacó su pistola Colt 45 y golpeó la mesa frustrado luego de intentar servirse otro trago de la botella, que estaba vacía. Uno de sus guardias agarró a un mesero y lo reprendió por no haber traído otra. Después de eso, el mesero no se movió de nuestro lado, nos sirvió bebidas y nuestras copas nunca estuvieron vacías.

El comandante les hizo señas a unas señoritas que estaban en otra mesa para que se sentaran con nosotros .

"¿Por qué no? Soy tan macho como estos tipos", pensé.

Las damas aceptaron y, para mi asombro, bebieron más que nosotros. Era nuestra tercera botella, las damas eran coquetas y nos invitaron a bailar. Los escoltas, por supuesto, estuvieron cerca de nosotros mientras bailábamos. Que Dios se apiadara del primer tonto que se tropezara contra uno de ellos, pues habría sido golpeado con un rifle. Sobra decir que, después de un par de canciones, nadie más en el club bailó mientras lo hicimos nosotros. El comandante me estaba dando instrucciones sobre cómo bailar al estilo Sinaloa; el hombre mete su pierna entre las de la mujer, quien le empuja o le mueve la pierna. La mejor manera de describirlo es como una versión vulgar de Dirty Dancing, o cuando dos perros copulan en la calle. Las mujeres bailaban bien y cantaban mientras bailábamos. Eran ya las tres de la mañana y el bar estaba casi vacío, aunque los bares mexicanos permanecen abiertos toda la noche. El comandante y yo estábamos cantando y abrazándonos; ya éramos compadres borrachos.

Yo estaba bailando, o intentando hacerlo, y sentí que mi 45 automática se salió de mis pantalones. Acababa de guardarla en mis pantalones y tenía la camisa por fuera. En mi estado de ebriedad, intenté agarrarla antes de que cayera al suelo, pero no pude. Golpeó la pista de baile y rebotó; afortunadamente le había puesto seguro.

"Me lleva la chingada", pensé. Las leyes mexicanas prohíben

portar armas de fuego. Varias veces me habían preguntado en los puestos de control si llevaba un arma, y siempre dije que no. Era una situación muy preocupante, pero yo estaba más allá de eso.

Todos en el bar, incluido el Comandante, vieron mi pistola. Miré mi arma, y luego a todos por lo que pareció una eternidad. Los guardias de la PJF se llenaron de pánico y levantaron sus armas, dispuestos a dispararle a alguien, posiblemente a mí. Intenté recogerla, pero estaba ebrio, tambaleé hacia delante, y le di una patada involuntaria. Miré de nuevo mientras sonreía; me agaché por segunda vez, recogí mi pistola y la guardé en mis pantalones, con la cacha visible por encima de mi cinturón. Me reí casi a carcajadas, pues me sentía orgulloso de haberla recogido.

Miré al comandante, y tanto él como el subcomandante se estaban riendo a carcajadas. El comandante me vio con la pistola en mis pantalones, me dio una palmada en la espalda y exclamó: "Eso es, ahorita eres mexicano". Luego agregó: "Así es como un mexicano lleva su pistola".

Ya era considerado como un agente no oficial de la PJF. Gracias a Dios, siempre me las arreglaba para salir de estas situaciones tan disparatadas. Acababa de sobrevivir a lo que podría haber sido mi último aliento en la tierra. Uno de los guardias tuvo que llevarme al hotel. Caray, no recordaba ni mi propio nombre en ese momento. El comandante insistió en que una de las señoritas me acompañara a mi habitación, pues había recibido instrucciones para cuidarme y complacerme. Pero pasé las dos horas siguientes en el baño y me desmayé. Cuando me desperté y logré acostarme en la cama, la joven había perdido el entusiasmo, y no me importó. Toda la habitación me daba vueltas y pensé que iba a morirme de una intoxicación alcohólica.

Me levanté a las cuatro de la tarde; le di un poco de dinero a

la joven y se marchó. Almorcé y volví a dormirme. Yo había entablado una buena relación con el comandante, y en el transcurso
de los próximos meses repetí varias veces lo que había sucedido
esa noche, pero sin mencionar lo de mi pistola.

No bebía mucho antes de trabajar en México, pero me adapté
muy rápido a mi nuevo entorno y pensé que el dicho "el licor es
el néctar de los dioses" debía de ser cierto, pues adquirí una gran
afición por el tequila.

Llevaba poco más de dos meses en México cuando una fuente
me contactó y me dijo que un camión con remolque partiría de
Culiacán, Sinaloa, con mangos y con un cargamento de cocaína
camuflado entre las cajas. Agregó que estaba presente cuando
la cocaína fue cargada en el camión. Me dio el color del camión,
el logotipo de la compañía que tenía en la puerta y el número
detrás del remolque.

También me dio la hora exacta en que había salido de Culiacán, y la hora en que debía pasar por Hermosillo. Se suponía que
el camión iría directamente a Nogales, Arizona, y cruzaría por el
Puerto de Entrada Mariposa. Decidí seguirlo y tratar de locali-
zarlo en Hermosillo. Me contacté con René y Layne y les di toda
la información. René me dijo una vez más que yo estaba loco por
trabajar en México y agregó que no volvería a cruzar la frontera. Un pequeño detalle que omití fue el hecho de que el cargamento iba a ser escoltado por guardias armados, quienes se hacían
pasar por agentes federales mexicanos. De todos modos, René y
Layne lanzaron un plan operativo en el Puerto de Entrada para
asegurarse de que el cargamento fuera inspeccionado.

Hablé con funcionarios de la DEA en Hermosillo, pero estaban ocupados con otros temas y se mostraron escépticos con respecto a la información. Además, se suponía que el camión llegaría

a Hermosillo al anochecer, y la Embajada no les permitía a ninguno de sus agentes viajar de noche en México. Las carreteras son horribles y no tienen arcenes, los vehículos paran en medio de la carretera con las luces apagadas y sin señales de tránsito, por no mencionar que el ganado y los caballos siempre circulan por las mismas. La DEA tampoco permitiría que ningún agente viajara solo, y el hecho de que el cargamento fuera escoltado por guardias armados tampoco era demasiado atractivo. La DEA me aconsejó no seguir el camión, pues era demasiado arriesgado.

Yo no era precisamente el agente más sensato, así que me dirigí a la carretera en las afueras de Hermosillo, pues todos los vehículos pasaban por allí. Estaba portando armas de manera ilegal en México, y sin inmunidad diplomática. Me encontraba solo, sin radio y con un teléfono celular que no funcionaba la mitad del tiempo. Me disponía a viajar de noche y seguir a un camión escoltado por guardias armados. ¡Pensé que la vida era buena!

Vi el camión casi a las seis de la tarde. Llevaba el nombre de la compañía que me había dado la fuente, los números del remolque coincidían y lo mejor de todo era que no vi escoltas ni vehículos detrás del mismo. Dejé que pasara y lo seguí detrás de otros vehículos. El camión pasó por Hermosillo utilizando la ruta de camiones, y cuando llegó al norte, tomó la Autopista 15 hacia Nogales. Permanecí a una distancia considerable, camuflado entre otros vehículos. No había anochecido y aún había luz suficiente para ver, y como si fuera poco, era luna llena y la carretera estaría mucho más iluminada que de costumbre. Pensé que todo era perfecto.

A unas de 10 millas hacia el norte, vi una camioneta que venía muy rápido, a unas 90 millas por hora o más.

"Probablemente es una Patrulla de Carreteras de México", pensé.

Cuando pasó a mi lado, vi a dos sujetos en la cabina y a tres en la caja. Llevaban ropa negra de estilo militar, semejante a los uniformes de la policía judicial federal mexicana. Los tipos que iban atrás llevaban rifles AK-47.

Efectivamente, la camioneta alcanzó al camión y lo siguió detrás. ¿Iban a detenerlo? Por supuesto que no. La camioneta encendió las luces y lo escoltó.

"Mierda, llegaron los escoltas", pensé. Debí haber reaccionado con inteligencia y regresar a Hermosillo, pero tres horas después, la camioneta y yo llegamos a los límites de la ciudad de Nogales, Sonora.

Seguí a los vehículos a una zona de bodegas donde entraron a una que estaba rodeada de vallas. Traté de encontrar un lugar para vigilar, pues era un sector peligroso y nada apropiado para realizar labores de vigilancia. Además, ya era casi medianoche y todo estaba en silencio; yo habría llamado la atención sin importar en dónde me estacionara. Era absolutamente imposible observar el camión desde donde me encontraba. Pensé en caminar hasta el camión, pero comprendí que era un suicidio, pues sería asesinado de inmediato en caso de ser descubierto. No tenía otra opción que irme de allí.

Crucé la frontera para reunirme con René y Layne en la oficina. Les informé del camión y los guardias armados, y ellos me dijeron que haber seguido el camión había sido una verdadera locura. Le dijeron a otro agente que observara el camión y alertaron a los inspectores para que lo registraran minuciosamente cuando cruzara el Puerto de Entrada. Me quedé dormido en un sofá de la oficina hasta el amanecer.

Regresé a Hermosillo alrededor del mediodía. Suministré todos los detalles y la ubicación del camión mientras el comandante escuchaba atentamente y hacía varias llamadas a su oficina en Nogales, Sonora. Luego me dijo que se pondría en contacto conmigo. Volví a mi hotel para dormir un poco y cambiarme de ropa. Una vez más, me fui a otro hotel por razones de seguridad. No me gustaba la idea de que el comandante y sus hombres supieran dónde me alojaba. La señorita que me había acompañado a la habitación había hecho varias llamadas a mi cuarto desde la recepción.

Yo no confiaba en nadie, ni en la PJF ni en el Ejército, y menos en las mujeres que recibían órdenes de estar conmigo. Sabía que mi punto débil era no poder cambiar de vehículo; tenía el único Caprice color chocolate que había en todo México.

René me llamó a las cuatro de la tarde para decirme que el camión había entrado a Estados Unidos; lo habían registrado minuciosamente y no habían encontrado drogas. Me sentí enojado conmigo mismo, pues era obvio que el camión llevaba un cargamento de cocaína. Quise haber visto cómo lo habían descargado o en qué vehículo habían guardado la droga. Esa misma tarde volví a la oficina del comandante y le pregunté si les había dado órdenes a sus hombres en Nogales para allanar la bodega. Me dijo que me sentara y me explicó cómo funcionaban las cosas en su país.

"Compadre, me simpatizas, pero debes entender cómo funcionan las cosas en México. Esto no es Estados Unidos", me dijo. Él había hecho averiguaciones; sabía quién era el propietario de la bodega y quién había escoltado el camión hasta la frontera. Reconoció que tal vez el camión llevaba cocaína y luego me dijo sin más ni más: "Hay un soborno de por medio". Sus superiores le habían ordenado que no investigara el camión.

Ese fue el final de la historia. El comandante habría sido retirado de su cargo, o corrido con peor suerte si hubiera tomado medidas. Me preguntó en varias ocasiones cómo me había enterado del camión y quién me había informado, y le respondí que yo tampoco revelaba mis fuentes.

Dejé que las cosas se calmaran durante una semana o algo así. Una tarde decidí almorzar con Bill, el agente residente de la DEA a cargo. Decidimos ir a Xochimilco, un magnífico restaurante antiguo donde preparan los filetes a la parrilla delante de ti y una señora hace tortillas tan grandes como la tapa de un bote de basura. Hasta el día de hoy, siempre que estoy en Hermosillo frecuento ese restaurante. Bill y yo pedimos nuestros platos y luego me susurró al oído que un excomandante de la PGR acababa de entrar con tres matones.

—¿Y cuál es el problema? —pregunté.

—Le escribí una carta a la Embajada pidiendo que lo despidieran porque era corrupto y trabajaba directamente con los principales narcotraficantes de Sinaloa —respondió Bill, quien creía que el hombre había sido arrestado o se había ido de Hermosillo.

El mesero nos trajo los gigantescos filetes de carne.

"Mierda, espero que tengan antiácidos para acompañar la comida", pensé.

Cada vez que yo miraba, el excomandante y sus hombres nos estaban observando. Era imposible que ese pendejo intentara hacernos algo en el restaurante. El gobernador iba allí con mucha frecuencia, al igual que todas las personas influyentes de Hermosillo. Bill y yo comimos en tiempo récord, apenas masticamos la carne, pero era tan deliciosa y suave que se derretía en tu boca. Llamamos al mesero, pagamos la cuenta y Bill y yo subimos a su vehículo. Vimos que el excomandante y sus hombres hacían lo mismo.

Bill encendió su camioneta Dodge Ram y salimos a toda velocidad; nos reímos de nosotros mismos y hablamos del comandante corrupto y de las cosas en las que estaba involucrado, desde asesinatos y sobornos hasta la escolta de cargamentos de droga a la frontera, tal como lo hacían prácticamente todos los policías en México. Entonces, sin previo aviso, vimos que un sedán Mercury nos adelantó y se detuvo en el próximo semáforo. Dos matones se bajaron y caminaron hacia nosotros. Nuestros mayores temores se estaban haciendo realidad. Estábamos a punto de enfrascarnos en un maldito tiroteo en una calle principal de México. Saqué mi pistola, listo para disparar, cuando Bill aceleró la Dodge y avanzó por la acera y por un terraplén, esquivando árboles y personas.

Bill pidió ayuda por radio. Uno de los agentes respondió, y Bill le informó que nos estaban persiguiendo. El agente lanzó la señal de emergencia y dijo que necesitábamos ayuda. Yo había observado el vehículo del comandante corrupto, y vi que los dos matones subieron de nuevo al automóvil y empezaron a perseguirnos.

Sentí una sensación desgarradora en el estómago. Yo había sido el perseguidor en muchas ocasiones, y ahora los papeles se habían invertido. Bill condujo su camioneta como un loco mientras esquivábamos el tráfico y girábamos abruptamente en dos ruedas. Habíamos dejado atrás al auto que nos perseguía y di nuestra ubicación por radio. Llegamos a toda velocidad al estacionamiento subterráneo del banco, donde nos esperaban los agentes de la DEA. Se encontraban detrás de dos grandes columnas de concreto, uno a cada lado, listos para disparar. Bajamos de la Dodge y nos resguardamos.

Afortunadamente, no se presentó ningún incidente, pero la situación fue lo bastante apremiante como para sentirnos incómodos y todo el mundo permaneció en la oficina hasta después de

medianoche, haciendo llamadas telefónicas y exigiendo que detuvieran al ex comandante. El comandante Peralta llamó finalmente
y dijo que el ex militar había sido detenido y que sería enviado
a la Ciudad de México para enfrentar cargos legales. La DEA y la
Aduana estaban preocupadas y nos iban a obligar a Bill y a mí a
salir del país por razones de seguridad, pero le restamos importancia a la situación y dijimos que era suficiente con que hubieran
arrestado al ex comandante. Aunque yo apreciaba a Peralta, sabía
que se había limitado a decirle al ex comandante que se fuera de
la ciudad y que se mantuviera alejado. Lo último que necesitaba
México era otro incidente internacional por el asesinato de un
agente estadounidense. La situación de Camarena había sido un
fuerte golpe para México y nadie quería que asesinaran a otro
agente estadounidense; ni siquiera los capos del narcotráfico. El
incidente de Camarena los había afectado mucho y su único interés era ganar dinero.

Un par de noches más tarde, Bill y dos agentes de la DEA
fueron a buscarme mientras yo estaba escuchando música en el
bar del hotel. Habían trabajado hasta tarde, y mi oficina les pidió
comprobar que yo estuviera bien. Al parecer, un informante fue a
la oficina de Nogales y le dijo a Carlos, mi supervisor, que yo
había sido asesinado ese día en México.

En esa época, la DEA estaba realizando una operación de gran
envergadura llamada Vanguardia, que consistía en fumigar cultivos de amapola en los estados de Sinaloa, Jalisco y Michoacán.
Acompañé a Bill en una de sus visitas a Mazatlán, Sinaloa, para
trabajar en la operación. Dos agentes de la DEA y un oficial de la
PJF sobrevolarían la zona en una avioneta Cessna, localizarían los
cultivos, y otro avión fumigaría y destruiría la amapola y la marihuana. Esta operación se vio interrumpida poco después, cuando

los narcotraficantes derribaron un avión aspersor y el piloto murió. Las operaciones se suspendieron rápidamente. Sin embargo, la operación Vanguardia no fue completamente inútil.

Bill y yo llegamos al aeropuerto de Mazatlán y fuimos fotografiados de inmediato por la policía estatal, que trabajaba para los traficantes. Nos siguieron hasta el hotel y nos mantuvieron bajo una vigilancia constante. Los agentes de la DEA asignados a la oficina de Mazatlán nos recogieron en el aeropuerto y nos dieron armas de dotación, pues no podíamos llevarlas en el avión.

Los agentes de Aduanas y de la DEA asignados permanentemente a México tenían pasaportes diplomáticos y eran inmunes a registros, incautaciones y detenciones. Pero yo no podía meter la pata. Solo en 1997, cuando regresé a México como asistente agregado, me di cuenta de la gravedad de mis acciones en 1985.

Nos registramos en el hotel, dejé mi maleta sobre la cama, puse cinta adhesiva en la parte superior de la puerta como siempre lo hacía, y salí a cenar y a beber. Cuando regresé al hotel, la cinta había desaparecido. Saqué mi arma y entré. Alguien había registrado mi habitación. Mi maleta estaba vacía y su contenido desperdigado por toda la habitación. Los pendejos ni siquiera habían revisado con discreción. Querían que yo supiera que habían inspeccionado toda la habitación y que me estaban observando. Yo sabía que habían buscado armas o algún documento.

La primera noche no fue precisamente la típica en un resort mexicano. Había ocurrido un motín en una cárcel, y más de treinta asesinos y narcotraficantes habían matado a varios guardias y escapado. Las sirenas y los disparos constantes se escuchaban en el hotel. En un momento dado, los policías estatales corrieron por la calle con sus uniformes negros y armas automáticas, y le dispararon a alguien. Los turistas corrieron a sus habitaciones y el bar del hotel quedó desierto, excepto por nosotros.

El tiroteo se propagó por toda la ciudad y se prolongó por más de seis horas. A Bill y a mí nos pareció emocionante, pero fue una experiencia terrorífica para los turistas; algunos interrumpieron sus vacaciones y se marcharon al día siguiente. Debo admitir que si yo hubiera estado de vacaciones con mi familia, también me habría largado de México.

En esa época, y al igual que ahora, los turistas estadounidenses se enteraban gracias a la prensa de los tiroteos en las calles y de los narcotraficantes que lanzaban granadas de mano y decapitaban a funcionarios de la policía. A mí me encanta el calor de México y de su gente, y lo visito varias veces al año.

Las cosas se calmaron al día siguiente, y pensamos que sería agradable salir de noche, pues no estábamos de servicio ni tendríamos que viajar. Fuimos a Boy's Town, un lugar con mala reputación, y todo adquirió un aspecto totalmente nuevo. Era un sector de dos cuadras llenas de bares. Se parecía a la calle Bourbon de Nueva Orleans. La calle tenía barricadas y era custodiada por la policía. Varios grupos musicales estaban tocando, las mujeres semidesnudas estaban en puertas y ventanas, los empleados invitaban a todos los transeúntes a beber y disfrutar de la compañía femenina en los clubes.

Bill y yo compramos dos docenas de rosas y le dimos una a cada una de las señoritas guapas que veíamos. Fuimos de un extremo de la calle al otro hasta que repartimos todas las rosas. En todos los clubes, las señoritas que habían recibido las rosas se sentían felices. Nos invitaron tequila y cerveza, y nos prometieron el éxtasis más allá de nuestros sueños. En cada bar nos tomábamos

un par de copas y coqueteábamos con ellas; estaban tan agradeci-
das por las rosas que podríamos haber tenido sexo con todas, pero
yo sabía que eso sería un error, pues no queríamos que la policía
local nos sorprendiera con los pantalones abajo. Así, después de
bailar y de acariciar muchas tetas hermosas durante varias horas,
regresamos al hotel. Si hubiéramos sabido que nadie nos estaba
observando, estoy seguro de que habríamos llevado a un par de
damas a nuestra habitación.

Tomamos unas copas en el bar del hotel, que estaba frente al
mar; la noche era muy hermosa. Habría sido genial ser turistas
comunes y corrientes, pero no lo éramos. Solo había tres personas
en el bar, y comenzamos a conversar. Un estadounidense había ido
a pescar y una joven pareja canadiense estaba en su luna de miel.
El tipo estaba muy drogado, y constantemente decía "eh", lo cual
era muy molesto, pero su mujer era muy atractiva, con su bikini y
su chal mexicano.

Los invitamos a tomar tequila, y ellos nos devolvieron la invi-
tación. El pescador se fue a su habitación. La joven esposa era más
insinuante después de cada copa de tequila; era obvio que no estaba enamorada de su marido y se despidieron después de tomar
seis copas. Nos dieron las buenas noches y se marcharon, el marido apenas podía caminar.

Bill y yo nos reímos; el pobre pendejo sería un inútil en su
noche de bodas. Decidimos tomar una última cerveza antes de
irnos a dormir. Quince minutos después, la mujer volvió a la barra;
renegó y nos dijo que su esposo estaba completamente borracho y
la había rechazado. ¿Qué podía hacer un hombre como yo? La consolé. Ella tomó tequila y me preguntó si podía ir a mi habitación;
quería consumar su matrimonio esa noche y creo que yo estaba de

suerte. ¿Cómo podía un hombre negarse a una propuesta como esa? Le dije a Bill que lo vería por la mañana.

Fue una noche interesante, y la primera vez que vi piercings en las zonas íntimas de una mujer.

Al día siguiente volvimos a Hermosillo. No queríamos estar cerca de los recién casados y los dos teníamos mucho trabajo en Sonora.

SONORA estaba inundada de narcóticos y el lavado de dinero era evidente en todas partes. Muchos de los principales narcotraficantes tenían mansiones semejantes a castillos del Mediterráneo. Una de ellas ocupaba una manzana entera, y había varias a lo largo de la playa en San Carlos, Sonora. Todos los narcotraficantes tenían varios ranchos y viajaban en caravanas, como cualquier jefe de estado.

Una noche fui a beber con los agentes de la DEA; creíamos que estábamos obteniendo buenos resultados, cuando en realidad no habíamos hecho la menor mella en el tráfico de narcóticos. Pero éramos muy jóvenes y teníamos deseos de hacer las cosas bien; pensábamos que cada incautación de droga era todo un logro. Estábamos en un bar mexicano conocido como el Sol Naciente. Era muy semejante a un pub británico, el propietario estaba casado con una mexicana y nos sentimos cómodos. Además, estaba frente a la Universidad de Sonora y era frecuentado por hermosas universitarias. Pronto se convirtió en nuestro bar favorito, pero cometí el error de ir con mucha frecuencia. No sabíamos que la policía estatal, que trabajaba para los traficantes, nos vigilaba constantemente.

Mi estadía en México transcurrió con rapidez. Antes de darme cuenta ya era noviembre. Una vez fui al Sol Naciente; bebí mucho y me dispuse a regresar al hotel. Estaba tomando un poco de aire fresco afuera y tratando de recuperar la sobriedad, cuando algo me llamó la atención. Alguien encendió un cigarrillo. Vi a dos tipos fumando en un vehículo; me estaban observando. Fingí que no los había visto, pero no tuve la menor duda.

Me estaban siguiendo de nuevo. Es muy desconcertante ser perseguido; no sientes tu adrenalina, solo una corazonada desgarradora que se asienta en tu estómago como el virus de la gripe. Tus sentidos no están aguzados como cuando persigues a alguien, y tu juicio tambalea.

Subí a mi auto, pensando en dar una vuelta antes de regresar al hotel, pues quería ver quién me seguía; tal vez era la policía judicial de Sonora. Conduje de forma errática y traté de dejarlos atrás y, finalmente, después de varios giros en U, los perdí de vista y regresé al hotel. Al día siguiente le comenté el incidente a Bill y le pregunté si la policía estatal también los estaba persiguiendo a ellos. Bill no había visto a nadie, pero de todos modos alertó a sus agentes para estar seguro.

Yo había olvidado las reglas básicas de supervivencia; comencé a frecuentar los mismos bares y a sentirme invercible en México. Permití que mi rutina diaria fuera predecible: comía en el mismo restaurante, bebía en el mismo bar y siempre tomaba la misma ruta para ir a esos lugares. Me estaba permitiendo convertirme en una presa fácil. Siempre había creído que podía ir a cualquier parte del mundo; mi filosofía era que si no pareces un turista, la gente no te molestará, y no terminarás convertido en una víctima.

Pero dos semanas después, estaba de nuevo en el Sol Naciente, bebiendo y pasando un buen rato. Era mediados de semana y no permanecí hasta tarde. Comí algo, salí del bar a las nueve y vi al vehículo que me había perseguido anteriormente. Dos personas estaban en otro vehículo. Los había dejado atrás la vez anterior, y pensé que podía hacerlo de nuevo.

Subí a mi Chevy y me salté varios semáforos en rojo, esperando que mis perseguidores quedaran atrapados en el tráfico. Pero no fue así. Es más difícil alejarse de dos vehículos que de uno; hice varios giros en U, pero de nada sirvió. Recorrí varias cuadras con la esperanza de dejarlos atrás, pues no quería que descubrieran mi hotel. Entonces cometí lo que pudo ser un error fatal. Me perdí en una vía secundaria y llegué a un callejón sin salida que no tenía señales de tránsito. Frené para no subir por una calle muy empinada al final del callejón y giré para salir de allí.

Ya era demasiado tarde: los dos vehículos habían bloqueado el maldito callejón. No tenía la menor idea de dónde demonios estaba. Tampoco podía pedir ayuda, pues no había traído mi radio. Miré con impotencia, los autos estaban al otro extremo de la calle. Por primera vez en mi vida tuve miedo y pensé que podría morir. Mi vida no desfiló por mi mente, pero pensé que René había tenido razón. El tiempo se detuvo. No sé cuántos segundos o minutos transcurrieron, y simplemente me dije que había llegado el final. Me resigné al hecho de que iba a morir esa noche en aquel callejón sin salida, pero estaba decidido a llevarme a uno de mis atacantes conmigo. Desenfundé mi Colt 45, saqué el cartucho adicional de la guantera y lo guardé en el bolsillo de la camisa. Bajé las cuatro ventanillas del auto para dispararles. Mis temores se duplicaron. Dos sujetos estaban de pie delante de los vehículos, y uno de ellos parecía tener un AK-47.

Decidí que esa sería mi última actuación, como la de una película de vaqueros.

Encendí las luces altas y pisé el acelerador a fondo; embestiría a esos pinches cabrones y saldría de allí cubierto de gloria. Mi adrenalina estaba a mil, agarré mi pistola y el volante. Me sentía completamente enloquecido e iba a luchar por vivir.

Era cuestión de asesinar o ser asesinado. Tenía el acelerador en el piso y me sentí invadido por la ira. Vi a los tipos prepararse con sus armas de fuego y apuntarme. Yo iba a toda velocidad, sosteniendo el volante con fuerza y preparándome para el impacto. Luego, y por increíble que parezca, uno de los vehículos se desvió. Estuve a menos de 3 pies de sufrir un choque estrepitoso. No sé por qué demonios se desviaron.

Doblé la esquina en dos ruedas y huí tan rápido como pude. Agradecí a mis estrellas irlandesas de la suerte, pues una vez más había escapado de la muerte por muy poco. Tal vez los tipos lo pensaron dos veces, o temieron que un choque habría dejado evidencias y averiado seriamente sus autos. Creo que cada uno de nosotros tiene un reloj con una hora designada de antemano, y la mía no había llegado todavía.

Fui directamente a la oficina de la DEA y llamé a Bill. Le dije lo que había sucedido, y le informé a la Embajada en la Ciudad de México. Era el segundo intento de asesinato que había sufrido, y nadie quería que mataran a otro agente estadounidense en México. Al día siguiente me informaron que tendría que salir del país por razones de seguridad. Mi misión en México había terminado por ahora. Fui acompañado de regreso a los Estados Unidos por los agentes de la DEA. Había sido una experiencia alucinante, pero yo sabía que tenía que irme.

ASUNTOS INTERNOS

CUALQUIER oficial de policía que conozca su oficio, cumpla con su trabajo y haga arrestos e incautaciones, seguramente ha lidiado con la Oficina de Asuntos Internos. Quienes representamos la autoridad le hemos dado varios nombres a esta oficina, como por ejemplo, Cazadores de Cabezas, Lado Oscuro, o adjetivos más explícitos, como cabrones o pendejos. No importa lo bien que hagas tu trabajo, alguien encontrará una razón para quejarse. Esto suele suceder con todos los empleos en general, pero en todas las agencias de la ley hay personas traidoras o envidiosas, que se sienten lastimadas o excluidas, y culpan a los demás por no ser promovidas.

Cuando te conviertes en el sujeto de una investigación de Asuntos Internos, tu departamento te abandona y tus compañeros de trabajo te miran con lupa. Muchos agentes no resisten la presión; empiezan a beber y a discutir con sus esposas, se divorcian

y hacen cosas realmente estúpidas. Te conviertes en un margi-
nado social y te sientes completamente solo. Tienes que defender
tus acciones en torno a la investigación, sin importar si creías ser
un gran agente o haber hecho un gran trabajo.

Si tienes suerte, puedes ser entrevistado por alguien con un
poco de experiencia, o por un individuo que no tenga nada en
contra de tu departamento. La triste realidad en el Servicio de
Aduanas y del ICE es que Asuntos Internos tiene muy pocos agentes cualificados; la mayoría son unos idiotas rematados y nunca
han trabajado en una investigación criminal importante.

El suroeste del país estaba agitado. La corrupción se había
apoderado de Miami, Florida, pocos años atrás, y ahora la atención se centraba en los estados del oeste. Esta cacería de brujas fue
llamada operación Panel Azul, que terminó siendo una investigación exhaustiva del Congreso con un sinfín de audiencias sobre la
corrupción en diversos organismos.

Dos agentes de alto rango que trabajaban juntos en el Centro
de Entrenamiento de la Aplicación de la Ley Federal en Glynco,
Georgia, no tardarían en convertirse en rivales a muerte enfrascados en una lucha por el poder. Eran dos tipos pesados y
desagradables; habían trabajado más de doce años juntos, y la ani-
mosidad entre ellos se desbordó. Y en una situación desafortunada
para el Servicio de Aduanas y el distrito de Arizona, ambos tenían
un poder inmerecido.

Bob fue promovido a agente residente a cargo de Asuntos Internos en Tucson, Arizona. Era un hombre enorme, de 6 pies y 4
pulgadas y más de 300 libras de peso; obeso sería un mejor término para describirlo. Algunos agentes son alcohólicos, pero Bob
era adicto a la comida.

La Oficina de Investigaciones de la Aduana de Estados Unidos era un lugar difícil y el trabajo era muy exigente. Solo aquellos que tenían la dedicación y la capacidad para manejar investigaciones complejas recibían un poco de respeto por parte de sus compañeros o de la administración. Los empleados descontentos o perezosos que no llevaban a cabo las investigaciones, eran amonestados o registrados rápidamente por los supervisores por no hacer su trabajo. Era lo que sucedía, y sigue sucediendo, con los agentes reclutados por la oficina de Asuntos Internos.

Don fue asignado a la oficina de Nogales como agente residente a cargo. Él y Bob se odiaban mutuamente. Don era un hombre bajito con complejo de Napoleón. Era alcohólico, trataba a las mujeres con una falta de respeto absoluta y su hogar era un desastre total.

Nietzsche dijo: "Lo que no mata, te hace más fuerte", pero Don olvidó que siempre perdías una gran cantidad de sangre en el proceso.

Como señalé anteriormente, Anna, nuestra secretaria, llevaba varios años trabajando en la oficina. Un día, mientras ella estaba enferma en casa, el conductor de una grúa fue a la oficina para recibir el pago luego de haber remolcado un vehículo incautado. Un agente que estaba ayudando a Anna con las facturas tomó el recibo, buscó en el archivo y le dijo al conductor que esa cuenta ya había sido pagada. Después de discutir, el agente investigó un poco y encontró varios recibos y facturas duplicadas que tenían un aspecto sospechoso.

Don exigió una investigación inmediata, se puso en contacto con Asuntos Internos y comenzaron a trabajar con nuestros agentes. La dulce y querida Anna había robado casi 40.000 dólares, por espacio de unos cinco años, mucho antes de que Don se hiciera cargo de la oficina. Cuando el agente residente a cargo se ausentaba por un día o una semana, otro agente principal o supervisor lo reemplazaba y tenía la autoridad para pagar facturas y recibos. Era una cadena de mando semejante a la militar. Anna era astuta; esperaba que algún agente desprevenido se hiciera cargo de la oficina, le entregaba un duplicado de la factura y le decía que el agente residente a cargo había olvidado firmarla.

¿Quién no confiaría en su dulce sonrisa y en su voz inocente? Ella engañó a casi todos los agentes de la oficina. La dulce y querida Anna les llevaba una copia de una cuenta y les pedía que la firmaran para pagarla. En una ocasión pedimos veinte antenas para nuestros vehículos; tres de nosotros firmamos las facturas falsas y terminamos pagando sesenta. Ella compraba maquillaje, útiles escolares para sus hijos, productos femeninos, etc. y los cargaba a la oficina. Había establecido un sistema para desfalcar a la agencia.

Dos agentes trabajaron varios meses examinando los recibos y las facturas de los últimos cinco años. Asuntos Internos le dio un giro diferente al proceso; en lugar de arrestar a Anna y de exigirle la devolución del dinero, le pidió que cooperara, y grabaron un video para utilizarlo en labores de entrenamiento. Bob seguramente contrató a un buen escritor para redactar el guión, porque la dulce y querida Anna le echaba toda la culpa al agente residente a cargo y a los agentes de la oficina de Nogales en el video, y alegó que si había robado fondos de la oficina, se debía a nuestra falta de diligencia. Según ella, nunca habría sentido la tentación de robar si hubiéramos supervisado sus compras. Así que no recibió ninguna condena y toda la oficina fue descrita como incompetente en el video. Todos los asaltantes de bancos deberían utilizar ese argumento: "Si el banco tuviera una mayor seguridad, yo nunca lo habría asaltado". Don y el diputado del agente especial a cargo (SAC, por sus siglas en inglés), decidieron hacer otra inspección en la Oficina de Douglas durante un par de días. Sin razón aparente, Don me dejó a cargo de la oficina como el agente residente interino a cargo. No puedo decir que me alegrara, pues yo no era el agente más antiguo; tenía que aprobar todos los informes, atender llamadas telefónicas y lidiar con la mierda de todos los días. En esa época, nuestra oficina había contratado a cuatro nuevos agentes, dos eran novatos recién graduados de la universidad, y los otros dos habían sido agentes GS-13 del FBI en Nueva York. Uno era hombre y se llamaba Fred; el otro era una mujer y no diré su nombre. Fred podía recibir entrenamiento, pero la agente, una niña consentida que debería haber sido despedida en los primeros seis meses, causó más de un problema en la oficina.

Un par de semanas atrás, Fred había respondido una llamada del Puerto de Entrada y arrestado a un hombre después de que los inspectores de Aduanas descubrieran 2 kilos de heroína en su Volkswagen. El propietario registrado del vehículo había tratado de recuperarlo a través de su abogado, que vivía en Douglas, Arizona. Esto me pareció extraño, pues el VW era un trasto sin ningún valor. Inspeccionamos el vehículo de nuevo y encontramos otros 2 kilos de heroína, así que decidimos entregar el auto y detener al propietario. Don estaba ausente, y yo había examinado el decomiso de la droga y la forma de incautación, y firmado abajo sin percatarme de una pequeña casilla de verificación.

Como dice el refrán: "Todas las desgracias vienen juntas". Aduanas emitió un comunicado de prensa sobre los 2 kilos adicionales, y el maldito abogado del dueño del VW llamó y dijo: "Les diré algo, quédense con el auto".

"Quiero la cabeza de alguien", me dijo Don por teléfono.

Agregó que no soportaba más a Fred, que había sido agente del FBI, y que lo iba a despedir de inmediato".

Noté que Don había bebido, pues estaba arrastrando las palabras. Fred tenía menos de tres meses en el trabajo y lo podrían despedir sin causa alguna si así lo decidía el RAC. Fred estaba a punto de enfermarse, pero yo me sentí enfermo. Don me llamaba cada treinta minutos y me gritaba. La situación era insoportable.

Don debía regresar a la oficina a las ocho. Fred lo estaba esperando mientras pensaba que sería despedido. Decidí decirle a Fred que se fuera a su casa.

—¿Estás loco? —me preguntó.

—Sí —respondí—. Puedo lidiar con Don, así que lárgate de aquí.

Fred dudó un momento, y finalmente se marchó.

Don llegó a las ocho en punto con el diputado del SAC. Armó un escándalo en la puerta de la oficina, gritando a todo pulmón:

—¿Dónde diablos está Fred?

Yo estaba sentado en la silla de la secretaria a un lado de la puerta principal.

—Lo envié a casa —le dije.

—¡Te dije que lo tuvieras aquí! Voy a despedirlo. Dile que venga ahora mismo —tronó Don.

—No; el responsable soy yo. Aprobé el formulario en tu ausencia, así que el error es mío, no de Fred.

Don comenzó a gritarme, y el diputado del SAC dijo:

—Espera aquí.

Cerraron la puerta de la oficina para discutir el asunto, y después de unos diez minutos en tiempo real, o en la eternidad en mi mente, me dijeron:

—Vámonos.

Cerramos la oficina, fuimos a la taberna de Scotty.

—Tienes razón. Eres un hombre de palabra, fue un acto de valentía enviar a Fred a casa —me dijeron.

Me invitaron a varias cervezas y todo quedó perdonado. Fred fue reprendido al día siguiente, pero conservó su trabajo.

Mientras tanto, Bob se sintió en el cielo después de descubrir el desfalco de Anna; cualquiera pensaría que se había ganado un Oscar. Se puso en contacto con la oficina de Washington, D.C. para crear una gran fuerza de trabajo denominada Operación Tormenta de Fuego. Bob quería construir un imperio, y su oficina solo contaba con cuatro agentes en ese momento mientras que la Oficina de Investigaciones de Arizona tenía más de 260 agentes especiales. El objetivo de Bill era tener más de cuarenta agentes; reclutó a todos los que estaban descontentos con la oficina de investigaciones, y no obtuvo un ascenso debido a su ineptitud o incompetencia. El momento era perfecto. Bob acudió a los más altos niveles, describió la corrupción en la frontera suroeste y dijo que iba a limpiar la casa.

Se jactaba ante sus agentes de ser "la única ley al oeste de Pecos" y se refería a ellos como los Intocables. Presumía que podía arruinar la carrera de un agente con una sola llamada telefónica. Le decía a su personal que quería la sangre de un agente. En realidad, creo que se le habían subido los humos. Es increíble cómo el poder afecta a las personas; se vuelven envidiosas y abusivas, y cometen excesos. La forma en que Bill perseguía a los agentes de la Oficina de Investigaciones era exagerada por decir lo menos. Cualquier infracción menor era considerada como causa para emprender una investigación.

El agente especial a cargo del FBI en Phoenix, Arizona, fue entrevistado sobre la Operación Tormenta de Fuego y sobre los comentarios de Bill acerca de la corrupción en el suroeste y fue citado en el periódico *Phoenix Sun* diciendo que Bob estaba equivocado, que era como una bala perdida y que no sabía cómo proceder con las investigaciones internas. Eso no detuvo a Bill, que había forjado su imperio de agentes de la muerte y necesitaba chivos expiatorios.

Escogió a un grupo de agentes ineptos para trabajar con él. Uno de ellos tenía la inteligencia de un estudiante de tercer grado; otros agentes le escribían sus informes y Bob le redactó su hoja de vida para una promoción. Estos agentes incompetentes estaban recibiendo auditorías documentales para demostrar que podían trabajar en casos de un mayor nivel a fin de ser promovidos como altos agentes especiales.

Los agentes de la Oficina de Investigaciones tenían que investigar casos de gran magnitud en materia de fraude, de narcóticos, de lavado de dinero y de contrabando. Estos casos fueron clasificados como una investigación tipo A, que involucraba a infractores del más alto perfil; nuestros agentes tenían que redactar una declaración jurada, y las investigaciones involucraban por lo general a una fuerza de trabajo conformada por varias agencias.

Los agentes eran recompensados por investigar a un inspector que se tomara un día más por enfermedad, o por cualquier falta menor. Un supervisor de primera línea podría haber manejado casi todas sus investigaciones.

Si he aprendido algo en este trabajo es a no alinearme con nadie. Los agentes que son ascendidos porque tienen un padrino saben muy bien que cuando este se retira, ellos son despedidos y caen más rápido que cualquiera. Esto les sucedió a varios agentes cuando el reinado de terror de Bill llegó a su fin y el grupo de imbéciles fue disuelto. Todos los agentes de Asuntos Internos se quejaron ante todos los funcionarios del gobierno sobre la forma en que fueron silenciados por investigar grandes casos de corrupción. Ellos sostenían que la corrupción se daba al nivel más alto y podía involucrar incluso a senadores. Adoptaron el papel de víctimas de un encubrimiento por parte del gobierno, señalando que habían perdido sus empleos porque sabían demasiado. Hay varias historias en Internet sobre personas ingenuas que escucharon su versión y les creyeron.

Estos pinches cabrones tenían el cerebro tan lavado que eran como miembros de una secta religiosa, y no podían pensar por sí mismos. Creían que todo lo que Bob les decía era una verdad indiscutible. Hay un refrán que dice: "cuando consigas un nuevo empleo, no creas en todo lo que te digan".

Todo esto se refiere a que hay dos maneras de salir adelante: la primera es haciendo el mejor trabajo posible, y la segunda es tener un padrino que se ocupe de ti. Las opciones son fáciles de seguir. La opción del padrino implica que serás promovido rápidamente, pero morirás con él si recibe un disparo. Ser promovido por tu buen trabajo es algo mucho más lento, pero podrás mantener tu cabeza en alto y dormir mejor, sin tener que lamerle el trasero a nadie.

"El que más te lame el trasero, será el primero en pateártelo a la menor oportunidad".

LA PRIMERA FUERZA DE TRABAJO

EN la misma época en que fue creado el grupo de Asuntos Internos, los organismos de la aplicación de la ley del Condado de Santa Cruz comprendieron que el narcotráfico se había convertido en un gran problema, por lo que el Sheriff, el jefe de la policía, la DEA, la Patrulla Fronteriza, la Patrulla de Carreteras de Arizona y Aduanas conformaron un comité asesor llamado Grupo de Ley Fronteriza del Sur de Arizona, o SABLE (por sus siglas en inglés), donde los directores podían solicitar la cooperación entre los diferentes organismos.

Alguien en Washington había decidido que la manera más eficaz para combatir el problema del narcotráfico era mediante la conformación de grupos de trabajo convencionales. Todos habían comenzado a trabajar juntos, pero no había ningún documento oficial para demostrar quién era el jefe y recopilar datos y estadísticas. Así pues, se establecieron grupos de trabajo convencionales a lo largo de la frontera suroeste, financiados por la Casa Blanca. Estos nuevos grupos se llamaron Fuerza de Trabajo de la Alianza Fronteriza.

Cuando el grupo SABLE recibió instrucciones para conformar la fuerza de trabajo, sostuvo una reunión y decidió que cada organismo escogería a alguien para dirigir la fuerza por un período de un año. No era mi día de suerte, y fui elegido para ser el primer supervisor de la Fuerza de Trabajo de la Alianza Fronteriza.

Todos los departamentos escogieron a unos funcionarios magníficos para integrar esta fuerza. La Patrulla de Carreteras de Arizona asignó a Louie, a Harold y a Charlie. El jefe de la policía asignó a dos patrulleros, Billy y Eddie, quienes fueron posteriormente jefes del Departamento de Policía de Nogales. La DEA asignó a un agente a tiempo parcial, al igual que el Sheriff. La Patrulla Fronteriza asignó a un agente llamado Al, quien más tarde sería el oficial a cargo de la Patrulla Fronteriza en Nogales. Todos eran trabajadores incansables y estaban dispuestos a hacer lo que fuera para tener éxito en su labor. Yo postulé a Louie como mi segundo al mando y contador principal.

En 1987, la oficina de Aduanas fue reubicada en otro espacio. El RAC anterior, y digo *anterior* porque duraban dos años en el mejor de los casos, había pedido una oficina más grande, pues habíamos crecido. La edificación estaba situada en Mariposa Road, junto a un bar llamado Ryan's Pub. Compartíamos el mismo estacionamiento y decíamos en broma que debíamos cavar un túnel desde la oficina hasta el bar. Durante una época fue el bar más concurrido de la ciudad, con bandas en vivo los fines de semana.

Louie solicitó una subvención y la fuerza de trabajo se mudó a nuestro edificio; instalamos teléfonos codificados y empezamos a confiscar drogas diariamente. La cantidad de droga incautada por los nueve agentes de la fuerza de trabajo superó las estadísticas e incautaciones de los demás departamentos del condado. Estábamos teniendo un año excepcional en materia de arrestos y confiscaciones, y lo mismo les sucedió a otras agencias como la DEA y la policía estatal y local.

Por esta misma época, en 1988, la DEA había obtenido algunas pistas importantes sobre Jaime Figueroa Soto, quien había permanecido en el anonimato hasta que su hijo adolescente empezó a derrochar dinero y trató de comprar un Rolls Royce convertible de 120.000 dólares para impresionar a su novia. El joven le preguntó al vendedor si podía probar el auto; este sonrió y le dijo que no. El chico le suplicó y le pidió que lo llevara a un cajero automático. El vendedor accedió y el joven le mostró que tenía más de 200.000 dólares en su cuenta corriente. Sin embargo, el vendedor no le permitió probar el auto. Al día siguiente, padre e hijo fueron al concesionario y compraron el vehículo. El padre estaba muy alterado y le gritó al vendedor por haber tratado mal a su hijo. Lo acusó de no haberle dejado probar el auto porque su hijo era mexicano.

El vendedor se puso en contacto con un amigo de la oficina de Aduanas de Phoenix, quien vio que la DEA lo estaba investigando. La DEA, el IRS y la Aduana unieron fuerzas y comenzaron a hacer un seguimiento de sus activos y a reunir información para demostrar que se trataba de una empresa criminal.

Varios narcotraficantes que transportaban drogas en camionetas habían identificado a Figueroa Soto como el capo. Uno de ellos enfrentaba una larga condena en prisión, se declaró culpable y le dijo a la DEA que Jaime Figueroa Soto era el cabecilla principal.

Jaime Figueroa Soto vivía oculto en el lujoso sector de Scottsdale, Arizona, donde había casas de varios millones de dólares.

Llamamos al IRS y al cabo de seis meses nos mostraron que la fortuna de Figueroa Soto se estimaba en 40 millones de dólares. La mayor parte del dinero y los registros telefónicos remitían a la frontera, y el origen de su fortuna al narcotráfico. El hombre estaba involucrado en cientos de cargamentos y se acogió a una sentencia de 25 años en prisión.

Mis fuentes me dijeron que El Quemado había desaparecido tras la detención de Figueroa Soto. Habían escuchado que estaba en algún lugar de Sinaloa o Michoacán. Todo el mundo creía que seguía dedicado al narcotráfico, pero su nombre no apareció en ningún registro de Nogales, Sonora, durante varios años. Y de un momento a otro, reapareció con más violencia de la que alguien pudiera imaginar.

Lupita, una reportera del Canal 4 en Tucson, se enteró de nuestra operación y nos pidió ir con nosotros acompañada de un camarógrafo. Acabábamos de arrestar a un hombre que llevaría 400 libras de marihuana a Tucson, Arizona. Ya le habían pagado, pero no conocía a los contactos, ni ellos a él. Entonces le pedí a Billy, un policía local, que llevara el vehículo a Tucson. Billy no había trabajado en narcóticos, así que decidí ir con él y me puse un sombrero de vaquero. Llegamos a esta ciudad, llamamos al número telefónico y uno de los compradores nos dijo que nos viéramos en una tienda de Circle-K.

El hombre era mexicano, y le preguntó a Billy quién demonios era. Billy le dijo que Jesús, el contrabandista, le había dicho que llevara la droga a Tucson, que llamara luego a un número, y le mostró un pedazo de papel.

Yo le dije: "Mira, hombre, tenemos que entregar esta mierda.

El maletero está empezando a oler y no quiero pasar todo el día y toda la noche aquí, arriesgándome a que me arresten".

El tipo asintió y nos dijo que lo siguiéramos a un parque de tráileres que estaba a dos cuadras.

Cuatro mexicanos estaban sentados en la sala de estar de un tráiler. Era obvio que uno de ellos había estado en la cárcel. Tenía un tatuaje en el antebrazo con dos B, lo que indicaba que era miembro de los Border Brothers, una pandilla mexicana muy popular en las cárceles.

—No confío en los gringos de mierda —dijo de inmediato el pandillero.

Tenía esa mirada desagradable propia de los prisioneros y debió pasar mucho tiempo levantando pesas en su pabellón. Me imaginé que era el sicario del grupo. No vi ningún arma, pero estaba completamente seguro de que debía tener una en algún lugar.

Le devolví la mirada con la misma expresión.

—Lo que sea, güey, me importa una chingada; entonces me llevaré la yerba —le dije.

Retrocedió un poco y me preguntó cuánta droga tenía.

—Unas 400 libras —le respondí echándole un vistazo a la sala mugrienta y añadiendo—: ¿Quién se supone que debe pagarnos?

—José, pero no está aquí —respondió él.

—Bien —dije—. ¿Tenemos que esperarlo para descargar la droga?

—No, lo haremos ahora —dijo.

Saqué las llaves y abrí el maletero.

Billy y yo bajamos los paquetes de marihuana a plena luz del día y ellos los guardaron en el dormitorio de atrás.

—¿Tienes una cerveza? —le pregunté al matón.

—No —respondió.

—¿Qué tal una colecta para comprar unas cervezas hasta que venga José. No tengo plata, me la gasté en gasolina —dije.

Los tipos buscaron en sus bolsillos y reunieron cerca de 20 dólares.

—Vamos por unas cervezas —le dije a Billy.

Fuimos a Circle K, y Louie se estacionó a nuestro lado para ver si nos seguían. Compramos un paquete de doce cervezas y nos reunimos con Louie y con un sargento del DPS de Tucson que nos estaba ayudando con el caso. Billy y yo le informamos que eran cinco tipos sin armas, pero que uno parecía recién salido de la cárcel y era miembro de la pandilla Border Brothers.

Le pedí a Louie que nos diera tres minutos después de vernos entrar al tráiler; él daría la orden para detenerlos, y los miembros del escuadrón de redadas irrumpirían en el tráiler. Billy y yo regresamos, saqué las cervezas y me aseguré de que cada uno tuviera una cerveza fría en la mano; prefería que tuvieran una cerveza y no un arma entre sus manos.

—Salud —les dije, y vi que el escuadrón de redadas se apresuraba a la puerta.

Billy y yo bloqueamos el pasillo que llevaba a la parte trasera del tráiler mientras nuestros hombres entraban. El pandillero dejó caer la cerveza y estaba tratando de sacar una pistola que estaba debajo del cojín del sofá, pero nuestros hombres lo sometieron.

—Les dije que no confiaran en ningún gringo de mierda —les gritó el pandillero a sus compañeros, y luego se volvió hacia mí—: Tienes suerte de que no te maté cuando entraste aquí, hijo de la gran puta.

—Que te diviertas en la cárcel, pendejo —le dije mientras nuestros hombres se lo llevaban.

Terminé mi cerveza y salí para relajarme un poco. Le dije a Billy que estaba orgulloso de él y que había hecho un gran trabajo. Miré a mi alrededor; la mitad de los habitantes del parque de tráileres estaba afuera, y algunos residentes mayores nos dijeron que habíamos hecho un buen trabajo. Supongo que no habían llamado a la policía por temor a represalias.

Lupita e Isaac, el camarógrafo, filmaron toda la operación y se disponían a transmitir el arresto en el noticiero de la noche. El teléfono del tráiler sonó y Luis respondió en español. La persona quería saber si había llegado la mercancía, y Luis le dijo:

—Sí, tenemos 400 libras.

La persona dijo que iría en un momento. Louie reunió al equipo, y decidimos que seguiríamos con el juego. Los vehículos marcados se fueron de la zona; detendrían el auto a una cuadra del tráiler cuando hubiera recogido la droga. Otras dos personas llamaron para preguntar por la marihuana. El tráiler era un punto de distribución.

El primer tipo llegó y quería 5 libras. Louie y Billy pesaron la droga y se la entregaron; nos pagó 2.000 dólares en efectivo, precio que habíamos acordado anteriormente. Le dimos la droga y fue arrestado por nuestras unidades.

Veinte minutos después llegó otro cliente.

—¿Qué chingados pasa con sus vecinos? —nos dijo.

Louie y yo miramos por la ventana. Habíamos estado tan ocupados que no notamos que unas veinte personas nos miraban, sentadas en sus sillas plegables. Era como si estuvieran en un cine, pues tenían bebidas y snacks. Louie dijo rápidamente que eran observadores de aves.

La explicación pareció satisfacer al cliente. Compró 10 libras y se marchó. Los vecinos lo saludaron y él les devolvió el saludo.

Les pedimos a los vecinos que tuvieran mucho cuidado por razones de seguridad; ellos nos aplaudieron y aclamaron de nuevo. Había oscurecido y decidimos que era hora de terminar con el juego; llamamos al equipo de redadas para que arrestara al último comprador, que ya venía en camino, y luego nos iríamos de allí.

Una mujer de unos cincuenta años llegó en un Cadillac grande. Exigió saber qué demonios pasaba con nuestros vecinos. Le dijimos que observaban estrellas, y que lo hacían todas las noches. Pareció convencida, miró la marihuana, nos preguntó cuánta nos quedaba y le respondimos que unas 375 libras. Quería comprarnos toda la marihuana que teníamos, pero cometimos el error de decirle que no podíamos vendérsela toda.

Nos entregó una bolsa con 50.000 dólares aproximadamente y nos dijo que más tarde nos pagaría el resto. Fingimos protestar, pues era muy poco dinero, pero terminamos por aceptar. Me puse mi sombrero de vaquero, y Billy y yo llevamos la marihuana al maletero de su Cadillac. Esto era perfecto, pues queríamos terminar la operación y necesitábamos sacar la droga del tráiler. La droga cupo sin problemas en el maletero. Como no teníamos dispositivos para comunicarnos con nuestros hombres, habíamos acordado que la señal del arresto sería quitarme el sombrero y dejarlo encima del auto.

La mujer salió, satisfecha de haber conseguido la droga a mitad de precio. Pensaba que había engañado a un par de idiotas y quería marcharse a toda prisa. Cerré el maletero, le di las gracias y puse mi sombrero sobre el auto.

La mujer subió al Cadillac, y tres unidades llegaron con las luces titilando. El parque estaba lleno de vida, y los habitantes se alegraron por el arresto de la mujer. A continuación, Billy llevó el Cadillac y la marihuana a la sede del DPS en Tucson.

* * *

DESPUÉS de llevar unos seis meses dirigiendo la fuerza de trabajo, me llamaron para reunirme con Don, Carlos, Layne y Bob, el RAC de Asuntos Internos. Me informaron sobre una investigación confidencial.

—He oído decir que eres muy buen agente y confío en ti, así que te estoy informando que el DPS de Arizona y mi departamento están llevando a cabo una investigación interna sobre Louie —me dijo Bob.

Yo no podía creer que Louie fuera corrupto. Llevaba más de tres años trabajando con él todos los días.

—No puede ser —dije.

—Simplemente mantén los ojos y oídos abiertos, y repórtame cualquier cosa que se salga de lo normal. Deberás informarle a Layne o a Carlos cada vez que hagas labores de vigilancia. ¿Entendido?

—Sí —respondí.

Bob se fue, y Layne y Carlos me dijeron:

—Nosotros tampoco creemos lo de Louie, pero órdenes son órdenes, ¿verdad?

—Sí, no hay problema —respondí.

Sentí un ardor en la boca del estómago. Me parecía imposible que Louie estuviera trabajando con los traficantes. Layne había dicho que la sospecha parecía provenir de unos números telefónicos a los que había llamado en México. Expliqué que él estaba tratando de abrir un negocio y de hacer camisetas y pantalones militares en México.

—No se lo digas a nadie —señaló Layne.

Muchas noches después de realizar labores de vigilancia con

Louie, me sentí tentado a decirle algo, pero afortunadamente no lo hice.

Trabajamos como siempre, vigilando, decomisando varios cargamentos de drogas y pensando que estábamos haciendo el mejor trabajo posible. Por último, cuando mi labor como supervisor se acercaba a su fin en el undécimo mes, el DPS les informó a Louie, a Charlie y a Harold que los tres estaban bajo investigación por acusaciones de corrupción. La fuerza de trabajo tuvo una muerte súbita. Los tres fueron puestos en servicio administrativo y no se les permitió hacer labores de campo. Yo estaba muy molesto con la situación, pues habían liquidado a la fuerza de trabajo, la cual había tenido mucho éxito. Odié a Asuntos Internos por lo que le habían hecho a ese equipo que habíamos conformado, y me tomé todo el asunto a un nivel muy personal.

ME llamaron para ser entrevistado por el sargento de DPS a cargo de la investigación interna y tuve que esperar treinta minutos en el vestíbulo. Les gusta complicarse la vida y tratarte como un ciudadano de segunda categoría. Finalmente me llamaron a la sala de interrogatorios, donde estaban el sargento del DPS y un agente de Asuntos Internos. El sargento puso una grabadora en la mesa.

—Voy a grabar la entrevista —dijo.

—No, prefiero que escribas las preguntas y yo las respondo por escrito —respondí.

Él se negó y dijo que tenían que ser grabadas en audio.

—Sargento, puede que esa sea su política, pero no es la política de la Aduana —le dije—. Será mejor que lea nuestro manual. Según las pautas federales, un agente puede negarse a ser grabado, así que si quiere hacerme preguntas, escríbalas en un cuaderno.

Adopté una postura defensiva y agregué que quería una copia de las preguntas y respuestas antes de irme.

Puede que no fuera la cosa más inteligente que haya hecho, pero estaba enojado. Había leído todo el manual de Asuntos Internos, escrito por un agente que había trabajado con ellos, y también fui arrogante; pensé que yo era más inteligente que ese par de idiotas.

Salieron luego de una rabieta, regresaron unos diez minutos más tarde y dijeron que cumplirían con mis deseos.

"¡Qué cumplir ni qué chingados! No tenían otra opción", pensé.

La entrevista duró media hora aproximadamente y las preguntas se centraron en la presunta corrupción de Louie y de Charlie. Escribí mi última respuesta, miré al sargento y le dije:

—Su investigación es falsa desde el principio, su departamento de mierda podría haber manejado esto antes. ¿Por qué el DPS no los llamó desde el principio y los sometió a la prueba del polígrafo? Ustedes se cagaron en la fuerza de trabajo por la forma como manejaron la situación.

—No podemos darte una copia de las preguntas y respuestas; en el poder que firmaste queda claro que todo lo que has hablado es confidencial y no podrás hablar de ello hasta que esta investigación haya terminado. Estás bajo una orden de mordaza.

Sentí una ira descomunal, me levanté de la silla y me planté delante de Bill, haciendo que diera un paso atrás.

—Solo un juez federal puede emitir una orden de mordaza, ésta no es una corte y no veo que tengas el culo cubierto con una túnica negra —dije alzando la voz.

Bill hizo una mueca; yo lo había hecho vacilar, y solo para insultarle le dije:

—Gordo hijo de puta, no resolverías una investigación aunque la tuvieras metida en el culo.

—No puedes hablarme de esa manera —me dijo casi a los gritos.

—¡Vete a la chingada! Ustedes son unos idiotas —señalé y añadí a modo de comentario final—: Y no encontrarías tu culo aunque estuvieras desnudo en una habitación redonda y llena de espejos.

Mi presión arterial estaba a mil; tuve que hacer un gran esfuerzo para no darle un golpe en la cara a ese pendejo. La noticia de mi furia llegó a la oficina de Nogales antes que yo; un agente de Asuntos Internos los llamó por teléfono y les dio todos los detalles de mi reacción.

Un grupo de agentes de Asuntos Internos me estaba esperando en la puerta principal al día siguiente, cuando fui a trabajar a las 8:30 de la mañana. Bob quería mi cabeza; los agentes me dijeron que yo estaba bajo investigación, pero nadie sabía por qué. A continuación, me pidieron una copia de todos los informes de investigaciones que había escrito, de todos mis documentos de viaje, de todos los pagos realizados a algunas fuentes confidenciales y, finalmente, de todos los registros de nómina y de mis tarjetas de entrada y salida. Salieron de la oficina con ocho cajas de registros. Ahora yo era objeto de una investigación a gran escala de Asuntos Internos.

"Caray, me pregunto qué les habrá molestado", me dije.

Y en menos de veinticuatro horas, pasé de ser un agente bueno y confiable, a un cabrón que figuraba en la lista de los más buscados de Asuntos Internos. Yo sabía que mi conducta había sido inapropiada, pero me sentí bien luego de descargar tanta ira reprimida. Y como si hacer el trabajo diario no fuera lo suficientemente estresante, ahora estaba en guerra total con Asuntos

Internos. No tenía nada que ocultar, así que pensé que si él quería chingarme, yo me iría un par de días a la playa.

Finalmente, el DPS llamó a Louie, a Charlie y a Harold para la gran entrevista y para la prueba del polígrafo. Fueron sometidos al detector de mentiras, y luego de pasar un año haciendo su gran investigación, el DPS concluyó que no había ninguna conducta criminal. Los tres pasaron la prueba del polígrafo sin ningún problema.

Posteriormente, varios hombres de este organismo les dijeron a ellos tres que otros oficiales habían recibido el visto bueno para dispararles a Louie, a Charlie y a Harold si ellos los confrontaban, pues era evidente que eran corruptos. Da miedo pensar que su propia agencia, la Patrulla de Carreteras de Arizona, había emitido esa orden sin realizar un juicio o una audiencia. Toda la investigación comenzó por una fuente confidencial que se inventó el chisme para conseguir un poco de dinero. Sin embargo, la fuente nunca fue sometida a un detector de mentiras.

Louie me llamó al día siguiente y me dijo que la investigación había terminado, y decidimos que los cuatro nos reuniríamos para discutir el asunto. Sabíamos que Asuntos Internos todavía nos estaba siguiendo, y escogimos un sitio en el río Santa Cruz. Le pedí disculpas a Louie por no decirle acerca de la investigación.

—Gracias a Dios que no lo hiciste; más de la mitad de las preguntas en el polígrafo eran sobre ti. Nos preguntaron si nos habías informado de la investigación, dicho algo relacionado a ella o dado la menor sugerencia al respecto —dijeron los tres.

—Bob quiere tu cabeza —añadió Louie.

Les conté acerca de la ira que sentí en la entrevista con el sargento y con Bill.

Más vale que tengas mucho cuidado. Bob cree que eres el enemigo público número uno —me dijeron.

La tensión y la desconfianza que nos había producido la investigación de Asuntos Internos desapareció. Estar sentados al lado del río y comentar las cosas mientras tomábamos unas cervezas nos permitió entender la situación en la que estábamos, y los perdonamos a todos por haber desconfiado de nosotros. Bebimos, nos abrazamos y nos olvidamos del asunto.

En agosto de 1989, el agente especial a cargo de Arizona me llamó a su oficina.

"Y ahora qué?", me pregunté.

Llevaba una buena relación con Tom, quien siempre me había tratado bien. Me hizo pasar a la hora acordada y me dijo que me había escogido como supervisor. Demonios, yo no había solicitacto ser supervisor, me sentía feliz de ser un agente especial. La conversación fue muy breve.

—No quiero ser un supervisor —le dije.

—No tienes otra opción, serás supervisor y punto. La reunión ha terminado —señaló.

Esta batalla continua con Asuntos Internos me afectó a mí y a varios de mis compañeros. Layne, Don y yo fuimos objeto de varios conflictos con Asuntos Internos. Sabía que estábamos siendo acosados, y yo me había convertido en una bomba de tiempo lista para explotar, algo que hice con todos los que se interpusieron en mi camino. Me agarré a puñetazos con el RAC de la DEA por un problema de vigilancia en el estacionamiento de la Patrulla de Carreteras, y terminé peleando con un drogadicto en un bar; estaba dispuesto a pelear con quien fuera. Bebía más, trabajaba más y rara vez iba a casa. Me había divorciado y cada noche buscaba a una mujer diferente, como si se tratara de una conquista.

El tráfico de cocaína se disparó por esa misma época; Nogales pasó de traficar marihuana a contrabandear cocaína a gran escala de la noche a la mañana. La bonanza del sur de la Florida había terminado, y a los narcotraficantes se les ocurrió que pasar drogas por Arizona era la mejor manera de llevarla a California, donde la demanda era incesante. Nogales se convirtió en el segundo punto por donde más entraba cocaína a Estados Unidos.

Todos los días llegaban vehículos con cargamentos de 500 a 1.000 kilos de cocaína a los puertos de entrada. En una investigación, una van que llevaba una tonelada de cocaína cruzó el Puerto de Entrada al mediodía. El inspector no revisó el vehículo. Nos vimos superados. Los narcotraficantes eran los mismos, pero el producto había cambiado, y la violencia había comenzado con el fin de proteger el producto. La corrupción en el Puerto de Entrada aumentó, los sobornos para que los inspectores dejaran pasar los cargamentos eran enormes, y se decía que recibían hasta 100.000 dólares por cada vehículo que dejaran pasar.

Bob pasó los próximos cuatro años tratando de encontrar la manera de colgar mi culo en la pared de su oficina. Bueno, yo era listo y después de cuatro años de venganza, recibí una carta del Servicio de Aduanas diciendo que la investigación de Asuntos Internos se había cerrado oficialmente. *Ha sido absuelto de toda acusación, disculpe las molestias, pero estas investigaciones son necesarias para el mejoramiento del servicio.* Me enteré de que Bob había sido removido de su cargo. El Servicio de Aduanas lo retiró de sus labores de supervisión y lo envió a un sótano a esperar su jubilación, poniendo fin a un periodo oscuro, no solo para mí, sino también para muchos funcionarios buenos y honestos de la Aduana.

Sentí mucha rabia y amargura con el Servicio de Aduanas por hacerme pasar varios años de mi vida bajo la lupa por denuncias y rumores infundados, y por ser interrogado. Comencé a estar más solo y básicamente no confiaba en nadie. Yo había luchado para defender mi comportamiento y mi honor, y me sentí como si me estuvieran haciendo un juicio por cumplir con mi trabajo. Yo solo había recibido elogios y premios, y tenía una pared llena de títulos y de reconocimientos para demostrar mi valía como agente. Yo no era ningún ángel; infringía muchas reglas, pero había aprendido una buena lección, y un simple hecho de la vida: "Al caído, caedle".

Sin embargo, en los momentos difíciles te das cuenta de quiénes son tus verdaderos amigos.

SUPERVISIÓN

YO estaba otra vez en Aduanas en una nueva oficina con una placa en la puerta que decía Agente Especial de Supervisión. Estaba sentado en mi escritorio con los pies apoyados en una esquina, fumando un puro y pensando en mi nuevo cargo. Layne y yo habíamos empezado a fumar puros unos tres años atrás. Los narcotraficantes de Nogales me habían apodado El Puro, o El Hombre del Cigarro. Supongo que la razón por la que comencé a fumar puros era para consolidar mi imagen de tipo malo y mantener una apariencia de hombre duro. Entonces descubrí que fumar puros me daba unos minutos de verdadera relajación. Tuve el honor de haber sido elegido para ser supervisor, y además a mí me gustaba trabajar solo. Tenía más de veinte informantes confidenciales y podía escoger mis propias investigaciones. No estaba seguro de cómo me sentía. ¿Quién diablos *quería* ser un supervisor? Era una mayor responsabilidad, pero por el mismo sueldo. Era un territorio desconocido para mí. Siempre había sido el tipo que rompía las reglas, y ahora tenía que asegurarme de que los agentes las obedecieran.

René había sido promovido a Supervisor del Grupo de Investigación de Fraudes. Él, Layne y yo habíamos sido agentes especiales de supervisión en la oficina de Aduanas de Nogales. René era muy sincero y me dijo: "Todavía no estás listo para ser Supervisor. Creo que es un error".

"Tiene envidia", pensé. Sin embargo, los dos primeros años le dieron la razón. Yo no estaba listo y odiaba ser un supervisor.

Ricardo estaba trabajando en la Ciudad de México, Joe era el RAC en Ajo, Arizona, Tom fue asignado a mi grupo y Carlos había sido trasladado a Texas. Cada uno de nosotros había prosperado y estábamos recorriendo caminos separados, pero de alguna manera nuestros caminos seguían unidos y conectados por un vínculo creado en los últimos diez años.

El gobierno había comprendido finalmente que Arizona estaba invadida de narcóticos y que necesitábamos ayuda en la frontera suroeste. Los agentes que llegaban el lunes por la mañana debían tener cuidado para no pisar todas las botellas de cerveza que había dejado la gente en el estacionamiento durante el fin de semana. El bar era una fuente de placer y de miseria para la mayoría de nosotros. Un agente residente a cargo pasaba tanto tiempo allí, que decíamos en broma que era su oficina personal, pues casi todos los días comenzaba a beber antes del mediodía.

La ubicación de la oficina resultó ser desastrosa. Los narcotraficantes no tardaron en descubrirla; pasaban constantemente para ver nuestros vehículos y tratar de identificarnos. Instalamos una valla para reducir la visibilidad, pero de nada sirvió, pues podían vernos perfectamente desde las colinas. Casi nunca nos encontrábamos con los informantes en la oficina por razones de seguridad.

En 1989 tomé un viejo sofá que estaba hecho pedazos y lo hice tapizar con una tela azul a cuadros. Prácticamente había vivido en él al comienzo de mi carrera. Dormía semanas enteras en el sofá durante mi divorcio, y cuando la situación en casa era insostenible. Tener el Ryan's pub al lado fue muy conveniente. Iba caminando, y después de beber en el bar, convencía a una mujer para que me acompañara a la oficina. Solo había 50 pies desde la barra hasta la oficina, lo cual era genial. Me reía de los viejos tiempos y decía que mi sofá tenía más muestras de ADN que un laboratorio. El edificio era una oficina del gobierno durante el día y un "motel de carretera en la noche".

La oficina principal de Washington, D.C. emitió una orden a todas las oficinas del interior, como las de Denver, Kansas City, Phoenix y otras más, para que enviaran una lista de uno o dos voluntarios que serían transferidos a las oficinas de la frontera suroeste. Si nadie se ofrecía, el jefe los escogería. Algunos RAC aprovecharon esto para deshacerse de los agentes con los que estaban inconformes.

Yo no había visto nada parecido desde que Fidel Castro vació las cárceles de Cuba y envió a todos los asesinos, violadores, activistas políticos y narcotraficantes a Miami. Por lo menos la mayor parte de esos locos fueron encerrados en celdas hasta ser evaluados.

Los RAC aprovecharon la orden de transferencia para deshacerse de los peores agentes de sus oficinas. Antes de 1990, la oficina del RAC de Nogales, Arizona, estaba conformada por el Condado de Santa Cruz y el Condado de Cochise, e incluía a

Nogales y a Douglas. La oficina de Nogales tenía veinticinco agentes y tres supervisores; la de Douglas era más pequeña y tenía ocho agentes y un supervisor. Las dos oficinas eran una mezcla de individuos normales y de verdaderos personajes. Uno de los agentes transferidos era un RAC; su hijo entró a la oficina, tomó su pistola de servicio y disparó al techo. El RAC trató de encubrir el disparo y se metió en problemas al enterarse de que su secretaria tenía evidencias incriminatorias en su escritorio. Después de su intento fallido para forzar el escritorio cerrado con llave, el idiota trató de quemar los papeles arrojando cerillos en su interior.

Otro agente creía que nadie debería ir a la cárcel, sino a un centro especial, donde recibirían tratamiento. Otros dos se habían metido en problemas en Denver después de perder sus armas automáticas. Se salvaron tras delatar a su jefe por una infracción.

Otro era un verdadero desequilibrado mental, y había presentado tres quejas por discriminación con tres agencias en los últimos tres años. Cada vez que se metía en problemas, acudía a la sección 8 y presentaba una queja por discriminación. Obviamente, sus supervisores anteriores no habían dicho nada de él. Un supervisor evalúa a un empleado y le da calificaciones muy altas cuando sabe que ha solicitado empleo en otra parte. Y si llamas a la oficina para hablar con otro supervisor, te dirá mentiras para deshacerse de él. Entonces, la nueva oficina contrata al tipo y le dan gato por liebre.

Un chiflado llegó a cambiarse el nombre con el fin de parecer más hispano. Les compraba pulseras a traficantes reconocidos, y golpeó a una mesera que era prima de Caro Quintero, el narcotraficante. La mesera fue más tarde a la casa del hombre y le dijo a su esposa: "Él no te quiere a ti, sino a mí". El tipo se molestó mucho y nos echó la culpa a todos en la oficina. A continuación, el imbécil entró a la oficina del RAC y se robó los informes que había sobre su mala conducta. Al día siguiente, llegó a la agencia con una copia de los archivos robados y le exigió una explicación al RAC. El tonto dijo que alguien había dejado los papeles en el parabrisas de su vehículo. El RAC le informó que alguien había revisado su escritorio y luego le dijo al agente: "Tomaré las huellas digitales de mi escritorio y averiguaré quién se robó mis papeles".

El agente estaba tan loco que fue a un hospital psiquiátrico, citó la sección 8, y luego tuvo el descaro de presentar una queja, diciendo que había sido víctima de discriminación. Le dijo a su psicólogo que soñaba con arrancarnos el cuero cabelludo a Layne y a mí. Esto nos hizo reír, porque nuestras ex esposas lo habrían hecho con mucho gusto a nombre suyo.

Lo primero que otro agente de Florida le dijo a todo el mundo era que su novia, que era prostituta y había venido con él, le había contagiado verrugas en el pene. El tipo era muy simpático, pero sus dramas personales eran interminables. Llegaba con los dientes partidos y con cicatrices en la cabeza luego de que su novia le lanzara platos. Ella llenó todas las solicitudes de tarjeta de crédito que él recibía en el correo y gastó más de 40.000 dólares a nombre de él.

La lista de agentes perezosos y de la Generación X que fueron transferidos por la fuerza a Nogales eran la pesadilla de cualquier supervisor. El trabajo ya era bastante exigente de por sí, sin contar con el estrés que supone la llegada de una docena de agentes completamente locos.

Los puertos de entrada y la Patrulla Fronteriza tenían un mayor número de empleados, y contrataban personal con poca o ninguna investigación previa. Un nuevo agente contratado por la Patrulla Fronteriza era buscado por asesinato en Nueva York;

había matado a dos hombres en un taxi. Otro agente necesitaba dinero, así que empeñó su pistola y escopeta de dotación, y todos los días iba a trabajar sin un arma. Había informes sobre unidades con insignias de la Patrulla Fronteriza que robaban vehículos con placas de Sonora, México que circulaban hacia el sur. El Condado de Santa Cruz había regresado a la época de los pistoleros del Oeste. La broma entre los agentes de la ley era: "Si quieres cometer un asesinato, hazlo en el Condado de Santa Cruz, porque allí los homicidios nunca se resuelven".

Todos estos dramas coincidieron con la época más activa y ocupada en la historia de Nogales. Las rutas de contrabando de cocaína fueron trasladadas de la Florida a la frontera suroeste. Solo un año antes, la mayor incautación de cocaína que hacíamos era de uno o dos kilos. Y de la noche a la mañana, empezamos a confiscar miles de libras de cocaína en vez de marihuana. Había tanta cocaína que los narcotraficantes ni siquiera se molestaban en esconderla; la echaban en los maleteros de los autos y pasaban por los puertos de entrada. Los narcotraficantes convirtieron a Arizona en el principal punto para distribuir cocaína. Hacíamos dos o tres decomisos al día; la cocaína era lanzada desde avionetas, o pasada en mulas que cruzaban los cañones y hasta por túneles debajo del estacionamiento de Aduanas.

El primer túnel importante utilizado para pasar drogas fue descubierto en Douglas, Arizona, en 1990. La oficina de Douglas acababa de ser ascendida a una oficina RAC, convirtiéndose en una entidad independiente. Los supervisores de Nogales estaban felices, pues ya no teníamos que conducir a Douglas y realizar labores de supervisión.

Un amigo mío que era supervisor en Yuma, Arizona, fue escogido para hacerse cargo de la oficina de Douglas. Muchos piensan que Nogales es una ciudad fronteriza desolada y aislada, pero Douglas es mucho peor. A Layne, a René y a mí nos ofrecieron cargos como RAC en Douglas y ninguno de nosotros los quiso. Los agentes de Douglas me parecían ineptos, y me estremecía cada vez que tenía que ir allá para desempeñarme como supervisor. Mantenían monturas para caballos en sus camionetas, todas las semanas destrozaban vehículos y realmente no hacían ninguna investigación exhaustiva. Se comportaban como los agentes de la Patrulla Fronteriza y eran tan torpes que se encontraban accidentalmente con narcotraficantes en el desierto.

El nuevo RAC comenzó a trabajar unos seis meses después, cuando la información sobre el túnel salió a la luz pública. Fue muy discreto con la información e hizo todo lo que pudo con los pocos agentes que tenía. Desafortunadamente, otro agente de Phoenix se había enterado del túnel, pues algunas de sus fuentes eran bastante buenas. Un supervisor de California fue escogido como el nuevo RAC de Phoenix. Lo apodaron el "Sr. Maravilla"; era muy formal y pulcro, su ropa siempre estaba impecable y sin una sola arruga, y mantenía mudas de repuesto en el auto. Su oficina era inmaculada, y nada estaba fuera de lugar. Obviamente, tenía un trastorno compulsivo de algún tipo.

En varias ocasiones, cuando visité la oficina de Phoenix, vi que la mayoría de los agentes había comenzado a vestirse como el Sr. Maravilla. Era un hombre exigente. Sus agentes debían tocar la puerta y esperar a que él los llamara, luego permanecían de pie como soldados en el ejército hasta que él tomara una decisión. Me sentí afortunado de no trabajar para él. Yo entraba a su oficina sin tocar la puerta, me sentaba y dejaba sus revistas en la mesa del café, en un intento deliberado por exasperarlo. Y al ver que se sentía frustrado, me reía y me marchaba.

Era un jefe estricto, pero también era un investigador fenomenal. Realizó algunas investigaciones encubiertas maravillosas como Casa Blanca, una investigación de lavado de dinero internacional que involucraba a narcotraficantes, políticos y banqueros mexicanos. Trabajé con él en una investigación; sacó a un narcotraficante colombiano de la cárcel y organizó un gran envío de cocaína desde Colombia. Era innovador y tenía la capacidad de llevar una investigación mucho más allá de lo que les parecía normal a la mayoría de los agentes.

Cuando la oficina de Phoenix se enteró de la existencia del túnel, acudieron al SAC e inmediatamente asumieron el caso. En realidad, los agentes de Douglas no tenían la culpa; una oficina más grande y con mayor peso estaba pasando por encima de ellos. El Sr. Maravilla estaba congraciado con el SAC y había demostrado su habilidad para hacer su trabajo.

Cada oficina utilizaba métodos diferentes para realizar una misma labor y creía que la otra estaba equivocada. Así las cosas, Phoenix encontró fallas en todo lo que habían hecho los agentes en Douglas hasta entonces. Con el Sr. Maravilla a la cabeza, la investigación se convirtió en un caso internacional. La sede fue notificada, así como el Comisionado de Aduanas, quien pidió actualizaciones diarias y, finalmente, el Zar antidrogas de la Casa Blanca también fue informado. La investigación se convirtió en un circo de tres pistas. Nuestra frase favorita era: "Grandes casos, grandes problemas".

Las oficinas de Tucson, de Phoenix y de Nogales trabajaron en la investigación. No puedo recordar todas las noches que pasé viajando entre Douglas y Phoenix observando vehículos y sospechosos con mis compañeros, pero fueron realmente muchas. Cuando llegó el momento de allanar una bodega, parecía como si la Séptima División de Caballería hubiera llegado a Douglas, pues al menos noventa agentes de las tres oficinas irrumpieron en la ciudad.

Justo antes de la gran redada, llamaron al agregado de la Oficina de Aduanas en la Ciudad de México y le dijeron que se pusiera en contacto con la PJF. Pidieron la ayuda de una unidad de la Ciudad de México debido a la gran corrupción que había en la oficina de la PJF en Agua Prieta. Un grupo de doce agentes, acompañados por un comandante de alto rango fueron trasladados a la zona.

La redada fue confusa. Los agentes tenían varias órdenes de allanamiento y registraron docenas de viviendas. Todos los habitantes de Douglas, Arizona, eran sospechosos en esa época. Uno de mis agentes me preguntó quiénes eran mis principales objetivos. "Abre la guía telefónica de Douglas y escoge un nombre". Mi equipo fue asignado para inspeccionar la bodega; fue un procedimiento fácil, pues permanecía cerrada de noche. Para nuestra sorpresa, todo el túnel estaba lleno de agua. Sin embargo, una fuente nos dijo que los narcotraficantes podían inundarlo para impedir la entrada desde Estados Unidos.

La PJF allanó la residencia donde se encontraba el túnel; era muy sofisticado, y se entraba a él por debajo de una mesa de billar que había en la sala de juegos, que tenía unos 20 pies cuadrados. Retiramos la alfombra, y vimos una losa de concreto de unos 10 pies cuadrados.

La casa estaba a unas 150 yardas de la bodega, localizada en Estados Unidos, y lo único que las separaba era la valla fronteriza.

Durante la redada, yo fui a la casa luego de pasar por un agujero en la valla. Inspeccionamos la habitación, y alguien sugirió que utilizáramos un martillo neumático para romper el piso. Llamé a uno de mis agentes, le dije que trajera el martillo y empezamos a trabajar. No tardamos mucho en romper el piso de concreto, que tenía cuatro pulgadas de espesor. Excavamos un agujero de 2 pies, miramos hacia abajo y vimos una habitación más grande que la sala del primer piso.

La losa tenía un gran ascensor hidráulico, idéntico a los que hay en los talleres mecánicos. Era obvio que el ascensor debía tener un control, pero ¿dónde estaba? Todos los agentes comenzaron a activar los interruptores de la luz y todos los artefactos eléctricos. Alguien abrió una llave de agua que había afuera de la casa y el suelo empezó a levantarse; habíamos descubierto el interruptor.

Todo el piso se levantó, dejando al descubierto una habitación con elevadores hidráulicos, generadores de electricidad, cables para remolcar un carro de minería a través del túnel y un sistema de drenaje y de inundaciones conectado al acueducto. Cuando los narcotraficantes terminaban de usar el túnel, lo inundaban utilizando una conexión de agua que había debajo de una boca de incendios. El agua del túnel podía ser vaciada por medio de una bomba que daba a un desagüe en el bordillo de la calle. Era el primer túnel de alta tecnología en ser descubierto, y al día siguiente se propagó el rumor sobre la existencia de otro más.

El descubrimiento tuvo gran repercusión en los medios de comunicación, y durante varias semanas fue noticia en todo el planeta. En los tres primeros días, todo el mundo, menos el Papa, fue a conocer la nueva gran maravilla. Para nosotros, el dolor y la agonía solo habían comenzado. Los agentes estaban trabajando de manera incansable, pues el tiempo era esencial. Interrogamos a los sospechosos, examinamos montañas de registros y todos los días arrestábamos infractores.

Como yo era uno de los agentes que había trabajado en México, me asignaron para ayudar y coordinar la investigación con la PJF, que estaba trabajando una averiguación conjunta en ese pais. Durante los dos primeros días, la información recibida señalaba que el principal depósito clandestino era una vieja bodega de pañales. Los agentes de la PJF de la Ciudad de México allanaron la bodega y descubrieron aproximadamente diez toneladas de marihuana. Cuando estábamos allá, la unidad local de la PJF llegó y nos exigió que les explicáramos qué diablos sucedía. Luego, su comandante dijo que todos los agentes estadounidenses teníamos que regresar a nuestro país, pues no había condiciones de seguridad en México.

Al día siguiente nos enteramos de que la PJF de la Ciudad de México, la PJF local y la policía estatal estaban enfrentadas entre sí, y habían intercambiado disparos. El funcionario de la PJF que nos estaba ayudando regresó a la Ciudad de México. Nos dijeron que no fuéramos a México hasta que la situación se calmara. Posteriormente supe que la marihuana que encontramos en la bodega pertenecía a Amado Carrillo, conocido como "El Señor de los Cielos", quien le había pagado a la PJF para que lo protegiera y lo dejara en paz.

Los informantes me dijeron que la marihuana fue llevada a otro lugar y que los narcotraficantes esperarían hasta que abandonáramos la zona. Perder el túnel era simplemente un precio que pagaron, pero no estaban dispuestos a perder la droga. Amado

Carrillo era el narcotraficante más rico de México, y había sobornado las esferas más altas de la nación, posiblemente incluso al
presidente mexicano.

Luego del descubrimiento del túnel pasé casi dos meses en
Douglas. Dormía donde podía, una o dos horas debajo de un es-
critorio, o en el auto de otro agente, y comía tacos y comida cha-
tarra en México. Después de la balacera entre los agentes de la
PJF, llegó una nueva fuerza especial de miembros de esa agencia.
Era un grupo élite, llamado Unidad Tigre.

Me notificaron que debía ir al aeropuerto de Agua Prieta para
saludar al nuevo comandante de la Unidad Tigre. Cuando llegué,
había más de un centenar de agentes de la PJF alineados en un
hangar. El lugar parecía una base militar; todos los agentes porta-
ban armas automáticas y tenían la garra de un tigre bordada en
sus uniformes negros. El avión del comandante aterrizó y todos
los agentes se prepararon para recibirlo; la escena fue tan majes-
tuosa que sentí escalofríos. Parecía ser un grupo muy bien entre-
nado. El avión entró al hangar, y vi que alguien les pasaba revista
a las tropas. El comandante caminó por la fila, mirando a cada uno
de los oficiales. Mientras se acercaba a mí, vi que era mi viejo
amigo, el comandante Christian Peralta Kennedy.

Terminó de pasar revista a las tropas y se dirigió al contin-
gente estadounidense. Yo no podía creerlo; el comandante le dio
la mano a los agentes y cuando llegó a mí, sonrió y me dijo: "Qué
alegría, compadre". Nos abrazamos y nos dimos palmaditas en la
espalda. El comandante no era otro que mi antiguo compañero de
copas en Hermosillo, a quien conocí en mi primera misión en
México; los compadres borrachos estaban reunidos de nuevo.

La situación por poco se agravó. El comandante del lado mexicano de la frontera era un hombre que no se andaba con rodeos.

Su unidad detenía e interrogaba a los sospechosos. No le gustaba que le mintieran, y les dio una dura lección a varios de ellos. Cuatro sospechosos de estar a cargo de depósitos clandestinos fueron detenidos e interrogados por separado. Estuve presente en los interrogatorios, y el comandante le dijo a cada uno que no le gustaba que le mintieran. Tres dijeron que no sabían nada, pero el cuarto señaló que el depósito clandestino estaba situado en un pequeño pueblo a unas 20 millas de la ciudad.

Hacer un allanamiento con la PJF es como participar en la carrera automovilística Baja 1000. Tom y yo íbamos en el último vehículo del convoy, conformado por cuatro Chevrolet Suburban y un camión; recorrimos 20 millas de caminos polvorientos que conducían a una aldea. Estos locos conducían a velocidades cercanas a 90 mph por un camino donde la velocidad recomendada era apenas de 20 mph. Llegamos en medio de una nube de polvo, y los habitantes probablemente nos vieron cuando estábamos a 10 millas. Esperamos cinco minutos en mi vehículo a que se dispersara el polvo y cuando salí del auto, se hizo evidente que no había ningún depósito clandestino. Nos habían llevado a una aldea donde los pobres habitantes no tenían ni zapatos.

Los dos sospechosos que venían con nosotros estaban en la parte trasera de la Suburban. El comandante ordenó que le trajeran al idiota que supuestamente había confesado. Entonces le preguntó por qué había mentido, pero el tipo no respondió; dos agentes de la PJF lo sostuvieron mientras que otro lo golpeó fuertemente por haber mentido, luego lo llevaron a la camioneta. Los dos sospechosos recibieron órdenes de acostarse en el piso del vehículo, y los agentes de la PJF se sentaron sobre ellos.

Salimos a 90 millas por hora de la aldea, dejando de nuevo una gran nube de polvo a nuestro paso. Los sospechosos estaban siendo aplastados por los agentes de la PJF, quienes golpearon al mentiroso con la culata de un rifle durante todo el trayecto de regreso a Agua Prieta. Tom recibió instrucciones para fotografiar la operación y tomó unas fotos magníficas.

Volvimos a la residencia que utilizábamos como comando central. Era una casa que habíamos allanado, y que los narcotraficantes habían utilizado como centro de comunicaciones para coordinar el envío de drogas por vía aérea. Pertenecía al cártel de Amado Carrillo y tenía varias torres de radio para comunicarse con las aeronaves.

Los otros sospechosos fueron llevados a una sala vacía, donde permanecieron contra la pared. Dos agentes de la PJF arrastraron a la sala al sospechoso que había mentido y lo arrojaron al suelo. Tenía la camisa hecha jirones y parecía que lo hubieran pasado por una cortadora de carne. Estaba cubierto de sangre, completamente hinchado y lleno de moretones; tenía la cara negra y azul y estaba sangrando por una docena de heridas. El tipo gemía y lloriqueaba como un niño en medio de arcadas. Los otros tres sospechosos permanecieron inmóviles, mientras su amigo yacía en el frío suelo de cemento.

El comandante entró a la habitación y todo quedó en silencio, luego se dirigió a los tres sospechosos y les dijo: "No me gustan los mentirosos; les preguntaré por última vez dónde están los depósitos clandestinos".

Los tres sospechosos parecían niños pequeños en una escuela, dos de ellos levantaron rápidamente sus brazos para hablar y delataron a todos los distribuidores de drogas y depósitos clandestinos que conocían en Agua Prieta. También nos llevaron a una fosa común donde estaban enterrados los treinta trabajadores que habían cavado el túnel; los pobres campesinos habían pasado varios meses encerrados en una casa, no podian salir hasta que lo terminaran. Y cuando lo hicieron, fueron subidos a un camión, llevados al desierto y asesinados. Los narcotraficantes querían asegurarse de que no hubiera ninguna filtración sobre el túnel.

Los dos países eran mundos completamente diferentes. En los Estados Unidos, los sospechosos habrían guardado silencio, solicitado un abogado y el caso habría terminado ahí. En México, fui testigo de numerosas entrevistas e interrogatorios, cuando se supone que los agentes estadounidenses no debían ver los abusos, pues podríamos denunciarlos. Actualmente, México cuenta con una división de derechos humanos para prevenir estos abusos, y los agentes de la PJF deben obtener una orden de registro, al igual que nosotros.

Las cosas en México no siempre son como parecen ser. Cuando lees que la PJF hace enormes incautaciones de drogas, ignoras que esa misma droga es vendida de nuevo a los narcotraficantes la mayoría de las veces. Así es el sistema mexicano de pesos y contrapesos: los narcotraficantes sobornan a la PJF para que no realice operativos, el negocio prospera y la cantidad de contrabando de drogas es enorme; luego, la PJF hace una gran incautación, les vende la droga de nuevo y les exige un aumento en los sobornos que recibe cada mes. ¿Quién puede culpar a la policía mexicana? Ganan menos de 300 dólares al mes, y deben "cooperar o morir". La opción que tiene la mayoría de los policías es "plata o plomo".

Digamos que soy un policía mexicano y que gano 90 dólares al mes. Un traficante me ofrece 200, triplicando así mi salario, y lo único que tengo que hacer es echar una larga siesta, pero si digo que no, me mata. Ni el padrino habría rechazado esa oferta.

* * *

EN Estados Unidos todavía se presentan problemas de corrupción en los puertos de entrada. No reconocemos esto y tardaríamos una eternidad para investigar la corrupción, pero existe y seguirá existiendo hasta que el gobierno obligue a cada inspector, agente de la Patrulla Fronteriza y de la ley, a someterse a un detector de mentiras antes de ser contratado.

La triste realidad es que cuando comenzó el auge de la cocaína, la corrupción en el Puerto de Entrada alcanzó el punto más alto de todos los tiempos. Se sabía que al menos doce inspectores de inmigración eran corruptos. No pasaba un solo día sin que una fuente nos informara que un inspector corrupto dejaba pasar un cargamento de drogas por el PDE. Entre 1996 y 2002, diecinueve inspectores de inmigración y seis inspectores aduaneros fueron despedidos, detenidos y condenados por aceptar sobornos y por traficar drogas a través de los puertos de entrada.

Se cree que varios fueron reclutados por Luis Villegas, un traficante local. Luis trabajaba para El Jaimillo, el presunto cabecilla de Nogales, Sonora. Luis había estudiado con algunos de los nuevos inspectores en la escuela secundaria, y los reclutó. Nosotros también teníamos fuentes que trabajaban para Luis, las cuales nos informaban la hora y el lugar donde entregaría cocaína.

Eran casi las dos de la tarde de un día de invierno; hacía mucho viento, llovía y había muy poca visibilidad. Estábamos vigilando un depósito clandestino y esperando a la van que traía el cargamento de drogas. Queríamos capturar al conductor y, con suerte, también a Villegas.

La van pasó sin ser inspeccionada por el Puerto de Entrada de la avenida Grand, con 4.000 kilos de cocaína escondidos en un compartimiento. Se detuvo a la entrada de la casa y nos aprestamos a allanarla. El conductor nos vio y salió corriendo por la puerta de atrás. Luis Villegas huyó a México. Le pedimos a la PJF que reaccionara y les exigimos que hicieran una redada en la casa de El Jaimillo en la calle Kennedy, y en otros depósitos clandestinos. Les dije que algunos agentes y yo los acompañaríamos. Así que, otra vez, yo estaba armado, haciendo redadas en casas mexicanas y capturando personas. A veces no es bueno ser demasiado visible; tu nombre aparece en la prensa y te entrevistan en el noticiero de la noche, y entonces te conviertes en el blanco preferido de los traficantes. Mi cabeza terminó con más de un precio.

NO puedes ganar la "guerra contra las drogas" cuando tus propios compañeros te traicionan. Muchas veces, el poder de los narcos y su oferta ilimitada de dinero son irresistibles. La triste realidad de la vida es que hay inspectores del CBP, agentes de la Patrulla Fronteriza, de la DEA y del ICE que han sucumbido a la tentación del dinero fácil. Tuvimos tantos casos de corrupción que no podíamos concentrarnos en los principales narcotraficantes que se habían esfumado. La oferta de mujeres fáciles y de hasta 50.000 dólares por permitir que un cargamento con droga cruzara por la frontera internacional o por un puesto de control es irresistible para muchos. Un inspector de inmigración tenía 300.000 dólares en su armario cuando fue arrestado.

Durante los dos años siguientes, la oficina trató de investigar la corrupción del Puerto de Entrada. La cantidad de cocaína que ingresaba por allí era abrumadora. Unimos fuerzas con el FBI, la

DEA y todas las agencias de aplicación de la ley que estuvieran dispuestas a colaborar en esta tarea. El FBI realizó una interceptación telefónica y, después de una investigación exhaustiva, doce inspectores de Inmigración y Aduanas fueron detenidos por corrupción, y acusados de permitir la entrada de drogas ilegales, de vender Tarjetas de Cruce Fronterizo, de lavado de dinero y de evasión fiscal.

Trabajé de día y de noche cuando fui supervisor. Los narcotraficantes hacían tantos túneles que cuando una fuente confidencial nos llamaba, rogábamos para que no mencionara la temida palabra túnel, pues se armaba un verdadero infierno. Después del escándalo internacional que desató el túnel de Douglas, teníamos que vigilar las veinticuatro horas del día cualquier túnel que descubriéramos. Instalábamos cámaras a control remoto, casas rodantes y camionetas para vigilar, y permanecíamos en los túneles hasta que decidíamos poner fin a la investigación y tapábamos el agujero con cemento. La mayor parte del tiempo, nuestras fuentes confidenciales nos informaban cuándo pasarían drogas por los túneles y en qué vehículo las recogerían, pero eso no era suficiente para nuestra sede en Washington, D.C., que nos exigía una vigilancia permanente.

Inspeccionamos muchos túneles y tuvimos que realizar vigilancias interminables que duraron semanas enteras. Yo odiaba la palabra túnel. Después de hacer casi veinte labores de vigilancia a largo plazo, le pedí a mi grupo que no volviera a mencionar la palabra túnel, a menos de que supieran que se trataba de uno realmente grande.

El sistema de drenaje de Nogales, con cientos de tuberías que van de un extremo de la ciudad al otro, era un verdadero laberinto. La mayoría de los túneles tenía menos de 20 pies de largo, y salían de la tubería principal en la avenida Grand. Los topos humanos alquilaban casas junto a las bocas de la tubería, excavaban 4 pies de profundidad y más de 10 pies hasta la acera, cortaban la tubería, sacaban la droga y la llevaban a una casa.

Se han descubierto más de setenta y cinco túneles en Nogales y al menos otros veinte de los que nunca le informamos a la opinión pública. Solo diez estaban bien construidos, y comunicaban a empresas o casas en México con otras en Estados Unidos. Encontramos túneles en iglesias, en el Club Elks, en el Centro para Ciegos y en casi todos los negocios de Nogales, Arizona.

Cuando la prensa oía hablar de un nuevo túnel y venía para tomar fotos y escribir un artículo, siempre les decíamos lo mismo: "Es un nuevo túnel. Acabamos de descubrirlo y hemos decomisado el primer cargamento de droga". La prensa sabía que estábamos mintiendo, pero lo cierto era que le habíamos hecho un seguimiento desde su construcción. Los informantes nos hablaban de él, decomisábamos varios cargamentos y llamábamos a la prensa cuando los narcotraficantes decidían no volver a utilizarlo.

Los agentes de la oficina de Nogales hacían una labor excelente en el reclutamiento y manejo de informantes confidenciales. Yo resaltaba la importancia de reclutar y de trabajar con los informantes en todas nuestras reuniones, valiéndome de una historia sencilla para explicar por qué necesitábamos informantes. Utilizaba el golf como ejemplo, y les decía a los agentes que imaginaran que estaban jugando golf en un campo nuevo, sin señales, marcadores ni tarjetas de puntuación, donde los únicos que pueden darte información son los caddies. Ellos saben dónde están el *green* y el *yardaje*, y te cargan los palos. Sin embargo, solo tú puedes golpear la maldita bola blanca y hacer *putt* en el *green*. Los informantes son nuestros caddies. Ellos nos guían, nos dicen cómo movernos en la frontera, dónde están las trampas, etc. Pero somos nosotros quienes tenemos que atrapar a los contrabandistas. Es algo que amas y odias al mismo tiempo.

Los agentes de la oficina hacían cientos de arrestos cada año y decomisaban grandes cantidades de drogas. La oficina de Nogales ocupaba el primer lugar en los Estados Unidos en incautación de drogas y arrestos de personas. A pesar de todo nuestro esfuerzo, los narcos pasaban cada vez más y más drogas. La cantidad de narcóticos que pasaba por la frontera era asombrosa. Algunos días realizábamos entre tres y cinco operaciones, algunas de manera simultánea. A continuación, los agentes tenían que responder a los puertos de entrada y encargarse de los arrestos y de las incautaciones. Los puertos generaban entre diez y doce confiscaciones al día.

René había asumido el cargo de RAC en Sells, Arizona, y era el jefe de los famosos Lobos a la Sombra, de la Patrulla de Aduanas. Yo estaba un día allí con Layne, y este me dijo:

—Me voy a retirar. Ya fue suficiente.

Pensé que estaba bromeando.

—Sí, claro —le dije en un tono irónico.

—Simplemente llegas a un punto. Algún día te darás cuenta, todo el mundo sabe cuándo es hora de renunciar —comentó Layne.

Así que por defecto, o porque nadie más quería el maldito cargo, fui promovido de agente de supervisión a agente residente a cargo de Nogales. Pasé de supervisar diez agentes a supervisar treinta y cuatro. Era responsable por todas las funciones de la oficina. Suena genial, salvo que un supervisor y un RAC reciben el mismo sueldo.

Soporté casi dos años el estrés y la rabia de tratar con los jefes y con los agentes de la Generación X que habían sido transferidos a mi oficina. Mis responsabilidades y obligaciones me agobiaron, y pedí un traslado, pues necesitaba irme de Nogales.

Los grandes avances tecnológicos habían facilitado las labores de vigilancia, y podíamos monitorear a los vehículos que transportaban drogas por medio de dispositivos de rastreo conectados a nuestras computadoras portátiles. Podíamos observar casas con nuestras cámaras, utilizando sistemas semejantes a los de la televisión por satélite, y ver lo que sucedía en los depósitos clandestinos desde nuestras computadoras portátiles y en la comodidad de nuestras oficinas.

Todas las semanas descubríamos túneles en Nogales; fueron más de cien en total. Esto se debió en parte al clima, pues rara vez llovía y el suelo era rocoso y duro debido a los depósitos de caliche, lo que impedía que los túneles colapsaran. Los agentes los vigilaban, veían los cargamentos de droga y los confiscaban, y entonces los narcotraficantes decidían dejar de utilizar el túnel.

Unas dos semanas antes de ser trasladado de Nogales, fui a la frontera para inspeccionar otro túnel que iba de un negocio en México a unos apartamentos en Estados Unidos. Era el mismo complejo de apartamentos en la calle West International donde habían cavado dos túneles en el pasado. Se suponía que yo debía decirle a la prensa la historia consabida: que acabábamos de descubrir el túnel y que se trataba del primer decomiso, etc.

Había cruzado la frontera para reunirme con la PJF y observar el túnel cuando fui fotografiado por la prensa mexicana a un lado del túnel. Yo estaba sosteniendo un cigarro. Pedí que no publicaran la foto, pero al día siguiente aparecí en la primera página del periódico *El Imparcial*. También mencionaron mi nombre, con un subtítulo donde se decía que yo era el jefe de la DEA en Nogales, conocido por mi experiencia en investigaciones sobre túneles clandestinos. Bromeé con los agentes de la DEA sobre mi nuevo cargo.

Esa foto, publicada dos semanas antes de ser trasladado a México, y donde aparecía como el jefe de la DEA, no podría haber ocurrido en un momento peor.

DE NUEVO EN MÉXICO

EN 1997, después de desempeñarme como agente residente a cargo en Nogales por espacio de dos años, había llegado a mi punto de quiebre; el fastidio de tener que supervisar todos los días, y las dificultades constantes durante tantos años, habían hecho mella en mí, y necesitaba un cambio.

Antes de ser supervisor, me ofrecí como voluntario para hacer investigaciones temporales en una docena de lugares, como Nueva Orleans, Los Ángeles, Puerto Rico, Georgia, Texas, Miami y Bolivia. Los seis meses que duraban las operaciones me ofrecían una vía de escape a la rutina de desafíos y retos en Nogales. Los supervisores teníamos pocas oportunidades de escapar, las asignaciones temporales eran casi inexistentes y yo necesitaba un cambio.

Asumí el cargo de agente residente a cargo en Hermosillo, Sonora. A pesar de haber recibido amenazas la primera vez que trabajé en México, siempre había querido trabajar en ese país. Los atractivos de México, con su cultura y hospitalidad, parecían llamarme. Me encantaba ese país. Había trabajado allí de manera intermitente durante los últimos diez años, pero vivir allá fue una vivencia totalmente nueva. Yo ya era mayor y tenía más experiencia. Además, tendría una oficina y una casa, en vez de vivir escondido en varios hoteles. Esperaba trabajar de tiempo completo en México. El clima político parecía mucho más tranquilo, las agencias mexicanas y las agencias de Estados Unidos se llevaban bien, y la cooperación se encontraba en el punto más alto de su historia. ¿Por qué me habría de ir mal?

Contaba con un personal numeroso, que consistía en una secretaria y yo, pero no me importó. Me sentía agotado después de pasar tantos años difíciles en Nogales. Estaba feliz de cambiar de ritmo. En México, al agente residente a cargo también se le llama agregado de Aduanas, o alto representante de Aduanas. Es un cargo magnífico; diriges la oficina y realizas investigaciones. El trabajo de campo era mi punto fuerte. La época más feliz de mi carrera fue cuando hice mis propias investigaciones sobre el terreno como agente especial sénior.

Por esa misma época, Pete fue promovido como nuevo agregado de la Aduana en la Ciudad de México. Pete era un viejo amigo que trabajaba en la oficina de El Paso, Texas, y una "rata de la frontera" al igual que yo. Había ascendido posiciones y no era ajeno a los problemas de la frontera. También estaba cansado de trabajar en la oficina de El Paso. Las investigaciones sobre el Informante de la Casa de la Muerte y sobre otros incidentes seguían su curso, en los que media docena de agentes estaba siendo investigada por abandonar un cargamento de marihuana que debía incinerar. Toda la marihuana era incinerada en una instalación de Tucson. Los agentes de El Paso, Texas, llevaron varias toneladas de droga, la arrojaron al incinerador y se marcharon, pensando que sería incinerada. Sin embargo, un empleado decidió que ésta sería su oportunidad de oro, y recuperó cerca de 400 libras de marihuana ligeramente chamuscadas. Las cargó en su camioneta y salió temprano del trabajo para disfrutar de su fortuna recién descubierta.

Nadie decía que este idiota fuera particularmente listo. El imbécil olvidó que una parte de la marihuana ligeramente chamuscada seguía ardiendo y despedía una gran cantidad de humo. Pasó a un lado de una patrulla de la policía, y el agente quedó aturdido por el fuerte olor; describió la situación como sacada de una película de *Cheech y Chong*. El oficial detuvo el vehículo y vio que el hombre estaba tan drogado que casi no podía conducir, pues había inhalado tanto humo que no sabía lo que estaba haciendo.

Este incidente dio inicio a una investigación a gran escala en Asuntos Internos sobre mala conducta, y a una nueva política, según la cual los agentes asignados a la destrucción tenían que estar presentes hasta que toda la droga fuera incinerada. ¿Quién iba a pensar que un imbécil llevaría marihuana que aún ardía a una temperatura de mil grados en su camioneta? Fue una lección que aprendimos de la manera más dura. El servicio de Aduanas tenía agentes asignados en todo el mundo, y los rumores se propagaban en menos de veinticuatro horas. Por eso, cuando un agente o empleado de la oficina cometía alguna estupidez, todos aprendíamos del error y nos sentíamos agradecidos de que nuestra oficina no se viera involucrada.

Pete y yo nos enteramos posteriormente que el RAC anterior había sido despedido de su cargo en Texas. Me llamó un día y me dijo que quería deshacerse de un viejo Pontiac. Le pregunté a la secretaria si sabía dónde estaba el auto. "Tendrás que hablar con el RAC anterior", respondió.

Descubrí que el RAC le había dado el vehículo del gobierno a un informante, quien luego lo vendió.

La oficina de Hermosillo necesitaba una solución, y la sede estaba debatiendo la conveniencia de cerrarla por falta de actividad. No esperé mucho para provocar una verdadera tormenta. Despedí a la secretaria, contraté a otra y pasé la mayor parte del primer año reorganizando la oficina, reuniéndome con un gran número de comandantes mexicanos de todas las agencias y viajando a todos los estados bajo mi jurisdicción. Yo sabía que tenía que reclutar y desarrollar una gran cantidad de fuentes confidenciales si quería obtener buenos resultados. Muy pronto comprendí que no todo había cambiado. Me encontré con unos pocos individuos que había conocido en el pasado.

El RAC de la oficina de Hermosillo se encargaba de combatir el contrabando de narcóticos y armas, la pornografía infantil, y de darle seguimiento a las investigaciones de lavado de dinero en México, tal como yo lo había hecho en los Estados Unidos.

La jurisdicción del RAC de Hermosillo abarcaba Chihuahua, Sonora, Sinaloa, Durango, Nayarit, Jalisco y Baja California. Yo tenía a mi cargo los pueblos fronterizos desde el Parque Nacional Big Ben de Texas, El Paso y Ciudad Juárez, las ciudades fronterizas de Nuevo México, y San Ysidro y Tijuana, México en la frontera con California. Creo que esta información quedó por fuera de mi guía de viajes de turismo cuando me presenté para el cargo.

Tampoco era consciente del hecho de que los peores cárteles mexicanos de drogas estaban en mi jurisdicción. Caro Quintero se encontraba en la cárcel y había sido reemplazado por su hermano Miguel, pero vivía como un millonario en la cárcel. Tenía un túnel que utilizaba para ir a clubes nocturnos y restaurantes, así como para llevar mujeres a su celda. Los mejores restaurantes le enviaban comida a la cárcel, donde comía en vajillas de lujo. Seguía manejando su imperio a través de teléfonos celulares y líneas telefónicas instaladas en su celda.

Amado Carrillo, El Señor de los Cielos, controlaba la distribución de casi todas las drogas que entraban y salían de México. Era considerado el mayor narcotraficante de su época; se calculaba que tenía más de 22 aviones Boeing 727 para uso privado, y cientos de avionetas para distribuir drogas. Se creía que su fortuna sobrepasaba los 25.000 millones de dólares, y era considerado intocable. Tenía propiedades en casi todos los estados de México y estaba construyendo una mansión en Hermosillo, Sonora, a una cuadra de mi residencia forzosa. Gracias a Dios murió y nunca pudo terminarla.

Yo llevaba menos de un mes en México cuando un avión 727 aterrizó con 10.000 libras de cocaína en Bahía Kino, una playa pequeña 50 millas al oeste de Hermosillo. El avión se salió de la pista y se hundió en la arena; los narcotraficantes no pudieron sacarlo y lo dejaron enterrado. Mis fuentes me dijeron que agentes de la PJF y de la policía estatal ayudaron a descargar la droga y la llevaron hasta la frontera, donde fue distribuida.

El cártel de los Beltrán Leyva también participaba activamente en Sonora y Chihuahua, y la lista de narcotraficantes que operaban en mi área podría haber llenado el directorio telefónico de Tucson.

El Chapo Guzmán también estaba en la cárcel. Había apelado su condena y contratado a Francisco Alatorre, de Hermosillo, Sonora, que había sido el abogado defensor de Rafael Caro Quin-

tero. Francisco Alatorre tenía una oficina de abogados en San
Diego, así como en la Ciudad de México, pero después del caso
Caro Quintero, el gobierno estadounidense le canceló la visa, y le
confiscó unos 2 millones de dólares que Caro Quintero le pagó
por concepto de honorarios. Otro abogado me lo presentó. Yo no
sabía quién diablos era él. Se trataba de una vieja coartada mexicana: "¿Puedes ayudar a mi amigo?". Cuando busqué su nombre,
vi que Alatorre ya no podría obtener una visa estadounidense ni
entrar a Estados Unidos.

Alatorre esperaba esto, pero me agradeció por haber revisado
su caso. Me invitó a almorzar varias veces con otros abogados de
Hermosillo y disfruté de sus conversaciones. Tenía una secretaria
que me recordaba a Lola la Voluptuosa, solo que esta señorita era
elegante y siempre se vestía de una manera impecable; siempre
acepté con mucho gusto las invitaciones para ir a la oficina de Alatorre. Lo escuchaba explicar la complejidad de sus famosos clientes
y obtuve una idea del mundo tan oscuro en el que vivían. Alatorre
era muy astuto, varias veces intentó darme regalos simbólicos,
como un reloj y unos zapatos hechos a mano. Los rechacé, pues
sabía que me estaba probando y quería ver si podía comprarme; él
pensaba que si yo aceptaba un pequeño regalo, seguramente acep-
taría regalos más costosos o sobornos en dinero.

Me reuní varias veces con Alatorre durante el año siguiente.
Me dijo que Caro Quintero le había dado una Colt 45 con cacha
de oro como uno de los pagos por su defensa. Una tarde, dos hombres armados se acercaron a su vehículo en una calle residencial
mientras se dirigía a su casa y le dieron tres balazos en la cabeza
y huyeron. Alatorre murió en el acto y su secretaria me llamó de
inmediato. Posteriormente circularon rumores de que El Chapo

Guzmán, u otro narco, lo había mandado matar por haber perdido la apelación en la corte. Dos años más tarde, en 2001, El Chapo Guzmán escapó de la prisión y retomó su imperio.

Una vez más, pensé que podría marcar una diferencia confiscando narcóticos y atacando las finanzas de los narcotraficantes. Como dicen los mexicanos, "estaba tratando de ser macho". Sentí la necesidad de probarme a mí mismo otra vez como agente. Habían pasado nueve años desde que había hecho mis propias investigaciones, pero podía trabajar de nuevo sin mayores tropiezos.

Los hermanos Arellano Félix controlaban Baja California y eran considerados como los mayores narcotraficantes de cocaína en México. Teodoro García trabajaba para ellos. "El Teo" era un sicario despiadado que dejó un rastro de cadáveres por toda la Baja California.

Era el hombre más temido en esa zona. Torturaba y mataba a sangre fría en compañía de un individuo conocido como "El Pozolero", quien se ocupaba de los cadáveres, disolviéndolos con productos químicos en barriles de 55 litros. Cuando lo arrestaron, más de 300 cuerpos fueron encontrados en barriles en una bodega.

Fui a Tijuana en muchas ocasiones. Detestaba esa ciudad y me ponía los pelos de punta. Nunca me alojé en un hotel mientras estuve allí.

Un día fui a comprar una hamburguesa en un Burger King de Hermosillo; es una ciudad moderna con unos 500.000 habitantes, y tiene todas las cadenas de comida rápida de Estados Unidos. Tan pronto crucé la puerta, vi a Luis Villegas, el fugitivo de Nogales, Arizona. Luis era responsable de introducir más de 4.000 libras de cocaína a Estados Unidos y de sobornar a varios inspectores de aduanas. El muy cabrón estaba sentado con varias personas, pero advirtió mi presencia y me miró. Le hice señas para que fuera a mi mesa cuando salía del lugar. "Tenemos que hablar. Si delatas a los inspectores corruptos, te ayudaré a lograr un acuerdo", le dije.

Nuestra conversación fue interrumpida porque sus hombres se acercaron para ver qué pasaba.

"Cielos, también podría haberme encontrado con El Quemado, el psicópata de mierda, y dudo que hubiera platicado conmigo", pensé.

Creo que en ese momento comprendí que yo era muy vulnerable y que estaba muy solo. Había cuatro agentes de la DEA en el Consulado de Estados Unidos, pero estaban tan ocupados como yo, y viajaban constantemente. Yo sabía que tenía que espabilarme si quería sobrevivir. Llevaba muchísimo tiempo fuera del campo de operaciones y estaba dando por sentadas las cosas más simples.

Empecé a pensar en mi primera estadía en México. Todos los días utilizaba rutas diferentes y nunca comía en el mismo restaurante. Pensé en los resultados que obtuve y comprendí que tal vez las cosas no eran mejores ahora que diez años atrás. Tenía que cambiar mis hábitos con rapidez, pues de lo contrario me convertiría en un blanco fácil.

Durante mi estadía en Nogales conocí a un coronel del Ejército Mexicano y nos convertimos en amigos cercanos. El coronel Sánchez era un tipo duro y entrado en años, del Estado de Jalisco, la cuna del tequila. Le gustaba este destilado, y en más de una ocasión tuve el placer de ser invitado a su pequeña casa en la base militar de Nogales, para tomarnos una o dos botellas mientras su esposa nos preparaba exquisitos platillos mexicanos. El coronel se sentía honrado de tenerme en su casa; preparaba carne asada e invitaba a sus capitanes y tenientes. Nadie lo superaba cuando se trataba de tomar tequila.

Creo que este destilado debería tener una etiqueta de advertencia, y limitar su consumo a un máximo de tres copas. Nunca produce el mismo efecto, lo tomas una vez y eres calmado y te quedas dormido en silencio, pero en la próxima ocasión quieres pelear con todo el mundo. Como dice la canción del vaquero: "Nunca te acerques a una mujer en una loca noche de tequila". Existen pocas palabras para describir la fraternidad internacional que produce el tequila en México. Dos extraños pueden convertirse en los mejores amigos de por vida después de tomar una botella de tequila. El coronel Sánchez y yo éramos dos viejos guerreros que combatíamos el narcotráfico debido a nuestros principios.

En muchas ocasiones recibí información sobre depósitos clandestinos en Nogales, Sonora, y hablé directamente con el coronel Sánchez, quien reunía a sus tropas y los allanaba en cuestión de minutos. Él se reía y decía: "Las drogas son responsabilidad de la PJF; no tenemos la autoridad, pero no te preocupes". Una vez me mostró un pedazo de papel tan viejo como la declaración de independencia; se había vuelto amarillento y estaba dentro de una carpeta de plástico para evitar que se convirtiera en polvo. La orden de allanamiento había sido firmada por un juez federal de México unos quince años atrás; el coronel Sánchez la sostuvo con orgullo y me dijo: "Nadie ha pedido leerla".

Él sabía que yo había sido transferido a Hermosillo y me presentó a un coronel de allá, quien a su vez me presentó a un general del ejército que estaba a cargo del Estado de Sonora.

Ricardo me había enseñado muy bien la cultura mexicana y el arte de tratar con sus funcionarios. El error más grande que comete la mayoría de los agentes de la DEA y de la Aduana es que conocen a un funcionario mexicano e inmediatamente le piden un favor. Los agentes estadounidenses piensan que deben recibir ayuda solo porque son representantes de la ley, lo cual es un error.

En México, primero comes y bebes con alguien, y puedes hablar de negocios con él cuando lo has conocido al menos por un par de días. Es como el juego de la seducción, tiene que haber un cortejo. Siempre tienes que dejar que los mexicanos hagan el primer movimiento. Cuando me presentaron al general, charlamos un poco y luego me preguntó:

—¿Qué quieres?

—Nada —le respondí.

No esperaba esa respuesta. Supe que le gustaban los cactus del desierto y el whisky de 12 años. Me propuse comprarle un buen libro con fotos de cactus y su whisky favorito. Le solicité otra reunión ese mismo mes y le di los regalos. Él creía que yo iba a pedirle algo a cambio, y le dije:

—No quiero nada. Estoy en su país como invitado, y si me necesita, hágamelo saber.

Él me pidió un favor al cabo de un mes; su cuñada necesitaba una visa de turismo y hablé con el Departamento de Estado. Un funcionario de este departamento llevaba cuatro años intentado ponerse en contacto con el general, sin obtener resultados. El Consulado General le expidió la visa y él se sintió agradecido. Ya estaba comprometido conmigo, porque según las costumbres mexicanas, un favor se devuelve con otro. Yo tenía mucho trabajo, pues varias fuentes me habían dado información sobre cargamentos de droga, gracias a lo cual pudimos confiscar camiones llenos de marihuana. También me habían suministrado información sobre ranchos donde cultivaban marihuana. Los agentes de Estados Unidos asignados para trabajar en México no tienen autoridad para arrestar o hacer incautaciones, y deben pasarle la información a las autoridades mexicanas. Decidí trabajar con el Ejército Mexicano. Algunas veces les daba cargamentos pequeños a la PJF, pero la gran mayoría se los daba al general, quien enviaba a sus tropas para confiscarlos.

Una fuente me dio información acerca de un rancho e incautamos veinticinco toneladas de marihuana. Fui invitado a presenciar la destrucción y a sostener la antorcha ceremonial, una trapeadora empapada de combustible diesel para prenderles fuego a las plantas. Sentí que realmente estaba haciendo incautaciones importantes y evitando que la droga llegara a la frontera. La respuesta que recibí de Washington era que mi labor no tenía ninguna importancia porque la marihuana era incautada por el gobierno mexicano.

En 1999 recibí una llamada telefónica de un supervisor de Tucson, quien me dijo que alguien me había amenazado de muerte. Inicialmente creí que podía tratarse de Luis Villegas o de El Quemado, pero el supervisor no mencionó el nombre del traficante y me dijo que me llamaría más tarde. "¿Qué otra novedad tienes?", pregunté, pues yo había recibido varias amenazas de muerte cuando trabajaba en Nogales.

El agente auxiliar a cargo en Tucson me llamó tres horas más tarde y me dijo que el FBI estaba interceptando llamadas telefónicas y había oído por casualidad una conversación entre un hombre no identificado y Jaime González Gutiérrez, alias "El Jaimillo", el narco de Nogales, Sonora, que había acumulado un gran poder tras la caída de Figueroa Soto. Yo había allanado su casa de Nogales, Sonora. El Jaimillo era amante de Sandra, la mujer más hermosa de Nogales, Arizona. El cabrón de El Jaimillo y un miembro del cártel de los Beltrán Leyva fueron interceptados en una intervención telefónica planeando un atentado en mi contra.

El Jaimillo quería asesinarme. Sabía mi nombre completo, mi dirección en Hermosillo y cuál era mi vehículo.

No tenía otra opción; me dijeron que empacara mis cosas y me largara de México "lo antes posible".

Después de haber allanado la residencia de El Jaimillo un par de años atrás, creí que había sido detenido por la PJF en Hermosillo. A fin de cuentas, el arresto por parte de la PJF en mayo de 1997 fue noticia en la prensa. Yo había oído que él le ofreció unos 100.000 dólares a la policía para que lo dejaran ir. Supuse que había dado algún soborno o les había pagado a los funcionarios de la prisión. De acuerdo con la interceptación telefónica, él estaba muy disgustado porque yo le había decomisado una gran cantidad de drogas que tenía como destino final a Nogales, Sonora.

Me dijeron que empacara ropa para unas dos semanas. Llamé a algunos contactos antes de irme y les dije que no sabía por cuánto tiempo me ausentaría. Uno de ellos era el general del Ejército Mexicano. Le informé sobre mi situación y me dijo: "Estoy seguro de que todo se resolverá para que puedas volver".

Todos los agentes de la DEA me acompañaron hasta la frontera en Nogales y al día siguiente volé a Washington, D.C., donde tuve que esperar mientras la Oficina de Investigaciones y la Oficina de Asuntos Internos investigaban la amenaza de muerte. No sabía si iba a regresar o no a México ni cuándo lo haría. Ricardo estaba trabajando en la Oficina de Asuntos Internos en Tucson y me mantuvo informado de la situación. Me llamaron a la Oficina de Asuntos Internos en Washington y me preguntaron si tenía dudas sobre mi regreso a México. Dije que no y me permitieron regresar una semana después.

Muchas veces las cosas se solucionan solas. Cuando regresé a México, me enteré de que El Jaimillo había sido asesinado; recibió veintiocho disparos, y encontraron su cuerpo cubierto de cinta adhesiva y envuelto en una bolsa plástica en el maletero de un vehículo. Alguien notificó a la policía de Nogales, Sonora, de un vehículo sospechoso. Ahí fue donde encontraron el cuerpo.

Restablecí todos mis contactos con la PJF y con el Ejército tras mi regreso. Fui invitado a una reunión con el general del Ejército Mexicano, quien me saludó y me dijo: "Me alegro de que hayas regresado", y agregó con un tono misterioso: "No tienes de qué preocuparte; la persona que te amenazó ya recibió su castigo".

Luego pareció sonreír. Su mirada y sus palabras querían decirme algo. Quería que aclarara lo que me había dicho, pero no me atreví a preguntarle nada. ¿Por qué diablos había sonreído? ¿Acababa de decirme que había hecho matar a El Jaimillo o simplemente me había informado de su muerte?

Durante nuestro próximo encuentro, el general me invitó a su oficina y me entregó un permiso especial para portar una pistola firmado por él. Era la primera vez en la historia que un agente oficial de Estados Unidos estaba autorizado para portar armas en México. Varios agentes de la DEA me pidieron que le solicitara un permiso para ellos. Mi permiso había sido un favor especial, y yo sabía que pedirle otro sería ofensivo.

CONTINUÉ dándoles golpes a los narcotraficantes, y después de recibir una gran cantidad de información sobre cientos de cargamentos por vía aérea y terrestre en el Estado de Sonora, finalmente convencimos al gobierno mexicano de que le permitiera instalar a la Aduana una unidad de interdicción aérea en Hermosillo. Esto se conoció como la Operación Halcón.

No sé qué fue más difícil, si lograr que el gobierno mexicano

cooperara o convencer a los pilotos de la Aduana de que trabajaran; estaban en México, pero habían sido asignados al aeropuerto
de Puerto Vallarta. Vivían en grandes y lujosos condominios de
dos dormitorios con vista al mar, y todo el día tomaban cerveza.
Llevaban más de un año sin hacer una sola interceptación.

El programa de interdicción aérea fue aprobado por el gobierno mexicano, y consistía en un avión de Estados Unidos equi-
pado con un radar y un equipo de filmación para rastrear y
registrar aviones sospechosos de transportar drogas; el avión era
tripulado por pilotos de la Aduana de Estados Unidos y por un
piloto mexicano. El Ejército Mexicano suministró un bimotor
Beechcraft y un helicóptero Black Hawk para labores de respaldo
cuando aterrizara un avión sospechoso.

Volé a Puerto Vallarta para ayudar a los pilotos y mecánicos a
organizar el hangar para los aviones, y luego llevé el vehículo del
piloto a Hermosillo, en compañía de ocho militares. El primer día
fuimos a Mazatlán y nos asignaron un nuevo grupo de soldados
militares para que nos acompañaran hasta Hermosillo. Echamos
gasolina en Los Mochis, Sinaloa, en horas de la tarde. Los militares iban con sus uniformes negros. Aprovechamos para estirar las
piernas y tomarnos un refresco; vi a un policía, pero no le presté
atención.

Nos pusimos en marcha y unos quince minutos después fuimos rodeados por treinta vehículos de la policía, los escoltas militares rodearon mi auto. Estábamos literalmente en medio de un
enfrentamiento. El joven teniente se reunió con el jefe de la policía, pero no logró convencerlo de que no íbamos a allanar una
casa en su territorio. El enfrentamiento duró más de tres horas.
Todo el tráfico fue desviado mientras estuvimos estacionados en
plena autopista Interestatal 15. Tuvimos que llamar a la Ciudad

de México y al Departamento de Estado para que nos dejaran ir. Todo el estado de Sinaloa estaba sobornado por los traficantes, y la policía se estaba asegurando de que estuviéramos de paso y no fuéramos a allanar ninguna propiedad de la zona.

Los pilotos de la Aduana Aérea fueron llevados al Holiday Inn de Hermosillo. Las suites tenían un solo dormitorio sin vista al mar, y se encontraban en la parte trasera del hotel. El clima era tan caliente en Hermosillo que podías freír huevos en la calle; la temperatura superaba los 120 grados en verano. Todavía se acostumbra hacer siesta en el Estado de Sonora; el comandante de la PJF trabajaba de 10 a.m. a 2 p.m., hacía la siesta en su casa hasta las 6:00 p.m., y luego trabajaba casi hasta la medianoche.

Los pilotos se vieron obligados a volar a pesar de sus quejas y lamentos. Identificaron tres objetivos en la primera semana y el Ejército Mexicano incautó tres cargamentos y tres aviones. Los pilotos tenían estadísticas para justificar su proceder. Ayudé con las matrículas, identifiqué a los pilotos y a la organización narcotraficante responsable. Al final del primer año se incautaron más de treinta y cuatro aviones. Pero no todos eran detenidos luego de aterrizar. Varias decenas lograban escapar y un par fueron seguidos a los cultivos desde los cuales habían partido, y luego de una labor de vigilancia en Los Mochis, descubrimos un cultivo de más de treinta toneladas de marihuana.

Una noche, los pilotos fueron a comer al restaurante Sanborns, muy semejante al Denny's, luego de realizar una misión aérea. Uno de ellos notó que estaban siendo observados. En efecto, dos mexicanos los miraban continuamente, y cuando uno de los pilotos salió a caminar un poco, uno de los hombres lo siguió y observó todos sus movimientos. Los pilotos se marcharon del restaurante y los dos hombres los siguieron.

Los pilotos me llamaron, y también llamaron a Washington, D.C.; habían reportado el incidente al más alto nivel. Tuve que decirle a la PJF que hiciera guardia en su hotel y que los acompañara al aeropuerto al día siguiente. Recibí instrucciones para redactar una nueva evaluación de las amenazas en la zona, pero le resté importancia al caso y, obviamente, los pilotos escribieron sus propios informes, describiendo su situación como si estuvieran en una zona de guerra. A continuación, el Departamento de Estado redactó otro informe para conciliar las dos posiciones.

Menos de dos semanas después, los pilotos fueron al mismo restaurante y se encontraron de nuevo con los tipos mexicanos. Me llamaron de inmediato, me comuniqué con la PJF y rodeamos el restaurante. Les habíamos dicho a los pilotos que esperaran hasta que llegáramos y entonces salieran del restaurante. Efectivamente, los dos hombres los siguieron y fueron recibidos por una decena de rifles automáticos que les apuntaban. Se orinaron literalmente mientras eran arrojados a la acera, esposados y llevados a la sede de la PJF.

Los pobres diablos fueron interrogados exhaustivamente. Todo parecía indicar que no querían hacerle daño a los pilotos; eran homosexuales y pensaban que uno de los pilotos era el hombre más hermoso que habían visto en su vida. No podían dejar de admirar sus ojos azules, su cabello rubio y sus grandes músculos. Estaban enamorados de él y le decían "El Güero Dulce".

Redacté el informe completo y lo envié a todos los organismos y agencias, incluyendo a Washington, D.C. y al Departamento de Estado. El piloto no tardó en recibir el apodo de "Dulces Nalgas", y el resto de los pilotos vaciló antes de llamar para denunciar que eran perseguidos.

* * *

LOS cientos de colinas planas que se encuentran en la zona montañosa entre Imuris y Magdalena al sur de Nogales, Sonora, son perfectas para el aterrizaje de aeronaves pequeñas. Los narcotraficantes rocían las colinas polvorientas con aceite y queroseno y les prenden fuego, lo cual sirve de guía para que aterricen los aviones. Después de las interceptaciones aéreas durante el primer año, los narcotraficantes quemaban las aeronaves y los cargamentos de marihuana si sabían que los habíamos visto, para no dejar ninguna evidencia.

Alrededor de 2001, se presentaron unas 1.200 desapariciones aéreas en la frontera. Las aeronaves realizaban vuelos cortos y aterrizaban a un lado de la línea fronteriza para entregar los cargamentos de drogas. La Unidad de Interdicción Aérea incautó un total de treinta y siete aviones, 20.000 libras de marihuana y 2.000 de cocaína. Treinta y siete aviones puede ser un pequeño porcentaje, pues los narcos tenían un número ilimitado de pilotos y un suministro interminable de aviones robados a su disposición. Durante esa misma época, el robo de aeronaves pequeñas en los Estados Unidos alcanzó el punto más alto en toda la historia.

Ese mismo año, confisqué más de 270.000 libras de marihuana, una cantidad récord, gracias a mis magníficas fuentes de información. Yo había incautado más libras de marihuana que toda la oficina de Nogales, Arizona, durante el mismo periodo.

Iba continuamente a la frontera para ayudar a otras oficinas. Ricardo se había retirado de Asuntos Interiores y trabajaba como supervisor en la oficina de Nogales. Toda la oficina había cambiado, a excepción de Tom y de un par de agentes. La mitad de los

agentes había sido rotada y estaba en otras oficinas o en Asuntos
Internos, y algunos fueron trasladados a Tucson y a la Sede.

Un día recibí una llamada de una fuente conocida como el Dr.
Nogales, quien dijo que un avión había aterrizado en un rancho
cerca de Agua Prieta, Sonora. Me contacté con la PJF y pregunté
si alguien de la DEA quería ir conmigo. Todos dijeron que estaban muy ocupados y que no querían conducir tres horas hasta el
rancho.

Llamé al comandante, un coronel del Ejército Mexicano que
estaba colaborando temporalmente con la PJF en calidad de prés-
tamo. La PJF tenía tres comandantes en Hermosillo. Un militar,
apodado "El Yanqui", estaba a cargo de todos los delitos estatales
y federales; otro comandante se encargaba de los cargamentos aé-
reos y terrestres y, finalmente, un comandante de la DEA estaba
al mando de una unidad de hombres que se habían sometido al
polígrafo para demostrar que no eran corruptos. Los tres comandantes no se tenían confianza.

Desde el principio, aprendí a elegir siempre al Ejército Mexicano. El comandante terrestre no solo estaba a cargo del contrabando aéreo, sino que también era responsable por las drogas
incautadas en el principal punto de control, justo al sur de Benjamin Hill, en la Autopista 15, que iba de norte a sur.

La fuente era un ex capitán del Ejército Mexicano, y no tuvo
ningún problema en reunirse con el comandante ni en trabajar
directamente con él. Nos condujo al rancho; era enorme, y tenía
una pista de aterrizaje para aeronaves pequeñas, tres casas, varios
establos con docenas de caballos. Encontramos más de 2.000 kilos
de marihuana en un cobertizo y detuvimos al encargado del rancho. Para mi sorpresa, el comandante lo interrogó delante de mí;
el hombre debió creer que yo era un agente de la PJF. Luego le

ofreció 75.000 dólares al comandante para que no lo arrestara. El comandante le dijo que no, como si fuera la gran cosa, pero estoy seguro de que habría aceptado el dinero si yo no hubiera estado allí.

El comandante llamó a la base militar de Agua Prieta, y treinta soldados fueron enviados al rancho. Los agentes de la PJF también acudieron. Parecían nerviosos y nos informaron que ese rancho era del mismísimo Amado Carrillo, El Señor de los Cielos. La PJF local conocía muy bien el rancho. Seguramente la mayoría de los agentes recibía dinero a cambio de protegerlo y de velar por la seguridad de los cargamentos cuando aterrizaran los aviones. El allanamiento realizado por el comandante de Hermosillo los había tomado a todos por sorpresa.

Le informé de la incautación a Pete en la Ciudad de México, quien la reportó a sus superiores, ya que decomisarle un cargamento a uno de los principales narcotraficantes era una gran noticia. Pete le informó a su homólogo de la DEA, quien entró en cólera y exigió saber por qué razón yo no había llamado a los agentes de la DEA en Hermosillo. Claro que lo hice, y la DEA y el RAC de Hermosillo recibieron un jalón de orejas por no haber ido. El agregado de la DEA le dijo a Pete que iba a limitar mis misiones, pues según él, yo estaba actuando con tanta osadía que ponía mi vida en riesgo. También le dijo a Pete que sería directamente responsable de mi muerte. Pete era un buen amigo mío, se preocupó mucho y trató de frenarme un poco. Todo el mundo recordaba todavía que Enrique Camarena había sido asesinado por destruir grandes cultivos de droga y por perseguir a los capos de la droga. Le aseguré a Pete que me sentía bien. Confiaba en mis instintos y habilidades.

Al Dr. Nogales le iba muy bien. Le pagábamos grandes sumas

de dinero y siguió proporcionándonos información sobre varios ranchos que cultivaban muchas hectáreas de marihuana; como siempre, yo le pasaba esta información al coronel. El Dr. Nogales llamó para informarme que varios cargamentos de heroína habían salido en camiones desde Michoacán. No me dio muchos detalles más, pero tomé algunas notas y redacté un breve informe de inteligencia.

Una semana después, el Dr. Nogales fue a mi oficina con un informe oficial de la PJF sobre la incautación de 5 kilos de heroína en el puesto de control Benjamin Hill. Dijo que el decomiso se debía a su información, le pagué 2.500 dólares de la caja menor y le dije que le pagaría otros 15.000, los cuales tenía que pedir a la Ciudad de México. Luego redacté mi informe. Me contacté con el coronel y lo invité a almorzar. Fui a su oficina, le mostré el informe y le dije que el Dr. Nogales era un gran informante. El coronel leyó el informe y dijo que el Dr. Nogales no había tenido nada que ver con la incautación de heroína. El Dr. Nogales me había engañado, y yo había confiado en él. El comandante llamó al capitán encargado del punto de control y exigió saber quién demonios le había dado el informe oficial de la PJF al Dr. Nogales. El pobre agente que se lo dio fue arrestado en el acto. Me contacté con el Dr. Nogales, le pedí que fuera a la oficina del comandante y lo despedí en el acto por haberme mentido. Él protestó, pero luego confesó que había estado trabajando con los agentes del punto de control para repartirse el dinero a cambio de recibir informes y estafarme. Le dije al buen doctor: "Adiós, y nunca más vuelvas a mi oficina".

Aparentemente, el Dr. Nogales fue a la oficina de Douglas, Arizona, y le dijo a un agente nuevo y completamente inexperto que yo le debía miles de dólares por concepto de incautación de heroína. El imbécil del agente llamó a Asuntos Internos e informó que yo estaba timando a mis fuentes, y como era de esperarse, fui investigado de nuevo. Pero esta vez las cosas estuvieron de mi lado. Varios agentes que habían trabajado directamente para mí en Nogales, lo hacían ahora para Asuntos Internos. Entrevistaron al agente en Douglas y exigieron que la fuente se sometiera al polígrafo. Los agentes de Asuntos Internos asignados a la investigación estuvieron de acuerdo en que yo era un cabrón malhumorado, pero nunca dudaron de mi integridad. El Dr. Nogales fue llevado a la oficina de Asuntos Internos, le conectaron un cable para someterlo al detector de mentiras y antes de encenderlo, confesó que había inventado toda la historia para sacarle dinero al agente novato de Douglas. Las fuentes profesionales saben cómo funciona el sistema. Siempre les dije a mis agentes: "Nunca confíen en una fuente, especialmente cuando se trata de otro policía. En caso de duda, sometan al cabrón a la prueba del polígrafo".

Pete me dijo que yo debía viajar a la Ciudad de México para una conferencia, así que abordé un avión de Aeroméxico en Hermosillo. Antes de embarcar, vi una caravana de tres vehículos llegar, fuertemente custodiada, al aeropuerto. Uno de los hombres que venía en el convoy fue dejado en el aeropuerto y abordó el avión. El tipo me parecía conocido, pero no podía recordar dónde lo había visto.

Por poco me atraganté con mi bebida minutos después, cuando recordé quién era: Miguel Caro Quintero, hermano de Rafael Caro Quintero. Tan pronto aterrizamos, llamé a la oficina de la Embajada e informé de su presencia. Nadie estaba disponible para interceptarlo y el narco desapareció una vez más.

* * *

DURANTE mis esfuerzos para reclutar fuentes de información, un abogado a quien yo conocía me pidió un favor; su hermana quería una visa para Estados Unidos. Yo no sabía que era la propietaria de varios clubes de striptease en Hermosillo. El Departamento de Estado me llamó y me pidió que les explicara por qué deberían darle una visa a esa señora. Mi respuesta fue breve: "¿Dónde creen que los narcotraficantes gastan miles de dólares en una sola noche?". Le dieron la visa. Ella y su hermano abrieron seis clubes de striptease y nos suministraron información sobre clientes que gastaban 5.000 dólares en una sola noche. Los guardias de los clubes anotaban las placas de los vehículos y trataban de averiguar los nombres de sus propietarios.

El beneficio adicional de mi nueva fuente era que yo siempre tenía una mesa a mi disposición en esos clubes, y disfrutaba de los espectáculos. Estos clubes eran un refugio ideal para labores de entretenimiento, pues yo tenía el deber de entretener a las autoridades mexicanas, y de reunirme con agentes de la ley de Estados Unidos. Los agentes me rogaban que los llevara a un club. Yo era una especie de celebridad. Las mujeres desnudas me saludaban por mi nombre, frotaban sus pechos contra mí y hacían fila para abrazarme. Ser agente en México me permitió tener algunas aventuras increíbles. Los agentes que hacían misiones temporales me decían "El Señor de las Tetas".

Mandé a imprimir unas tarjetas donde figuraba como cirujano plástico especializado en implantes mamarios, y muchas veces tuve la oportunidad de tocar cientos de senos grandes y deliciosamente suaves, con el fin de hacer una recomendación personal, labor que me tomé bastante en serio. También me encantaba visitar a los agentes del FBI en la Ciudad de México; tomaba un puñado de tarjetas suyas y más tarde las repartía en los clubes de striptease. Pensé que eso podría ayudar a su reputación.

Gracias a la información del guardia de un club a quien había reclutado como fuente, obtuve información sobre un reconocido traficante, lo que resultó en el decomiso de 2.000 libras de cocaína en Ciudad Obregón. Y al igual que antes, un traficante desconocido hizo una segunda amenaza de muerte contra mí. No era tan específica como la primera, y convencí a Pete para que me permitiera quedarme en México. Esta amenaza fue reportada por nada menos que Tony El Ciego, mi antigua fuente.

Seis meses después fue lanzada la Operación Casa Blanca, una investigación a gran escala sobre lavado de dinero. Varios banqueros y políticos mexicanos se vieron involucrados, lo cual desató un gran escándalo, pues se demostraba así que los banqueros mexicanos estaban implicados en el lavado de dinero. Una vez más, me dijeron que empacara, pues el gobierno mexicano iba a expulsar a todos los agentes de Aduanas. Todos estábamos a la espera de ser expulsados de México. Las cosas se calmaron al cabo de diez días, y obtuvimos permiso para permanecer en México luego de una protesta a nivel político.

DE GIRA POR LA SEDE

NINGUNA acción buena queda impune. No pude evitar mi traslado a nuestra sede, pues se les exigía a todos los directivos. Me asignaron al personal del Comisionado de la Aduana. Pensé que las cosas no podrían ser peores. Me imaginé afilando lápices o abriendo pesadas puertas de bronce como castigo por mis indiscreciones en el pasado.

Me reporté a mi nueva oficina en Washington, D.C. el 1 de agosto de 2001. Alquilé un apartamento agradable con vista al río Potomac y al Key Bridge, cerca del cementerio Arlington. Tenía una vista preciosa de la Casa Blanca y del Pentágono desde mi balcón.

Fui asignado a una dependencia conocida como La Oficina de Coordinación de Fronteras. Estaba integrada por funcionarios de varias divisiones de la Aduana y de las Fuerzas Armadas de Estados Unidos, y todos eran empleados de nivel GS-14 o GS-15.

Había tres inspectores de Operaciones de Campo, un inspector del Servicio de Inmigración, dos comandantes de la Guardia Costera, un coronel del Ejército y dos Agentes Especiales, uno de los cuales era yo.

El tiempo lo es todo, y el infierno se desató cuarenta días después; el 11 de septiembre de 2001 fue un día inolvidable. Vimos la noticia del primer avión, luego del segundo que chocó contra las torres, y posteriormente el ataque al Pentágono. Toda la oficina fue evacuada, el cuarto avión seguía desaparecido y se creía que se dirigía a Washington, D.C. Toda el área metropolitana quedó paralizada. Los puentes fueron cerrados, los trenes del metro dejaron de funcionar, los autobuses y los taxis desaparecieron y la ciudad era un verdadero caos.

Permanecimos afuera del edificio, no había ningún lugar a dónde ir, ni cómo salir de la ciudad. Fuimos al bar Harry, nuestro sitio favorito, y observamos con solemnidad el transcurso de los acontecimientos, al igual que el resto de la nación. Cuando llegué a mi apartamento por la noche, permanecí en el balcón y vi el Pentágono en llamas. Fue una escena escalofriante.

En enero de 2002 fui enviado a Moscú, Rusia. Mi tarea era simple: convencer al gobierno y al Servicio de Aduanas de Rusia para que identificaran y le informaran al Servicio de Aduanas de Estados Unidos sobre posibles terroristas del Medio Oriente que llegaran a Rusia en vuelos comerciales. La guerra fría había terminado, pero no la actitud.

Llamé a la agencia de viajes para reservar mi vuelo, todos mis compañeros me pidieron que les trajera vodka y sombreros, y me fui al aeropuerto Dulles. Ocho miembros de los distintos departamentos de la sede me acompañarían, pero por alguna razón, yo viajaría en otra aerolínea. Tuve un retraso de dos horas en Alemania y fui el único estadounidense en el vuelo de Alemania a Rusia. Pasé por la Aduana y la Inmigración rusa y esperé otros treinta minutos en el aeropuerto, pues un vehículo de la Embajada me iba a recoger. Me cansé de esperar, me dirigí a la parada de taxis del aeropuerto y tomé el primero que vi. Los rusos deben haber pensado que yo era un nuevo espía en la ciudad. Vi que un vehículo nos seguía; había pasado mucho tiempo perseguido por la policía en América Latina, y ahora los rusos también me estaban siguiendo.

Si los rusos no habían sospechado de mí al principio, no debieron tardar en hacerlo. Debo de haber escogido al único maldito taxista de Moscú que no sabía dónde estaba el hotel. El pobre diablo estaba tan perdido que el trayecto normal de veinte minutos desde el aeropuerto al hotel nos tomó dos horas. El taxista se detuvo dos veces para pedir indicaciones, y luego hizo una llamada telefónica con el mismo fin. Esto debió sacar de sus casillas a la KGB.

Finalmente llegué al hotel, pero me dijeron que tendría que esperar un par de horas para que me asignaran una habitación. ¿Por qué demonios tenía que esperar si se suponía que yo debería haber llegado cuatro horas antes? El conductor de la Embajada había recogido a mis compañeros y ya estaban en sus habitaciones. Estaban durmiendo después de cenar, a excepción de un par de ellos. Vi que dos rusos fornidos me habían seguido al hotel. Me sentía cansado, molesto y con hambre. Salí del hotel, cené, tomé vodka y contemplé el paisaje encantador. Las mujeres de Moscú eran muy lindas.

"Podría encariñarme con Moscú", pensé.

Al día siguiente fui a la Embajada de Estados Unidos y llamé a la Aduana rusa para reunirme con el director, pero ni siquiera el empleado del aseo se reunió conmigo. Cada vez que llamaba, el director no estaba, y luego nombraron a otro. La Embajada inspeccionó mi habitación por motivos de seguridad y encontró dos micrófonos y una cámara. Decir que los rusos sospechaban de mí sería un eufemismo.

Sin embargo, la misión no fue un desastre total; la pasé muy bien, conocí a un coronel "jubilado" de la KGB, quien me enseñó el delicado arte de beber vodka y me mostró los mejores sitios de Moscú.

LOS cuatro años que pasé en Washington, D.C. estuvieron colmados de acontecimientos. Todos los días tomaba el metro para ir a trabajar, iba armado y con dos cartuchos de más, esperando dispararle a algún terrorista suicida. Yo no era el único en hacerlo; la mitad de las personas que viajaba en el metro estaba armada y creo que alguien habría recibido un disparo por el simple acto de invocar el suicidio.

Y justo cuando piensas que las cosas no pueden empeorar, aparecieron francotiradores en Washington, D.C. Dos psicópatas dispararon a varios ciudadanos en diferentes lugares del área metropolitana. Todo el mundo tenía miedo de salir a la calle y de ir siquiera a la parada de autobús en la mañana. Los pendejos dispararon a catorce personas sin ningún motivo.

El gobierno reorganizó y conformó el Departamento de Seguridad Nacional en 2003, debido a los acontecimientos del 11 de septiembre de 2001. Esta reorganización tenía como fin optimizar la eficiencia del gobierno, ofrecer mejores medios de comunicación y acabar con la burocracia a nivel superior. La Oficina de Investigaciones de la Aduana se fusionó con el Servicio de Inmigración y se convirtió en el Servicio de Inmigración y Aduanas (ICE), que debía ser la principal división de investigación del Departamento de Seguridad Nacional. El ICE funcionó como si estuviera en crisis. Los jefes emitieron una orden de mordaza y le ordenaron al personal que lo único que podían decir era: "La oficina está en transición". Hasta la fecha, el ICE todavía está en transición.

Fui nombrado Coordinador de Seguridad de Eventos Especiales. Esto incluía la seguridad de los Juegos Olímpicos de Invierno, de la Asamblea General de Naciones Unidas, de la Cumbre del G8 y de la campaña presidencial de 2004. Trabajé directamente con el Servicio Secreto, suministrando capacitación, mano de obra, recursos y equipos para los diferentes aspectos de seguridad.

Permanecí en contacto con mis viejos amigos. Joe se había retirado y vivía en un rancho que compró en Wyoming. Era maestro y se sentía feliz enseñando. Layne también estaba dedicado a la enseñanza. Tom fue asignado a la oficina de la Patrulla Fronteriza de Nogales y disfrutó de su trabajo hasta su retiro, en diciembre de 2004. Luego trabajó con el Ejército en Fort Huachuca como instructor de interrogatorios del nuevo personal del Ejército que iría a Afganistán.

Ricardo, que había sido el agente residente a cargo en Nogales, aceptó un cargo como asistente agregado en Guadalajara, México.

René se desempeñaba como agente especial auxiliar a cargo en Tucson. Estaba encargado de todo el papeleo, un trabajo perfecto para él. Manejaba todas las compras de oficina, llevaba los registros e inventarios y hacía otras labores que me habrían vuelto loco. René había decidido trabajar hasta los cincuenta y siete años. El gobierno creía que los agentes especiales eran inútiles después de esta edad, que es mucho menor si se le compara con la mayoría de los empleados del sector civil, quienes se retiran a los sesenta y cinco.

En cuanto a mí, había decidido que quería retirarme en Arizona, y pedí un traslado a Tucson o a Nogales. En el gobierno, cuando te dan un traslado remunerado y te pagan la vivienda, debes trabajar un año como mínimo. Así que mi plan era que el gobierno pagara mi traslado, y retirarme un año después. La forma en que habían reestructurado el nuevo Departamento de Seguridad Nacional me hizo sentir pesimista sobre el futuro de la agencia.

DE NUEVO EN LA FRONTERA

ME sentí desilusionado después de mi estadía en Washington, D.C. El nuevo Departamento de Seguridad Nacional y el ICE eran disfuncionales, y decidí largarme del gobierno y retirarme. La transferencia remunerada me exigía trabajar un año en la oficina que yo escogiera. Elegí Arizona.

Cuando se anunció oficialmente que yo regresaría a Arizona, los agentes de la oficina de Nogales hicieron averiguaciones, pues querían saber quién diablos era el nuevo jefe. La respuesta que recibieron fue terrorífica. Los agentes que habían trabajado conmigo diez años atrás me conocían muy bien.

Recibí varias llamadas telefónicas de Dave, un viejo amigo que actualmente era el especialista en investigación de inteligencia en la oficina de Nogales. Era un viejo vaquero que había sido inspector durante veinticinco años antes de trabajar con el ICE. Dave decidió echarle más leña al fuego y les dio un gran susto a los agentes, diciéndoles que yo era el supervisor más malo y desagradable que había en el planeta. Dave me dijo que los chicos de la oficina eran un grupo de agentes bebés, ya que casi nadie llevaba trabajando más de dos o tres años.

Yo tenía cincuenta y tres años, y doblaba en edad a los agentes de Nogales. Había sido trasladado tantas veces que no sabía responder cuando la gente me preguntaba de dónde era. Tenía treinta y pico de años cuando empecé como supervisor en Nogales, y los años habían hecho mella en mí. De todos los malditos lugares a los que podría haberme ido, ¿por qué diablos decidí volver a Nogales?, me preguntaba. Supongo que era ahí donde había comenzado mi historia y donde debía terminar. La frontera estaba en mi sangre.

Nada había cambiado en la oficina, excepto las caras. Todavía estaba al lado del Ryan's Pub, pero el bar había cerrado. Los agentes habían comenzado a llamar a la oficina "la casa del crack". Mi viejo sofá a cuadros todavía estaba allí. No pude dejar de mirarlo y pensar en todos los buenos momentos que había pasado en él. Les dije a los muchachos de la oficina que si ese viejo sofá pudiera hablar, me vería en problemas, pues tenía más muestras de ADN que un laboratorio químico.

Mi trabajo en las calles había casi terminado; sabía que aún podía hacerlo, pero ya no era una decisión mía. Me sentía cómodo haciendo trabajo de oficina y como agente auxiliar a cargo (ASAC). Salía por la noche con los jóvenes agentes solo para demostrarme a mí mismo que aún podía hacer el trabajo. Bromeaba y les decía: "Los años y la astucia valen más que la juventud y el talento".

Los agentes tenían deseos de trabajar, a veces incluso demasiado. Una mañana fui al garaje para fumar un puro y Don me mostró el periódico de Nogales. Según el diario, aparentemente, la oficina del Sheriff había respondido a una amenaza de bomba; una señora estaba saliendo de su oficina y vio un tubo con cables debajo de su vehículo. La pobre mujer pensó que era una bomba y llamó a la oficina del Sheriff, quien le informó a su vez al escuadrón antibombas de la Patrulla de Carreteras de Arizona. Tan pronto llegó el DPS, el técnico dijo que era un dispositivo de rastreo.

La oficina del Sheriff le informó a la señora que seguramente alguien le había hecho una broma, confiscó el rastreador y luego llamó a la DEA y al ICE. Obviamente, el rastreador era nuestro. El agente se sintió complacido en devolverlo, pero nadie se molestó en hablar conmigo.

Luego tuve el placer de llamar al joven agente a mi oficina y utilizar la infame mirada Kirkpatrick. Dejé que el muchacho esperara de pie un par de minutos mientras yo fingía leer de nuevo el artículo, y luego le mostré el periódico. Los mejores supervisores de agentes que había en el negocio me habían enseñado a ser realmente fastidioso. Caray, yo había recibido una buena dosis de insultos y regaños cuando era un joven agente. El agente conocido como "Bill El Salvaje" se lo tomó con calma y les dijo a sus compañeros que tuvieran mucho cuidado cuando el jefe los llamara para reprenderlos. Me dieron ganas de reír, pero me gustaba hacer sufrir al joven; era agradable saber que aún podía intimidar a los nuevos agentes.

La oficina tenía cuarenta y dos agentes. Mientras caminaba de un lado al otro y hablaba con los chicos, supe por qué me decían "El Anciano"; ellos no habían nacido cuando empecé a trabajar con la Aduana. Lo único que había cambiado en la oficina de Nogales entre 1980 y 2005 era la tecnología. Las cámaras eran más pequeñas y sofisticadas, y los agentes podían observar una casa y un túnel sin salir de la oficina. También enviaban mensajes y correos electrónicos desde sus Blackberry. definitivamente, vivíamos en un mundo tecnológico.

Los agentes seguían trabajando en las mismas zonas: la calle Short, Escalada Drive, el Valle de San Rafael, Kino Springs, la Carretera de la Cumbre y cientos de otros lugares donde trabajé cuando era joven. Nogales siempre ha sido un paso importante para el contrabando de drogas y de otras cosas, y nada había cambiado. El flujo de narcóticos seguía inundando la zona a diario, y los agentes hacían una buena labor reclutando informantes. Una fuente que yo había reclutado en 1984 seguía trabajando para los agentes de la oficina. Todo era igual que antes.

Las redadas de drogas y las operaciones encubiertas no habían cambiado mucho en veinticinco años. Los agentes iban al Valle de San Rafael y a las montañas que llevaban al oeste y la familia Crucero seguía viviendo en Escalada Drive, solo que ahora sus dos nietos se ocupaban de los cargamentos de drogas. Ambos fueron capturados y llevados a la oficina, y cuando el padre me vio, les contó a los jóvenes agentes que yo lo había arrestado muchos años atrás, y que él pasó cinco años en la cárcel gracias a ese arresto. Sonreí mientras me daba la mano. Me acordé de aquella vez en que yo estaba acostado en el basurero a un lado de la valla fronteriza mientras René perseguía al conductor cuando éste cruzó el PDE a toda velocidad y la policía mexicana le disparó.

Organicé una reunión semanal con todo el personal y les pedí a todos los agentes que me informaran sobre sus casos o actividades. Mario, el supervisor, me dijo que unos narcotraficantes estafaron a otros y les dispararon. Estos bajadores o bandidos estaban trabajando en el cañón de las montañas Tumacacori, al sur de

Tubac, Arizona, casi 20 millas al norte de la frontera. Me sorprendió que los bandidos estuvieran emboscando y atacando a contrabandistas tan lejos de la frontera.

Yo había oído que los bandidos trabajaban a ambos lados de la frontera y les robaban drogas a los contrabandistas y dinero a los inmigrantes ilegales y violaban mujeres desde hacía varios años. El grupo de bajadores estaba operando a 29 kilómetros al norte de la frontera, en remotos senderos montañosos. ¿Por qué habían elegido ese sendero si había cientos más en esas montañas? Los bandidos estaban bien informados y debían tener infiltrados para saber la ruta exacta que tomarían los contrabandistas y a qué horas lo harían.

Empecé a preguntarme si acaso serían unos tipos que vivían en el área de Tumacacori. Era posible que los bandidos fueran agentes corruptos. ¿Cómo hacían para sacar la marihuana del cañón y entrarla a Estados Unidos si había un retén de la Patrulla Fronteriza en la autopista Interestatal 19? Posteriormente, le robaron la droga a otro grupo de contrabandistas y otra mula fue asesinada a tiros. No eran incidentes aislados, pues se reportó más de una docena en el año y medio siguiente. Seis narcotraficantes fueron asesinados a tiros y varios resultaron heridos. Estos incidentes ocurrieron en un área que estaba a 4 o 5 kilómetros al oeste de la Interestatal 19, al sur de Tubac, Arizona.

Todas las víctimas del atentado eran de Choix, Sinaloa. Era más que simple coincidencia que fueran del mismo pueblo. O alguien se había vengado de los contrabandistas o tenía información privilegiada. Alguien tuvo que decirles a los bajadores la noche exacta en que iban a cruzar y por cuál camino. Los narcotraficantes iban armados con fusiles AK-47 y trataron de dispararles a los bajadores, pero estos les tendieron una emboscada letal. Los narcos continuaron perdiendo un cargamento en esa zona cada tres meses aproximadamente.

Yo recibía informes diarios sobre las investigaciones en curso. Decidí salir una noche con los agentes y con Eddie, el agente de mayor rango. Él tenía información sobre un cargamento que cruzaría cerca de Patagonia, Arizona. Me imaginé que podría conocer a los agentes si los acompañaba esa noche. Eddie escogió un lugar descubierto con vista a la carretera y los otros agentes hicieron labores de vigilancia alrededor de la zona. Eddie cuidaba muchísimo su vehículo oficial. Le pregunté si le importaba que yo fumara un puro; dudó un poco pero me dijo que no había problema. Saqué un puro grande y fumé durante las próximas dos horas, hasta que suspendimos las labores de vigilancia.

Al día siguiente, Eddie fue a mi oficina. Me dijo que había tenido una pelea terrible con su esposa, quien lo acusó de haber pasado la noche en un bar porque apestaba a humo. Eddie se defendió y dijo que había estado trabajando, y que su compañero había fumado un puro. Ella no le creyó y le dijo que estaba mintiendo porque él le había dicho que nadie podía fumar en su vehículo. Siguiendo la tradición, los nuevos agentes se burlaron toda la semana de Eddie por haberme dejado fumar en su vehículo.

Las cosas estaban funcionando sin problemas, y los agentes comprendieron que yo no era un monstruo de dos cabezas que escupía fuego. Les daba un poco de orientación, pero sobre todo, los animaba a que ensayaran nuevas tácticas, pues eran el futuro de la agencia. Estoy seguro de que habían pensado que yo era un viejo farragoso, pero yo creía ser lo suficientemente listo como para hacer bien mi trabajo. En ese momento comprendí que debería haberles prestado más atención a los agentes veteranos que habían tratado de aconsejarme.

En 2006, Felipe Calderón, el nuevo presidente electo de México, prometió en su campaña que se enfrentaría a los narcotraficantes. Yo había oído ese mismo discurso por parte del presidente Fox. La corrupción en México era tan grande que todo el mundo era sospechoso. Sin embargo, pocos meses después de que el presidente Calderón asumiera el cargo, la PJF arrestó a unos cuantos narcotraficantes de menor rango, y otros narcos se vengaron, matando a los policías y funcionarios públicos que los perseguían. La violencia en México dio un giro dramático en el peor de los sentidos. Los narcotraficantes le declararon la guerra a cualquiera que se interpusiera en su camino.

Menos de un año después, la prensa mexicana señaló que un informante había declarado que cientos de altos funcionarios del gobierno de ese país recibían sobornos. Supuestamente, el informante fue a la Embajada de México en Washington, D.C. y pidió hablar con la DEA. Fue interrogado por agentes estadounidenses e incluido en el Programa de Protección de Testigos. El hombre dio algunos nombres de muy alto nivel, entre ellos de treinta agentes o más de alto rango del CISEN y de la SIEDO, que es el equivalente de la Agencia Central de Inteligencia de Estados Unidos. Estos eran los organismos encargados de combatir el contrabando de drogas y de armas, y el secuestro y el terrorismo en México. Estos funcionarios corruptos recibían sobornos de 150.000 a 500.000 dólares mensuales de los cárteles de Beltrán Leyva y de El Chapo Guzmán.

Yo había conocido y trabajado con varios agentes del CISEN en la frontera. Se creía que eran incorruptibles y combatían principalmente el contrabando de armas hacia México. El mayor temor del gobierno mexicano es que todos los ciudadanos tengan acceso a armas y ocurra una nueva revolución armada.

Estados Unidos ayuda a México con 400 millones de dólares al año para la "guerra contra las drogas", pero el gobierno mexicano no expide un solo recibo para justificar sus gastos. Los cárteles mexicanos obtienen entre 30 mil y 50 mil millones de dólares al año por la venta de estupefacientes.

Cuando el presidente Calderón asumió el cargo el 1 de diciembre de 2006, actuó con el fin de cumplir su promesa y luchar contra los grandes narcotraficantes por el control de México. Comprendió que estos se apoderarían de su país si no tomaba medidas, y que México se convertiría en una narcodemocracia. La violencia aumentaba tras el arresto o asesinato del líder de un cártel, quien era reemplazado por otro cabecilla. Otros cárteles trataban de aprovechar la debilidad de sus rivales para controlar más territorios. El control territorial y de las ciudades fronterizas de México se traduce en más áreas de distribución y en más rutas de contrabando para inundar a Estados Unidos con estupefacientes.

La violencia se presentaba con mayor frecuencia en Ciudad Juárez, pero yo sabía que solo era cuestión de tiempo antes de que llegara a Nogales, Sonora. La oficina había conformado un Grupo contra la Violencia Fronteriza para recopilar información sobre estos grupos ilegales y asegurarse de que la violencia no se propagara a Estados Unidos.

Este aumento de la violencia se presentó cuando Arturo Beltrán Leyva fue dado de baja por las Fuerzas Especiales de la Armada Mexicana en un lugar remoto al sur de la Ciudad de México. Tras su muerte, el gobierno mexicano arrestó a su hermano,

Carlos Beltrán Leyva. A continuación, la organización fue contro-lada por Ignacio "Nacho" Coronel, quien también fue detenido. El cuarto miembro de la organización de los Beltrán Leyva, Edgar Valdez, alias "La Barbie", también corrió la misma suerte. La or-ganización de El Chapo Guzmán aprovechó el debilitamiento de los Beltrán Leyva y comenzó a aumentar su poder territorial.

En 2007 aumentó la violencia en Sonora y El Chapo Guzmán decidió asumir el control de Nogales, Sonora. Esto contribuyó a incrementar sus rutas de contrabando y su capacidad para distri-buir más drogas a los Estados Unidos. Su organización atacó una estación de policía en Cananea, Sonora, al sur de Nogales, ma-tando a varios agentes y secuestrando a otros. La policía estatal y el ejército emprendieron una búsqueda a gran escala de los oficia-les y terminaron enfrascados en un fuerte tiroteo con el cártel, que dejó unos treinta muertos.

La batalla por el control de Nogales, Sonora, se convirtió en un baño de sangre; los miembros leales a los Beltrán Leyva trata-ron de responder al fuego pero ya estaban debilitados. Los en-frentamientos armados tuvieron lugar a plena luz del día en los centros comerciales de Nogales, Sonora, y decenas de personas fueron asesinadas. Los sicarios de El Chapo Guzmán mataban a todos los hombres de los Beltrán Leyva que encontraban. A todas horas se escuchaba la detonación de armas automáticas. Los nar-cotraficantes lanzaban granadas de mano a bares y edificios de oficinas, la policía local se sentía indefensa y varios agentes fueron asesinados cuando trataron de hacerles frente.

Un agente me estaba dando un reporte sobre el trabajo del Grupo contra la Violencia Fronteriza, y me informó que varias fuentes le habían dicho que un narcotraficante apodado El Quemado había sido enviado por el cártel de los Beltrán Leyva para asumir el control de Nogales. Me quedé paralizado, pues no había oído hablar de él desde 1988.

—¿A quién dijiste que enviaron a Nogales? —le pregunté.

—A El Quemado —repitió el agente.

Sentí escalofríos en la espalda. Pensé que debía tratarse de otro traficante con el mismo alias, pues desde hacía mucho tiempo había dado por muerto a El Quemado. Le dije al agente que le pidiera más información a su fuente. Era imposible que ese psicópata hubiera resucitado y que estuviera tratando de recuperar el control de Nogales.

Para mi sorpresa, era cierto. El Quemado había reaparecido, como si hubiera resucitado de entre los muertos. Según la fuente, El Quemado se había trasladado a Sinaloa y fue detenido por el Ejército Mexicano en Morelia, Michoacán. Fue condenado a quince años de prisión, y quedó en libertad alrededor de 2005. Ahora tenía unos cuarenta y ocho años, y había salido aun más endurecido después de su larga estadía en la cárcel. Hay que ser verdaderamente rudo para sobrevivir quince años en una prisión mexicana.

Después de recobrar su libertad, El Quemado regresó a la única actividad que había conocido: traficar drogas para la organización de los Beltrán Leyva. Al parecer, fue enviado a Nogales, Sonora, para encargarse de la distribución de narcóticos cuando Beltrán Leyva fue asesinado por las fuerzas especiales mexicanas. ¿Quién mejor para recuperar el control de la codiciada plaza de Nogales que alguien que alguna vez había sido la persona más temida de esa ciudad?

Me estremecí ante la posibilidad de que El Quemado retomara el control de Nogales. Eso significaría un aumento en la violencia. Les dije a los agentes que se prepararan para lo peor, pues El

Quemado era conocido por sus actos de violencia desmedida y sus asesinatos a sangre fría.

La organización de El Chapo Guzmán no quería ceder el control de Nogales, y las dos facciones se enfrascaron en una guerra sangrienta para disputarse esta plaza. Los ciudadanos tenían miedo de salir a las calles, las cuales eran patrulladas por narcotraficantes armados y muchas personas inocentes fueron víctimas del fuego cruzado.

Padilla Molina, el subjefe de la policía de Nogales, Sonora, y su escolta, fueron asesinados en un estacionamiento por un grupo de asaltantes a bordo de una camioneta, quienes les dispararon con rifles de asalto AK-47.

A continuación, el director de la Policía del Estado de Sonora, Juan Manuel Pavón Félix, fue emboscado en Nogales, Sonora, por hombres armados que le lanzaron granadas de mano y abrieron fuego con armas automáticas cuando entraba a la habitación de un hotel con su guardaespaldas y otros agentes del orden. El jefe de policía de Agua Prieta, la ciudad fronteriza al sur de Douglas, Arizona, fue asesinado a tiros cuando salía de su oficina.

Los agentes de la policía de Sonora estaban siendo asesinados, y la policía tenía miedo de reaccionar por temor a represalias. En Hermosillo, Sonora, se encontró una nota escrita a mano en el cuchillo con el que habían asesinado a un agente. La nota era muy específica, y decía que todos los policías judiciales o municipales que trabajaran para la organización de los Beltrán Leyva morirían.

Uno de los tiroteo duró más de cuatro horas, mientras hombres armados se desplazaban en tres Chevrolet Tahoe por toda la ciudad, atacando casas y negocios mientras trataban de matar al mayor número de personas leales a Leyva. Diez individuos murieron en una sola mañana. Los narcotraficantes esperaron a que la policía reaccionara y les tendieron una emboscada, matando a varios oficiales. A continuación, varios individuos fueron decapitados y partes de sus cuerpos fueron arrojadas a las calles.

En el Estado de Durango, el director de una cárcel fue detenido cuando se descubrió que los cárteles de la droga le habían pagado para llevar a cabo asesinatos. El director había reunido un grupo de presos y conformado su propio escuadrón de sicarios. Les había dicho a quiénes debían matar, y les había dado armas y vehículos de la cárcel.

La oleada de terror perpetrada por los presos quedó al descubierto cuando fueron a una casa y mataron a diecisiete jóvenes inocentes que asistían a una fiesta. La oficina del procurador general de México vinculó a los prisioneros con tres asesinatos en masa; el de los adolescentes y otros dos más contra narcotraficantes que se encontraban en bares, donde más de dieciséis personas perdieron la vida. La policía descubrió que los rifles de asalto utilizados para cometer los crímenes pertenecían a la cárcel.

Luego, en el pequeño pueblo de Saric, a solo 12 millas al sur de Nogales, se produjo un enfrentamiento final. El cártel de El Chapo Guzmán tendió una emboscada en la madrugada. Un cruce de carretera circundado a ambos lados por muros de unos 30 pies de altura les permitió realizar una emboscada letal.

Esperaron a que los hombres de Beltrán Leyva pasaran por allí, y estos quedaron a merced de los asesinos mientras transitaban en una caravana compacta, tanto así que si un vehículo frenaba abruptamente, todos los demás chocarían. Los sicarios le dispararon al primer vehículo y al último con armas automáticas. Los otros seis vehículos quedaron atrapados y sus ocupantes fueron presas fáciles. Los sicarios les lanzaron granadas de mano y les dispararon, matando a veintiún traficantes.

La policía mexicana encontró sus cuerpos prácticamente despedazados, cada uno con cientos de balas. Nueve narcos sobrevivieron, pero estaban gravemente heridos. La policía incautó ocho vehículos y siete armas. Vi las fotos de la emboscada. Fue una masacre total.

Pregunté por El Quemado luego de enterarme de esta balacera descomunal, pero nadie conocía su paradero. Podía estar muerto, o preso con un nombre falso. La organización de El Chapo Guzmán terminó recuperando el control, la violencia disminuyó y hubo una calma relativa. Los narcos reanudaron sus actividades habituales.

El gobierno mexicano calcula que unos 35.000 ciudadanos mexicanos han sido asesinados debido a la violencia relacionada con las drogas desde 2006. Las mayores tasas de homicidios se han presentado en las ciudades fronterizas de Ciudad Juárez, Tijuana, Nuevo Laredo y Nogales, Sonora. Esta última ciudad ocupó el lugar número diez en la lista de ciudades con la mayor cantidad de homicidios en México. Ciudad Juárez, al otro lado de El Paso, Texas, fue la número uno.

MI año inicial en la frontera terminó en tres. Me sentí satisfecho de que los agentes de la oficina hubieran madurado y de que los jóvenes supervisores tuvieran la oficina bajo control. Decidí que ya era hora de retirarme, y anuncié mi decisión.

No sé qué fue de El Quemado, pues nadie sabía nada de él, y no apareció entre las víctimas de la emboscada. Escuché que algunas personas fueron vistas en su mansión en la calle Kennedy, pero lo cierto es que El Quemado desapareció sin dejar rastro.

Todos los compañeros con los que había empezado mi carrera ya se habían retirado: Carlos, Layne, Joe, Ricardo, René, Tom, Louie y Charlie. La transformación de la Seguridad Nacional por parte del gobierno provocó un aumento del treinta por ciento en la jubilación de antiguos agentes especiales de la Aduana. Carlos se había retirado hacía muchos años a un rancho en Texas. Layne también se había jubilado quince años atrás, y había comenzado una nueva carrera como maestro de secundaria. Tom se había retirado el año en que regresé de Washington, D.C. y estaba trabajando con el Departamento de Defensa. René se hartó de la oficina de Tucson, Arizona. Dice que yo lo convencí para que se retirara, pero yo sabía que él había decidido que ya era hora de jubilarse.

Ricardo se había retirado dos años atrás y estaba trabajando como consultor privado para un influyente abogado mexicano en Guadalajara, México. Sin embargo, pronto se dio cuenta de que no era exactamente el trabajo que esperaba y regresó a Estados Unidos. Solicitó un puesto en el Departamento del Sheriff del Condado de Santa Cruz; le encantaba estar de uniforme, y a sus cincuenta y seis años, fue enviado a una academia de entrenamiento con hombres a quienes doblaba en edad. No obstante, ocupó uno de los primeros lugares de su promoción.

Poco después escuché el rumor de que Ricardo estaba siendo investigado por la DEA ya habia sido detenido.

Esto me sorprendió. Nunca hubiera creído que Ricardo fuera corrupto y me resistí a aceptarlo. Posteriormente supe que el abogado de Guadalajara le había pedido a Ricardo que investigara si un cliente suyo era buscado en Estados Unidos. Ricardo cometió un pecado capital en materia de la aplicación de la ley, pues divulgó un documento confidencial con respecto a la verificación penal para el abogado. A nadie, excepto a las agencias de la aplicación de la ley, se le permite el privilegio de consultar estos documentos de seguridad. Ricardo no estaba involucrado en la operación de narcotráfico como afirmaba la DEA; sin embargo, fue condenado a dos años en una prisión federal por imprimir el documento y entregárselo al abogado. Más tarde supe que este abogado era un soplón de la DEA. Ricardo se vio envuelto en una trampa para ver si revelaba información. El abogado ya había sido arrestado por la DEA y estaba colaborando para reducir su condena, y la primera persona a la que delató para salvar su pellejo fue a Ricardo.

Siempre les he insistido a todos los agentes que han trabajado para mí que nunca confíen en ninguna fuente.

Mis antiguos compañeros habían salido del panorama, y llegó el momento de retirarme. Me despedí de los agentes y dejé mi cargo. Le había dedicado veintinueve años de mi vida al servicio público y ya era tiempo de hacer otra cosa.

Me pidieron que trabajara como contratista del gobierno, pero ya no quería marcar una tarjeta todos los días ni rendirle cuentas a nadie. Tampoco tenía que demostrarle nada a nadie, así que me negué.

Decidí seguir una pasión. Había comenzado a fumar puros cuando era un agente joven. Durante mis viajes por el mundo, vi que fumar cigarros me relajaba y me hacía sentir en paz durante la media hora o una hora que tardaba en fumar el puro. Descubrí que los puros y las buenas conversaciones van de la mano. A medida que observaba el rastro persistente del humo del tabaco flotando en el aire, supe que había encontrado mi nueva carrera.

Así que seguí mis sueños y abrí una tienda de puros en Tubac,

Arizona, llamada Grumpy Gringo Fine Cigars. Ahora me decían "Gruñón", un sobrenombre adecuado para un tipo excéntrico y rudo como yo. Mis clientes me pedían que les contara historias de mi vida como agente. Un día, Frank, un buen amigo mío, me sugirió que escribiera un libro, y agregó en tono de broma, "cállate la boca de una vez por todas y deja de contar historias". Frank me insistió hasta ver terminado este libro.

La situación en la frontera sigue siendo inestable. Un ranchero fue asesinado cerca de Douglas, Arizona. Posteriormente, un joven agente de la Patrulla Fronteriza fue baleado y asesinado por bandidos en la frontera cerca de Nogales, Arizona, al oeste de la Interestatal 19, y a pocos kilómetros del lugar donde los contrabandistas habían sido asesinados.

La última tragedia involucró a dos agentes del ICE que cumplían misiones temporales en la Ciudad de México. Fueron seguidos y les tendieron una emboscada en San Luis Potosí. Un agente murió y otro resultó herido cuando los famosos Zetas atacaron su vehículo con más de ochenta disparos de fusiles AK-47. Los agentes del ICE quedaron a un lado de la carretera; los narcotraficantes le dispararon ocho veces a un agente y le propinaron dos balazos al otro. Desafortunadamente, una joven agente de la oficina fue acusada de darles información a los narcotraficantes sobre su situación legal, tal como lo hizo Ricardo.

PIENSO en todos los años que le dediqué al gobierno de Estados Unidos y no puedo decir que me arrepiento. No son muchas las personas que reciben un salario por hacer un trabajo fascinante y lleno de retos, mientras que ayudan a proteger a su país. Espero que los gobiernos de los Estados Unidos y México encuentren una manera de trabajar juntos y de poner fin a la violencia de una vez por todas.

México siempre ha sido un país violento. Desde la conquista hasta su independencia, la violencia ha sido la respuesta a la mayoría de sus problemas. Vi aumentar la violencia durante el tiempo que pasé en la frontera, y ahora me preocupa que se extienda a Estados Unidos. Es nada menos que un milagro que una ciudad como El Paso, Texas, tenga solo unos pocos homicidios al año, cuando Ciudad Juárez, que está separada apenas por un río y por la frontera, tuvo 3.000 homicidios en 2010.

Se ha dicho que la aplicación de la ley es lo que mantiene unida a una sociedad, y no hay mejor ejemplo que el de México. Cuando la gente dejó de confiar en sus funcionarios policiales, los narcotraficantes supieron que habían ganado la guerra y que podían apoderarse del país.

Es importante que nosotros, como estadounidenses, reconozcamos lo especial que es nuestro país. Las leyes y la Constitución solo son válidas si los ciudadanos creen en ellas. Debemos ayudar a nuestros vecinos del sur hasta que el orden sea restaurado.